U0534951

云南大学民族学一流学科建设经费资助

教育部人文社会科学重点研究基地
云南大学西南边疆少数民族研究中心文库

滇池流域田野丛书

消失的阡陌

钱凤娟　著

中国社会科学出版社

图书在版编目（CIP）数据

消失的阡陌 / 钱凤娟著 . —北京：中国社会科学出版社，2022.3
（教育部人文社会科学重点研究基地云南大学西南边疆少数民族研究中心文库·滇池流域田野丛书）
ISBN 978-7-5203-9959-3

Ⅰ.①消⋯ Ⅱ.①钱⋯ Ⅲ.①昆明—地方史—研究 Ⅳ.①K297.41

中国版本图书馆 CIP 数据核字（2022）第 049395 号

出 版 人	赵剑英
责任编辑	王莎莎
责任校对	刘成聪
责任印制	张雪娇

出　　版	中国社会科学出版社
社　　址	北京鼓楼西大街甲 158 号
邮　　编	100720
网　　址	http://www.csspw.cn
发 行 部	010-84083685
门 市 部	010-84029450
经　　销	新华书店及其他书店
印刷装订	北京明恒达印务有限公司
版　　次	2022 年 3 月第 1 版
印　　次	2022 年 3 月第 1 次印刷
开　　本	710×1000　1/16
印　　张	18.75
插　　页	2
字　　数	270 千字
定　　价	188.00 元

凡购买中国社会科学出版社图书，如有质量问题请与本社营销中心联系调换
电话：010-84083683
版权所有　侵权必究

目　　录

自　序 ·· （1）

白牛驮土主 ·· （2）
　　土主庙庙会 ·· （3）
　　探访白牛 ·· （16）

翻动的天书 ·· （26）
　　"祭天"与"烟墩" ··· （27）
　　壮者"长虫" ·· （30）
　　巍者"梁王" ·· （42）

金汁河之歌 ·· （55）
　　省坝有六河 ·· （55）
　　金汁河之歌 ·· （74）

稻浪滚滚 ·· （98）
　　四十七道工序一碗饭 ·· （98）
　　昆明老丁田 ··· （117）
　　村舍阡陌中 ··· （124）

不会说话的伙伴 ··· （148）
　　老人与牛 ··· （148）

雨下到哪里　牛犁到哪里 ………………………………（153）
放排牛 ……………………………………………………（162）
头戴山花的美牛 …………………………………………（167）

龙王与谷神 ……………………………………………（172）
龙上天 ……………………………………………………（173）
五谷庙迎春 ………………………………………………（200）
悦神娱己 …………………………………………………（212）
高傲的物种 ………………………………………………（219）

六百年前是一家 ………………………………………（229）
滇地移民图 ………………………………………………（229）
松包麦芽一块瓦 …………………………………………（233）
走到一起来 ………………………………………………（239）
六百年前是一家 …………………………………………（245）

四通八达的马道 ………………………………………（251）
马道上的动物 ……………………………………………（257）
望城坡 ……………………………………………………（259）
马劳力 ……………………………………………………（261）

消失的阡陌 ……………………………………………（264）
城乡之间 …………………………………………………（264）
古城深深 …………………………………………………（273）
消失的阡陌 ………………………………………………（281）

参考文献 ………………………………………………（285）

后　　记 ………………………………………………（286）

自　序

我平生喜山，大约因出生地无锡太湖平原荡荡平川、沃野千里，独山稀缺，至多山的云南，得其所矣。

然而，人类农耕文明发祥地却大多取大江大湖之冲积地带，昆明亦然。

1989年，因公职流转，我落籍昆明，在这片山水交织、古称"西南夷"的风水宝地，观云南人的"生存秘籍"。十年后，踏入田野，由浅入深……

我走近滇池坝山川。

刚到昆明的数年，喜好游历猎奇的我，听说过长虫山、棋盘山等山的掌故，知道它们是昆明城周围"有点说法"的大山。迈过20世纪，我跟着省坝老人翻山越岭，寻找名山印记。当我在长虫山手抚当年云贵总督范承勋带领士兵挖断龙脉留下的烂王帽破荷叶（山）；当我在棋盘山顶感受滇省上空的风云涌动，寻迹曾经的棋盘古城，想象南北二斗星君在那块石棋盘上的博弈；当我在梁王山察看元末明初改朝换代的古战场，满耳的风声、树声似乎再现当年士兵拼杀的呐喊。这些山顿时在我眼前活了过来，它们好像有了体温、情感，有了咚咚的心跳。

我曾经走过省坝一道道排污沟，听人们说这是金汁河那是银汁河，是省坝昨日农耕的重要命脉。我不解这些盛污水装垃圾的水沟何以会与那些美丽的名字相连，并且这些至多能与江南水乡的分叉水沟相比的小河道何以能灌溉省坝数十万亩田园。当我琢磨了官渡古镇碑廊的金汁河分水石碑，阅读了清雍正乾隆年间昆明水利官员黄士杰与诗人孙髯有关省坝六河的专著，随后，又在严昌福、范品祥、刘建昌等人的陪同下行走金汁河，将省坝农民在七百余年中均分水利的机巧——闸与涵洞看了个够。于是，我对省坝水利感同身受。我喜欢着农人的喜欢，为过去曾经清亮美丽的水，壮观得像游龙一样的护堤古柏；我悲伤着农人的悲伤，为眼前污浊的河水以及面目全非的河道。那纪念首开六河的元代平章（省长）赛典赤的功德牌坊"忠爱"也因此变得更加生动、美丽。

我走近农民、土地与耕牛。

2004年夏末，我站在北郊瓦窑村旁的金汁河高高的河埂，看龙泉坝剩余的一片稻田稻浪滚滚。想起省坝农耕老人说的一句话：一代代农人盘整土地，脚印摞脚印，摞起来有多高。我凝视着眼前稻田的泥土，怎么也看不出摞起来的脚印。后来，当我站在北辰小区楼房观看近旁基建工地挖掘机的操作：机械臂巨齿下剖开层层褐红的稻田土，五六米以下露出的竟是数千年前古滇池黝黑的湖泥。我顿时明白，这近二层楼高的稻田土不是农民脚印摞脚印踩出来的又是什么？！

省坝长虫山西侧的桃园小村是个典型的农耕村落，农人以长虫山的地脉水与风化土编织农耕，田土活计做得细腻。这里是松华坝上坝村王珍凤的娘家，是我的创作基地之一。我拍摄的栽秧女与盲老人分别是珍凤的嬢嬢和叔叔。过去，这里农妇有时用"抓薅"的方式为稻秧松土除草。一定是孕妇双腿跪在大田泥水中不寻常的姿势惊动了胎儿，小东西居然提前出生在娘归家的田埂小道上，令我闻之赫然。

龙头街尚家也是我经常"蹲"着不走的地方，七十多岁的"小寿"夫妇给我讲述老爹（方言：爷爷）开油碾房养两头大水牛碾油面。牛出死力有时竟将门牙摔断，人熬更守夜精心喂养役牛。当牛老死后老爹以道家文化为牛剥皮埋葬——祈祷它来世托生为人，并哭泣流泪，使我怦然心动，并决心为耕牛建言立传。自此，人与耕牛曾经的亲密便像山水画轴般层层展现：波罗村一位农民为死去母牛的小牛当"奶爸"，用豆浆稀饭将几个月的小牛拉扯大，人牛亲如父子。人走到东牛跟到东，人走到西牛跟到西,人进茶铺牛在外面守候,人到昆明百货大楼牛也跟到百货大楼(当然,这是数十年前的事)。农家孩子放排牛戏弄金殿道观的老道,以便偷摘后园水果,引得道士一顿"山骂"(江南称"骂山门")。冬至农家吃豆麦团,要先给牛吃,平年喂12个,闰年喂13个,并且手抚牛头对它说,我们苦了一年,你也苦了一年。这一天,放牛娃上山采野花扎成花束系于牛角,牵它到河边照水镜子。至于那头驮土主神的白牛,它是引导我走向农耕的精灵,它的家园水海子当然是我最早流连忘返的地方。正是在那里,我观看了牧牛的全过程:看牛吃草、滚塘,看牛主陈家植在湖边为牛"搓澡"时牛惬意的神情,听水牛细声细气用鼻腔音同湖对岸的同伴声气相通……

省坝的信仰曾经是农耕文化的重要载体。先前,我知道龙是东方的水神,掌管着农业的命脉;龙又是华夏民族的图腾,中国人对龙的崇拜延续了五千年;知道龙的形象符号,观看过盛大节日中舞龙者的群舞,仅此而已。但是在昆明农村,却看到了一条条栩栩如生的龙;我看到白龙寺、黑龙宫、龙泉寺形形色色的龙神塑像;我看到清泉村青龙潭、蒜村黑龙潭、青龙村大龙潭汩汩的龙吐水;看到三潮水、龙打坝有特异功能的龙;看到老倌老奶说"偷龙牌""打石龙"时眉飞色舞的神态。我还参与和感受了七家村农民为一条特大黄鳝的现身而进行放生、塑庙、开光的民俗活动。我想,云南省坝曾经的龙神崇拜在中国大约是登峰造极的,究其原因,一是这里有神秘莫测的山川地理环境,二是封建时代云南府的示范和倡导,三是背井离乡的汉族移民对祖文化的坚守和其他民族对水的同样依赖,对水文化的共同创作。

从研究与实证中,我知道这里曾盛行"喊伴"习俗,这是农人在患病时神药两医的方法,类似江南的"喊魂"。我向内行人士请教相关情况,她们说,老古辈传下来,人有三魂七魄,相对于肉眼可及的身体来说,看不见的魂魄便是人的"伴"。健康之人魂魄相随,怡然自得;生病之人却失魂落魄,寝食难安。听起来,这是传统道教文化的理念。当我问及具体做法时,她们说,孩子身体不适时,大人于野外采来中草药煨汤熬水让其服用，再由母亲出面"喊伴"，把病人迷失游荡在外的魂魄召回归身，如果身体康复，便以为神药功效两全，圆圆满满了。我追问道，如果是急病险症，又会怎样。接下去我听到的"喊伴"便充满凄迷色彩，"喊伴"过程直如一幕悲剧的演绎。

我想，幸好"喊伴"是过去的事了，现在科学昌明医疗发达，人们得病便求医问药，再不用向不可知的"神明"祈求了。谁曾想，我判断错了，现在仍有"喊伴"，当然较过去为少。不幸的是，这种凄迷的"喊伴"落在我采访认识的朋友身上。她名李凤英，是昆明东郊普照村的农民，当了一辈子的"赤脚医生"，在治疗农村常见病多发病上很有办法，医德也好，救治过许多病人。为此，得到了国家、省、市卫生部门的不少嘉奖，其中荣誉最高的一次是1993年3月国务院医政司颁发的"全国优秀乡村医生"证书。一开始，那种奇奇怪怪的事情发生在她家养的大黄狗身上，它居然接二连三地咬伤主人，有时伤口竟缝了数针，一家人因此惴惴不安，老伴比她年长几岁身子骨又弱，她嘱咐老伴说，自家的狗咬自家人，要当心，不要着凉感冒。两个月后，她却病倒了，亲人赶紧叫人打死那条反常的狗，她便开始了艰难的求医问药之路。一开始只觉得嗓子不适、发干，有些隐隐作痛，右脖皮下有个小包块，饮食不好，便以上呼吸道感染为由在附近一家条件较好的医院住院治疗，不见好。后来，进了昆明一家大医院治疗二十多天，仍然不见动静，一家人为了照顾她，在东郊至市中心十多公里之间来回奔波，精疲力竭，经济也日见拮据，尽管有农村医保，但报销比例低，解决不了根本问题，只好回家等死。那次我去她家，这个日常爱说爱笑、旷达乐观之人已呈垂死之态，应她亲人请求，我托朋友帮她找了那家他们寄予希望的医院入住，明知凶多吉少，仍盼望着出现奇迹。2005年7月初，终究拗不过无常的命运，不治身亡，终年70岁。抬埋时送行的村民有上百人。热丧中，我找到为她"喊伴"的老人，听着他们痛惜的陈述，耳畔似乎响起贝多芬"命运交响曲"悲怆的旋律，令我欲哭无泪，呜呼。

云南历史上移民的数量众多，由于地域相对封闭，移民文化以族谱、墓葬、传说等形式得到较多保存。专制时代的移民肯定产生过许多流血的搏杀，在采访中我居然触摸到数百年前移民伤口的疤痕，尤其是那个在江南与云南虽相距数千公里却同时流传的"小脚趾上的分叉是江南人印记"的话，拨动了我的心弦，令我难以自禁，有一种认宗的冲动。在相当长一段时间里，我的跋涉围绕着这个专题，敏感地捕捉一切关于移民的信息，我为参加桃园小村王德家新添孙子的"喜生客"惊喜不已，因为这三个字的发音与省坝方言完全不同，它竟是地道的江南腔调"xi sang ke"。我心中感慨着：云南，云南，其实你与江南、江北，与晋冀鲁、闽浙赣，与中国所有地方的距离多接近啊。难怪抗战时随西南联大迁居昆明的江南、中原籍教授对云南方言、服饰及建筑中透露的家乡元素有亲近感。

1998年，我开始涉足滇池与西山，数年后，写作出版了《滇池纪事》（2004年1月，云南人民出版社出版）。2002年，跋涉省坝原野，写作《消失的阡陌》。两本书所涉地域相关、脉络相连，是为姐妹篇。

昆明的历史文化令我痴迷，我游弋在历史与现实中。研读清末民初昆明记者罗养儒所著的《记我所知集》，从中得知清廷平复吴三桂叛乱后，云贵总督范承勋曾力破长虫山王气，将此山余脉王帽、荷叶挖烂。后来，我不断听到省坝老农叙述同样的故事，便邀约下马村刘华、苏家塘村苏家祥两位老人分别陪同我考察两山。夜间，当我整理笔记时，似乎感到罗养儒先生就在我身边，我对他说，我去看过那些地方了，面目大变了，那里有今人挖掘的更大山洞，但不是为了风水，而是为了挣钱。我看到雍正年间云南府粮储道官员黄士杰撰写的《云南省会六河图说》，书中说，金汁河灌溉是从下游轮至上游。我自不信，这违背常规，且难以操作，在事后的调研中果如我所料，金汁河灌溉历来是从上头排至下五排轮序进行，只在每年正月十六至三月初七水闲之时才是下五排"积攒塘水"之时。

我行走在城市与乡村间。有一次，在龙头街，我拍摄农舍旁的稻草垛，这是我童年在故乡江苏无锡熟知的，记得在月朗之夜，还常与小伙伴在其间玩"躲猫猫"的游戏。我见到路旁候客的马车，歇息的马将长嘴伸入挂在它头上的口袋吃料，问马夫这种料袋的名称，说是"草口袋"，是为了避免抛撒浪费，我也将它摄了下来，引得一些农民看我的稀奇。另一次，我雇了一辆马车从龙头街到大波村，马夫走的是便道，途经小窑村，一个依傍山坡的窑正在出货，问明这便是烧土陶的龙窑，便急急下车拍摄场景，坡上一帮农家小孩也将我观察了个够。数年中，我与省坝人互为风景，进行着不同文化间的接触与交流。

20世纪80年代以来，中国突飞猛进的发展使许多中心城市很快将城郊农村掳为己有，1989年我因工作调动入籍昆明，十年后还能望见省坝农耕的项背，不是偶然。原因之一是云南的山间平原实在太少，保水良田更属珍贵，全省山区和半山区占了国土面积的94%，其余的6%，除了土地还有河流湖泊。过去历届政府在经略昆明城布局时都将保护城郊耕田放在重要位置，曾经设想实施的一个个插花型小城镇，也是为了避免对省坝河流田野的侵犯。之所以没有在老城之外另辟地块建设新城，以保护众多文物古迹，大约出于同样考虑。正是他们的良苦用心，才使我这个后来者还能依稀辨识省坝农耕稻作的"芳容"。原因之二，在内地平原地带的省会城市，没有省坝的概念，那里的城市周围是一望无际的原野，而在昆明，整个坝子连同浩浩滇池不过近千平方公里，之外就是连绵群山，要再过数十、上百平方公里才又一块山间小坝子。这种地理特点，使城市建设从一开始就把滇池与省坝农耕纳入视野：滇池是城市的渔场与后花园，六河灌溉的农田则是昆明的粮仓与菜园子。一千二百余年前的南诏国主阁罗凤决定在昆川建拓东城（今昆明），他巡视了这片河山，说：山河可以做藩屏，川陆可以养人民。他的建城眼光就是这样的。所以，老昆明城跟周围的农田湖泊曾经是水乳交融的，求雨便城里城外一起求，赶庙会便农民居民一起狂欢，修河护堤也是城市内外同时统筹，连波罗村那条对主人极为依恋的牛也会迈着方步，城里城外一起溜达了。我在这块由湖泊与群山架构的舞台上，观看往昔由王者与平民、将军与士兵、中原人与土著、农民与耕牛表演的一出出如歌如泣的历史剧，令我心潮澎湃、激动不已。我写省坝，是机遇，也是缘分。

城市快速扩张，产生了数百个城中村，这里极为廉价的房租又容纳了大量从四面八方来昆打工谋生的农民，这些都市中的村庄容纳的打工者估计十数万。因此，在这些地方，你不可能看到城市新建小区优雅的景观和风光，相反，它们往往与拥挤、嘈杂以及事故（案件）多发等相连，成为令五华、盘龙、官渡、西山等昆明城区社区建设头痛的事。

中国的农民可能是世界上最有担当的一个群体，他们交了两千六百余年的皇粮国税，支撑与维护着庞大国家机器的运作。2006年，中国的农业税全部免除。是年元宵节，我到江川温泉村采风，这是省坝东南另一块湖滨之地，看到一户农家宅门贴着这样的春联：党的政策为人民盘古皇粮今朝免，横批：国强民富。春联喜气洋洋，极为醒目，表达了农民的心声。我要告诉你，现在农民正在以另一种方式对国家做出重大贡献：农民将他们最年轻精壮的人员输送到城市，千百万甚至上亿农民工在中国城市建设中扮演着重要角色。那些刚刚圈入城市的城中村正好就是他们歇脚的地方。所以，在一段不会太短的时间里，城市不可能消灭城中村，反而需要城中村，善待他们并且尽可能为城中村解决实际问题，这才是现实的人性之路。

当我还是一个江南人时，云南对我来说是偏僻、陌生、遥远的，因为世俗传说，这里是充军之地、蛮夷之邦；另外江南与云南相距实在太远了。可是，当我成为一个昆明人并行走省坝数载时，发现她的山、水、人、牛、神中蕴含的文化居然与江南味道相近，移民后裔关于先祖来自"应天府（南京）柳树湾高石坎"的传说，更拉近我与云南的距离。我想，如果从遗传基因学考证，云南各族人民一定与内地族群有非常紧密的一脉相承关系。云南人柔软的心中小心翼翼地保存着来自伯祖、叔祖之地的信息，我再给你说个故事，它却不是出于省坝，而是滇南——一个距中越边境仅200公里的少数民族村庄。这是一首歌谣，词为：有一个青年叫胡阿毛，胡阿毛本是上海的一个汽车夫，叫他开汽车到前线去，汽车上装满了枪炮子弹，可是由四个日本兵押着。汽车行到黄浦江边，他想这是我报国的时候了，就开足马力，汽车行到黄浦江里，他死了，汽车上的枪炮子弹和四个日本兵也完了——显然，这是发生在20世纪抗日战争时的一个故事。

脚步匆匆的上海人大约已经忘记了这个故事，云南人却还在口口相传着胡阿毛……

多么温馨的云南人。

——本书出版数年后，作者得知胡阿毛故事的由来：1937年11月12日，日寇占领上海。翌年，上海演出抗日第一大戏《血祭上海》，其中有胡阿毛的故事。六七十年后，云南乡村记忆力强的老人还能叙述胡阿毛的故事，大约是因为云南艺人将其改编为花灯杂剧唱词。地方戏曲对历史文化的记录保存有相当大的作用。

远古传说：太阳早上从东方的扶桑树升起，晚上自西方的若木树落下，日复一日，年复一年。

云岭大地，沐浴在一片金光中。

元至元十三年（1276年），在滇中第一大湖滇池北岸，在金马山与碧鸡山之间，元世祖孛儿只斤·忽必烈将云南行中书省的府治设在此处，并将宋时云南大理国鄯阐城改称昆明。云南三迤人民自此将这块六百余平方公里的山间平原称作省坝，又称昆明坝、滇池坝；将省府所在地称作省垣。

白牛驮土主

人山人海中，我与他四目相对。从他的目光中，我读出了好奇与探究，似乎在问，你是谁，干吗缠着我，你手里那个黑咕隆咚的东西是什么。喔，你问的是这个，我扬了扬手中的相机，对他说，站好了，别动，就这个姿势，我摁动了快门。

作者有意让这个省坝最大的宠物白牛成为永恒，于是，手抚牛角，请在场的保安摁动快门，从此，便开始了为时多年的田野跋涉

确实，我跟踪了他几年，时间从2002年至今日，地点从昆明官渡至呈贡水海子。

他是一头硕大的白牛，体重近500公斤，有着粗壮的四肢、伟岸的胴体、宽厚的脊背，往那儿一站，就令人心里踏实。他形体很美：白得发亮的皮毛，圆而有神的双眼、宽宽的额头、丰满的嘴唇，还有一对在太阳下划出弧形闪光的犄角。最重要的是他的性格好：沉稳、冷静、宽厚，以及对主人的极度忠诚。

我将"它"称作"他"，是因为在这一天，白牛非牛，它是沟通人与天地神灵的使者，它的表征作用非双足的人所能替代。这一天，是2004年3月9日，农历二月十九，官渡传统的土主庙会，又称"迎佛会"。

土主庙庙会

说起土主，他的庙祀兴于唐南诏，盛于元，庙祝曾遍布三迤。土主俗称大黑天神，佛名摩诃伽罗，是观世音菩萨的化身。土主崇拜至明、清逐次衰递，清时昆明县还有土主寺11座，土主庙22座。

省坝志载，有两座土主庙，"神屡著神异""遇水旱疾疫，祷无不应者"。其一是省垣之内的土主庙，其二是官渡土主庙。

府城土主庙，古名大灵庙。它建于唐代南诏国主蒙氏营造拓东城时，神像是由四川的匠人罗都道太塑造的。传说造像时，有一印度游方僧人菩提巴坡云游至此，他将自己修炼的秘咒丹书放入神像体内，又将手中的菩提树念珠一杖植入神殿前的天井中，念珠居然长成了树，这棵树由唐经五代、宋、元、明，直达千年，至清顺治丁酉年（1657年）才枯萎，又九年，清康熙丙午年（1666年），被大风连根拔起。寺庙正殿的天井中，有两个缅印式砖塔，高一丈多，塔下的石础，有一丈五六见方。

此庙原在省城城隍庙东几十米处，庙为三进，十分宽敞堂皇。道光

官渡土主庙

官渡土主庙香木雕的土主像，原来供奉于云南府城土主庙内，民国三十年(1941年)"移驾"官渡，原址建了华山小学

官渡土主庙内另一尊泥塑土主像，被省坝人供奉已有一千二百余年。泥塑土主的坐骑白牛呈欢天喜地状

三年，毁于地震，清咸丰初年重修，20世纪20年代，庙内厢房设有粮仓，这是有钱人设的义赈，委托慈善机关根据民国政府发给穷人的"米飞子"（粮票）供应二道仓米。1941年，提倡科学、反对迷信的龙云政府将土主庙改做小学校址，当差役欲将檀香木雕的土主像焚毁时，大批信徒包围寺庙，几成闹事之态。龙云派出著名的气象学家陈一得先生向民众做劝解工作，但信徒仍然激愤异常，为避免事态扩大，只得采取折中办法，将木雕土主送至官渡土主庙供奉，信徒虽然无奈，也只好作罢，因为办学校也是惠及民众的善事。省府土主庙遂改做华山小学（现五华二小）。这所学校的规模和影响与当时的景新小学一样，在省城名列前茅。

官渡土主庙自此有了泥塑和木雕两尊土主像，成为省城与官渡两地信众的保护神，一身兼任两职，香火更是了得。

农历二月十九的官渡土主庙会，有一项独特的活动：白牛驮土主。传统农业中，牛是农人不可或缺的耕作伙伴，其中白色的牛还被一些人看作高贵与吉祥。其实现代科学告诉我们，如果一些动物的种群本来不是白色的，其中出现的白色个体是因为得了遗传疾病，称白化病，如白虎、白狮、白猴等。但人们可能从原始时代起就相信，这些稀罕的白色动物是吉祥物，它会给人带来好运。佛教将人们的这个心愿编织进佛经故事，于是，藏传佛教的莲花生大师骑的是白牦牛，大乘佛教的文殊菩萨骑的是白象，滇中寺庙所塑的土主也都骑着白牛。但那些白色动物驮着神的形象都是泥塑木雕或纸画的，官渡人、省城人，不，是省坝之人，他们却将一种仅是宗教表征的事情演绎成民俗活动，用活生生的白牛个体驮载木雕的土主，而且这个稀罕事据说自康熙初年就开始了，中途除了天灾与战乱，一直持续到1946年。之后间隔了五十六年，即2001年，官渡土主又有了骑白牛的荣耀。只是活动的主旨已是发展民俗文化，促进旅游经济了。

滇人奉官渡土主为最灵验自有道理。

官渡地处省垣东南，距省城七公里。考古发现，3500年前的新石器时代，人们已经在此地的一些小山包上居住（螺峰村新石器遗址），他们摸鱼虾敲食海螺，以滇池为生。自公元8世纪南诏国在滇池北岸建立拓东城后，此地就逐渐成为沟通洱海文明与滇池文明的重要纽带——滇池唯一以"官"字命名的官家渡口。18世纪，正值清朝康乾鼎盛时期，此地连续出过两个进士。一个名为王思训，他于康熙四十五年（1706年）登进士入翰林院任侍读编修；另一个名为熊郅瑄，他于乾隆元年（1736年）登进士入翰林院任侍读学士。王是文进士，熊是武进士，一文一武，彪炳乡里，省坝农村再无第二。自唐蒙以降，官渡五村2.6平方公里内，各朝各代前后建起六寺、七阁、八庙。其中明天顺年间（1457年）由太监罗珪出资建造的金刚塔已列入中华人民共和国重点保护文物。中国封建社会历代往往将宗教寺庙与文化教育相结合，有着一大群鳞次栉比、金碧辉煌庙宇殿堂的官渡，乡里的办学热情、稚子的求学渴望可想而知。早在康熙三十年（1691年），官府在省坝办了两所义学，一所在昆明城内，另一所就在官渡土主庙内，省府为此将义学田租的一半拨给了这个当时有着"小昆明"之称的乡镇。农人们用舂饵块、做麦粑粑、制作米线米粉以及熬更守夜编织官渡纱帕得来的钱供养自家小儿郎，期望着他们像王思训、熊郅瑄前辈一样出将入相、出人头地。在官渡尚义村法定寺旁一栋传代百余年的农民土基房围墙中，我看到了一尊当年考武举必备的石礅，这应是二百余年前那位熊进士为乡里播下的火种。

一个如此人杰地灵的故土，它的保护神——大黑天神的香火自然赫赫扬扬，无与伦比。

我识得这头白牛已经三年。第一年，是在官渡土主庙会不期而遇，当时他就站立在庙前广场供人观赏，我惊奇地看到他与农人如此亲近，男的女的、老的少的排队等候着去摸摸他。每一次总有四五人轻轻摸着他的头、颈与身躯，有的两三岁孩童竟是骑在父亲脖颈上去亲近白牛的。我正看得眼热，忽听身旁一人在说，身上哪儿痛，摸牛那个部位就会好，一只手冷不防地伸向牛眼，手指几乎抠进眼眶，我扭头看，这是一个鲁

明天顺元年（1457年），由沐国公沐英的后代、特进荣禄大夫、镇守云南总兵沐璘"首倡"，太监罗珪捐修的官渡金刚塔，表现的是佛教密宗金刚界五部的内容，有浓郁的"西南夷"风格。现为中华人民共和国国家级保护文物

官渡古镇，建于唐广德元年（763年），二年设官渡渡口，是南诏国主蒙氏自大理赴东京（昆明）巡视的重要渡口，大理国王家子弟与士大夫在此游览胜景，陶陶而忘返。列朝列代在此添砖加瓦，盛时有六寺、七阁、八庙

●○ 消失的阡陌

莽的女人。我担心地注视着牛,唯恐他发怒,但是,他却只是多眨巴了几次眼皮,仍然不恼不躁、温文尔雅。养牛老人笑容可掬地陪伴在他身边,劝阻着一些人过于大胆的举动,并且时时留意着他有力的犄角。

2003年农历二月十九,陈家植牵着他的白牛伫立在官渡土主庙前广场,牛作为土主的坐骑,老人就做了神牛的侍者

在老人身旁,我抚摸了白牛温暖的身躯,触摸了有点金属质感的角,并且,我们相互凝视了片刻。

就是从这一刻起,我与他似乎有了某种约定,我要读懂他,并且让省坝之人都读懂他,我向老人询问了地址,打定主意,要一次次去访

问他。

我首先向官渡父老了解他们的土主渊薮和旧时活动的盛况。

尽管官渡农民的主体是汉族，但一些老人告诉我，那位土主是彝族，并且已有一千多年享祠的历史。我先是纳闷，这些泥塑木雕之神怎么会有族别，而且还是一个省坝的土著民族。在中国的佛道儒教之中供奉的各路神仙何止百千，你去看看筇竹寺内栩栩如生的五百罗汉，有谁是标了族别的。但是，当我从志书和省坝之人的口传中了解历史后，我多少明白了一些原委。官渡土主庙建于唐时西南的南诏国时期，当时官渡一带生活着彝族先民，是彝族首先建立了土主信仰。数百年后，当中原的大批汉族人被明代的镇南将军沐英等驱赶着离乡别土来昆明"实滇"时，省坝的民族分布有了根本改变，汉族接过彝族的土主信仰，将土主庙的香火延续了下来，若干世代以后，土主就成为省坝之人共同的保护神。说土主是彝族，是表明人们还记着谁是土主崇拜的创造者。

从一位民间塑佛师那里，我知道了云南的神仙与中原、西域有很大差别，即使是同一位神仙，比如观音。

传说有一年，农民们刚刚栽完秧，大慈大悲的观世音菩萨驾着祥云为禾苗淋洒甘露，却被可恶的旱魃全部吞食，眼看着碧绿的秧苗即将枯萎，人们心急如焚，这时只见观音菩萨摇身变成了三头六臂的大黑天神。她以邪制邪、以恶攻恶，灭了旱魃，救了农民。

塑佛者说，故事起源于佛经。他还作了很有意思的阐述：观音菩萨本色是美丽、聪慧、慈祥的，她的108变却是人世百态，大黑天神是她的第三个化身，这个神面目狰狞、獠牙裸露，他有三头六臂，三个头三种颜色——黑、红、黄，左右两手各捧日月星辰，其他四只手分别执混天铃、方天画戟、天书和方天印。表明土主力量强大、法力无边，可以助人解脱一切苦难。

我终于明白滇人的土主崇拜为何具有浓郁的乡土气息，因为这个神关怀农民，贴近生活，它是土生土长的；没有文化的泥腿子可以在土主那儿释放焦虑，寄托理想，倾诉自己的一切。这个神也不高高在上，他面貌丑陋,与农民一起生活在泥水中摸爬滚打,朴素的没有见过世面的农民在他面前不必自惭形秽。

土主的乡土特点决定了土主崇拜不会像其他登堂入室的宗教一样有规范、程式。我从当地七八十岁的老人那里证实了我的判断,农民们用自己丰富的想象力,将土主庙会办成了喜庆吉祥并且实用的悦神娱己大会,尽管请到会的僧人经师们敲钹念经作揖时仍然是引经据典,之乎者也。

二月十九日的正会,十八日就开始忙乎了,人们先把距土主庙百步开外的观音寺内的瓷塑观音请到土主庙大殿供奉,同时,为土主遴选坐骑的事也在紧锣密鼓地进行中。曾经,省坝的养牛户极多,尤其在边远山区,几乎家家有牛,有的一户还养数头。那些养着白牛的人家,估摸自家的牛灵巧听话,会将它梳理打扮后提前两日送至官渡。这天,办会者将三四头白牛牵入土主庙大殿,让它们挨个站在两人多高的土主泥塑像前,这些牛尽管平日里使的是牛马力,但眼光所及,都是青山绿水的田园,眼前忽然出现缭绕的香烟、炫目的佛堂,它们立即根据自己的秉性与主人的驯养做出不同的反应,有的惊慌不安、扭头想溜,有的察言观色、纹丝不动。这时,胆小惊慌者被淘汰牵走,胆大沉稳者自然成为驮土主的角色。某次,一头牛不知做何感想,竟双膝一屈,在土主像前跪了下来,令办会者大喜,说这是一头被土主选中的牛,从此,白牛跪迎土主成为佳话。

被选中的白牛像明星一样得到人们的侍奉与赞美。人们将香灰撒在热水中,用扁柏枝蘸水为它香汤沐浴,褪去陈年老垢。白天,牛主人陪同它在田坝啃食嫩草,晚上吃的是特制精料:三公斤发潮的干蚕豆掺入上好的豆糠,还拌以两寸长的稻草。这种配餐平时只能在春耕大忙时享用。临阵前,经师为它念起道教"六畜经",身穿长衫的经师双手击钹,在白牛左右各绕三圈,口中念念有词,大意是说:要乖乖驮载土主老爷,不可调皮;说这是件很荣耀的事情,做好了,它的畜生生涯将得到正果。此时,牛主手持缰绳,静静伫立一旁。

十八日晚,又一场别开生面的活动开始了。佛殿地上铺满了散发着松香味的鲜松毛,从大、小石坝附近来的撒梅人(彝族一个支系)要在大殿住一宿,称"宿庙",并且歌唱诵佛的歌,称"散花曲"。这时,嗓音悦耳的歌者就是晚会的亮点。歌词一般都是农耕生活的场景,外加祈望神助的愿心。

  大田修行四角方,又栽辣子又种姜。
  辣子哪有姜好吃,八角总比草果香。
  田中有位老大姐,会唱九板十三腔。
  散花词调唱得好,唱出九板十八腔。
  黄豆修行开紫花,去掉壳来滤掉渣。
  青浆点成白豆腐,快刀划出白莲花。
  煎煎炒炒供菩萨,菩萨案上一瓶酒。
  祈求佛祖多保佑,明年赐个胖娃娃。

有的歌词诙谐风趣:

  小马修行四只脚,两只起来两只落。
  背上驮个皮鞍子,鞍上骑个老斋婆。
  左手拉着马缰索,右手拎着香提箩。
  有人问我去哪里,观音寺内念弥陀。

这些带着泥土气息的"散花曲"令同伴们听得入神。

这边歌声正酣,那边一些对佛有所祈求的人又开始了另外的活动。佛殿一角,一些妇女在向观音磕头祷告,并献上供品,是装在小土钵中的红酒、白酒,另一些妇女乘人不备,悄悄拿了酒就走,这叫"偷酒",偷白酒的是求菩萨赐给白衣(医生)为家中病人治病,偷红酒的是为新过门的媳妇求子,如祈求者的愿望得以实现,来年的节日,她们要向菩萨献酒和随心功德。

土主庙大殿前的月台上，人们排队轮序在祭神的"章马"（篾扎纸糊的祭品）胯下爬行，老人传言，如此可以健康长寿。行此礼者似乎都是女性

下午一时，当地有福相的主事者从土主庙"请"出木雕土主像

我原不解，如此良好的心愿为何要用"偷"的形式，仔细一想，便了然于胸，这表示祈求者与菩萨之间是一种私自约定，即所谓天机不可泄露也。宗教自创立之日起就给它的许多活动蒙上"私密"的光环，使它区别于人的其他精神活动，这种"私密"的特点，令信奉者相信神的神秘和神力的有效。

第二天是正会，上午十时左右，省坝所有的民间艺术都在官渡广场与街巷间铺陈开来，锣鼓鞭炮是前奏，耍龙的、舞狮的、秧佬鼓、崴花灯、颠毛驴、踩旱船、对山歌，应有尽有，各村的业余文艺队伍都以能在官渡庙会上一显身手为荣。中华民国时期，滇越铁路在这一日特开了昆明至官渡西庄的专列，从城里老南站发出的一趟趟列车呼啸而至，车刚停稳，车厢子里的善男信女连同玩乐的、采风的和各个行当的小商小贩直奔这个由土主坚守了上千年的风水宝地，人们借着佛的节日在此狂欢，不必衣冠楚楚，不需正襟危坐，那些性情中人还可以乘机手舞足蹈，放浪形骸。

时近正午，养牛人为白牛拎来一桶清水，抱来一堆还带着青豆荚的嫩蚕豆秧，白牛的长舌卷起豆枝，痛快地咀嚼起来。饥饿的人们跑到那一个个支着硕大遮阳伞的小吃摊上，品尝有名的官渡粑粑、饵块、卷粉和米线。金刚塔与周围的寺庙得到片刻宁静，时而可闻庙宇飞檐上风铃的叮当声。

下午一时，迎佛会正式开始，牛主人与几个壮汉拉紧牛缰绳，官渡德高望重的尊者将檀香木雕的土主像捐出。白牛身上早就绑好了鞍扣，披着彩色床毡，上面安放了一张木制宝座，椅背上方还竖着飘飘荡荡的日月逍遥伞，仿若古时皇帝出巡的"銮驾"，牛头上扎着十字披红的绣球。当土主被安放在宝座后，浩荡的队伍出发了。队伍的前列是两幅"国泰民安""风调雨顺"的红色大布标，标明本次的祈祷关乎国计民生。周围簇拥着手擎彩旗的年轻人，紧跟着的是土主仪仗"肃静""回避"的高脚牌和金瓜、银斧、定心鼎等十八般兵器。僧众敲着法器诵着经文尾随而行。最引人注目的还是那头驮着土主的白牛，它不紧不慢地跟随在主人身边，几个中年人围护在四周，时时阻挡一些伺机想挤入队列拔牛毛的妇女，告诫大家"今年牛要惊了，不准拔牛毛"。原来，传说驮着土主的白牛特别吉祥，保存几根牛毛会给人带来好运。

人们把但凡想得到、做得成的事都展示在队列中。

若干年轻人抬着三个大章马，章马用竹编纸糊，有两人多高，其上驮着若干锡箔折叠的银元宝和献给上天的经文表章。

十多个身着马褂的男性老人抬着观音。

十多个头戴洋毡帽、身穿长衫子的新姑爷（指结婚仅两三年的年轻人）抬着五谷太子。

数台"会火"展示的是空中舞台。每台在方桌上竖起四五米高的会火杆，顶端设有踏板，一些面貌姣好的十龄童装扮成当日演唱的滇戏戏曲人物，蹬踩在踏板上，做着各种戏剧动作。由几个青壮年男子连案带人扛抬着游行。"会火"亦称"社火"，当年滇中仅有官渡与河西（今通海）有这种娱乐。

数条十五节的大龙舞动着。头上戴秧鸡帽的男性老人指挥着一台秧佬鼓。身着如江南采桑女服装的官渡传统花灯队员有的舞红绸，有的弹烟盒，有的挥彩扇。还有一些说不出、道不明的歌舞班子跟着，其中是否有彝族左脚舞，不得而知。

大队的游众，有的手持九炷香，以示天长地久；有的持六炷，表示六六大顺、六和同春，更多的只持一炷，表意即可。众口同声"迎土主"，依序而行。从土主庙穿过金刚塔到十字街，上宝象河广聚桥过凌云阁，到官渡上、下五村，返回时从金刚塔另一门洞穿过，队列长达数里，历时三四个时辰，这等气势，比起西班牙的奔牛节，若何？

这是数十年前的情景。现在的活动省略了"偷酒"与"耍会火"，游走的路程较前短许多。

庙会场景之一：头戴秧鸡帽的老人，手持花棍指挥着一台秧佬鼓

庙会场景之二：颠毛驴、踩旱船与歪歪精（"歪歪"，方言，即蚌壳）群舞

庙会最精彩一幕：白牛驮土主。据说，此民俗活动由清康熙年间起，至民国后期，前后持续了三百余年。原意是祈福禳灾，现在是为旅游而造势

探访白牛

2003年6月的一天，在官渡张来芝的陪同下，我来到距昆明18公里的呈贡黄土坡乡水海子村，这里是白牛的居住地。村子不大，一百多户人家，七百多口人，坐落在山腰上。村子得名于山脚那塘水：水海子，大约有上千亩的水面。1958年，整修水利，因四处果林茂密，又名果林水库。

张来芝是官渡法定寺旁那栋土基房的女主人，为人热情大方，我在官渡的探幽访古，得到她很多帮助。自2001年恢复土主庙会以来，她家帮助伺候庙会期间的白牛已有三年，对白牛也情有独钟。

养牛老人叫陈家植，高寿七十，身板硬朗，见到他时，正从地里干活回来。他的老伴健在，有两个儿子，老大已经成家，在"七彩云南"打工，大儿媳与老二是家中农耕的主要劳力，盘着六亩田地，全部种植蔬菜。两个孙女，大的在外读书，老二年龄尚小。家中住着新盖的水泥房，虽然简陋，日子过得安宁、和美。

说到现在的生活，老人的话头自然转向白牛，他说：这头白牛是它十岁那年买回来的，是个牯子牛。原主人介绍，三岁时阉了。到家已有六年，刚来的两三年家里盘着二十多亩田地，耕田、拉车，与普通牛一样役使。近几年土地减少，家中又添置了小农用车，白牛才渐渐轻松起来。自从它进了这个家，它健健康康，家也和和顺顺，生活一天比一天好，他强调，无论是在外做工、读书的，还是在家做活儿盘地的都顺顺利利的。

老人的这句话我在省坝农民那儿也听到过，但凡养着大牲畜的，只要家中诸事顺当，就认为这头牲口好，护着家。

老人曾养过许多牛，比起以前养的黑牛，这头牛听话，跟人亲。他说，过去黑牛耕地会发脾气，招打；在公路上遇到行驶的车辆，或遇到行人穿红衣打红伞，会惊起来；自家孩子骑骑黑牛，它脾气一来，三纵

水海子村白牛走出居住的土基房的第一件要事是蹭痒痒

陈家植与孙女一起牧牛

两纵（纵，俗话，跳耸之意），就把孩子掼下来。这头白牛很是乖，三岁的小孙囡也会说"我家这头老白牛骑着不会咬人"。

现在，水海子的白牛已经像个出道的演员一样，有一定的知名度。每天下午，是老人放牛的时候，水海子边上有驻军，当兵的看到他就说："老大爷，你这头白牛好啊。"一次吆着牛从"七彩云南"的大门前经过，两个金发碧眼的老外直向老人打手势，他知道是喜欢牛，就停下脚步，男女老外摸着牛身、牛角互相"咔咔"地拍照。返村后，一些老人听说此事，说怎么让外国人把牛的相照走，老人说，大家都喜欢它，好啊。自从白牛成了驮土主的主儿后，每年农历二月十八，陈家植就吆着牛出门，一些老人说，吆着牛又去请斋了。

老人回忆官渡人第一次来相牛的情景。过去省坝东边的山区养着许多牛，仅水海子就有一百多头。那时，官渡要办会了，只需贴出告示，为迎佛会征聘白牛，会有数头牛被吆来供主家选择。现在省坝附近多的是人，耕牛已经少见，偶尔有头牛经过，行人会像看稀罕物一样左看右瞧，水海子村也只剩下四头牛。所以，官渡人要迈开双脚，四处寻访这个"吉祥物"了。那次官渡人看到白牛，感觉面相、形体、气质都不错，便说明来意，陈家植老老实实地说，白牛从未做过这事，没有把握，惊了怎么办。来人实在舍不得这个机会，便说，（驮土主）不惊开钱，惊了也开钱。老人攥着小心，毕竟庙会上人山人海。第一年，白牛驮着土主，他将牛缰绳拉得紧紧的，嘴里时时吆着牛，好让它知道主人一直陪着它。第二年，拽缰绳的手就松了些。第三年，走到半道，缰绳由另一位老人攥，他在牛屁股后跟着。每次办会结束，办会者将报酬装在红封内，白牛年年为老人挣来大红封，钱不多，但老人荣耀，他说，白牛让成千上万的人开心喜欢，他高兴。

白牛不仅年年挣红封，归家时，老人手拉着那根牵牛的红缰绳，这是吃斋老奶奶们用红绒线手工搓成的，拇指般粗，一米多长，白牛身披着土主骑过的红毯子，人与牛一前一后走过村村寨寨，像凯旋的将军一样受父老乡亲的检阅。回到家中，绒线与毯子都派上大用场，红绒线给

白牛驮土王

在硝泥塘泡"泥浴"的老白牛

白牛驮土主时使用过的红毯子与红绒线，牛主人仔细地保存着，毯子只能盖不能垫，红绒线编织成吉祥图系在孩子的脖颈上

19

孙囡织成小背心贴身穿着，系成吉祥圈在脖上围着。邻里乡亲有人来要，一尺二尺给着。红毯子是市面上随处可见的腈纶毯，但这是庙会成千上万祷告祝愿过的，只能盖在身上不能垫在床上。主人家抱出一床给我看，上面沾着许多白白的牛毛。征得主人同意，我收藏了几根，然后将红毯折叠好，对着它上下左右地拍起照来。

这不是一头普通的白牛，它身上积淀着浓厚的省坝文化。

我依恋着白牛，跟陈家植一起到山下草甸放过几次牛。那次，我们一出家门，白牛就顾自向山下那条坑坑洼洼的土路走去，那儿通向草场、河流、水塘，我们跟在它后面。到了坝子，老人放开缰绳，让它自由活动。

看得出，原来的水海子几乎浸漫了全部坝子，由于自然变迁与人为干预，水退到西南边，让出了大部分土地。近水边仍是沼泽地，长着旺盛的杂草，东边稍高的地方种植着稻谷。坝子被群山围绕，只有西南地势低平，是海子的宣泄处，不过因出水量极小，湖已无水可泄，几近死水。我心中一动，水海子，太像微型的滇池了。我们选择了一处视野开阔的河埂坐了下来，老人告诉我，坝子的东南方是蛤蟆山，山后接着的是尖山、牛王会山，西边是大山与石头山，北边是古城山，水海子村坐落在古城山半坡上。我看看四周，风景很美，山上到处长着树，坝子也绿油油的，与繁华嘈杂的昆明城相比，这儿已经是一块宜人的绿洲。然而，我看到滇池令人生畏的水葫芦也在水海子里茂盛地生长。说到水，老人叹息了，他说，水海子的水过去很清，它从山沟里出来，经过白水塘，七弯八绕，途中的一些龙洞曾经有金线鱼出没。海子以前的鲤鱼、草鱼长得好，很卖钱，村子的人畜饮水全靠它，后来四周搞开发，"七彩云南""乡村高尔夫球场""南洋学校""西亚山庄"，一家比一家漂亮，把农村经济也带了起来，现在几乎家家有人在里面打工，但是水污染了，人不能饮用，鱼也不好吃了。

从老人口中，我还得知，水海子是马料河上游，这是滇池水系，距滇池20多公里。像现代有血液"三高"隐患的人一样，滇池的"高脂血症"从微循环就开始了。

张来芝一脸欢喜地牧牛。水海子的水塘、杨柳和旺盛的牧草是白牛依恋的家园

陈家桂在水海子为白牛洗澡，白牛闭眼舔舌，惬意至极

不知不觉，两个多小时过去了，老人看看牛，说草膛（胃）鼓起来了，吃饱了。这时牛向一个黄泥塘走去，我正想这水浑着，怎么喝，它却在泥淖中打起滚来，并且还在里面赖了几分钟，鼻子呼呼地出着大气。老人说，它身上痒，有寄生虫，在里面泡泡就好了。我知道，牛身上的寄生虫有一种叫牛虱子，饿时只有米粒大，喝饱了牛血会胀到黄豆般大，对牛的摧残很厉害。老人又说，牛不会乱滚塘，它选中的地点，泥中可能含硝。我不由想起都市正在流行的保健：用中草药捣烂给爱美的女士（也有男士）糊脸，称"做面膜"。用泥藻料涂身，是否应叫"泡泥浴"。人与牛异曲同工。

当白牛从泥淖中"吭哧"一声站起来时已完全是一头泥牛，它慢慢向东走去，越走越快，原来水沟边有一头年尚4岁的黑牛，浑身洋溢着一种青春的美丽。白牛16岁，已相当于人50岁年龄了。它们互相摩挲了一阵嘴脸，黑牛忽然掉头而去。

还有一次，我专程去给白牛照相，老人郑重其事地将牛牵到海子为它洗澡，就像每次去驮土主前精心刷洗一样。陈家植拨开水葫芦，让牛站在齐膝深的水中，他随手拔了一把杂草，就着湖水为牛擦洗起来，牛不会掩饰自己的感情，它的尾巴翘起、脖子伸长、微闭双眼，那种感觉像人在享受桑拿。它的神情一定感染了老人，陈家植意犹未尽，想把它牵到前面更清凉的水中再享受一番，谁知牛却连连后退，我仔细一看，十多米开外的柳枝下，有人擎着竹竿站在水中钓鱼。

老人牵着出浴后的白牛让我照相。张来芝拉过牛缰绳让我拍了一张她与老白牛的合影，她神情怪怪的，有一种说不清道不明的感觉。

湖边的草极茂盛，牛大口啃着铁线草、花生草。我请教老人吆牛的口令，他说走（走）、瓦（停止）、朝（向右）、弯的（向左）。我注意到，陈家植说话时，白牛不再吃草，它看着我们，嘴里不时发出如同吹小喇叭似的"嗯啊"声，似乎想与老人对话。这头精灵的只是不通人语的牲畜啊！

"白牛驮土主"游街队列中，宗教人士的鼓吹、击打乐是必不可少的

观看游街的老人，一定回忆起了五十多年前白牛驮土主原汁原味的场景

●◎ 消失的阡陌

　　2004年的迎佛会，我跟随驮着土主的白牛走了一遭，我想亲眼看看白牛的表现，体会白牛在"非牛"状态下与人的关系。在请出土主以前，白牛在广场已站立半日，它为迎佛会增加特色，也为办会者打点香火——信奉者或者喜爱者在观赏抚摸白牛后都会在牛背上的靠椅中丢点小钱，一角二角不等，聊作办会补贴。

　　当有威信的乡镇长将木雕土主扛出，早就等候着的几个人接住神像往宝座上安放，这时，白牛本能的反应是躲闪，由于牛鼻子已被人控制，它的身子在做圆周运动。直转了半个圆圈，人们才将土主安顿好。远处，炮仗在炸响，大队人马按序出动，老人拉紧牛鼻绳走在前面，示意我跟在他旁边，我有点紧张，时时注意着牛的动静。看得出，办会方是做了精心准备的，牛身旁，既有与牛有亲情的老人、年轻力壮的青年，还有穿着制服的保安，在游人稠密的各个路段，都有专职人员在维持秩序。组织者力求万无一失。

　　行进中，有若干次停顿。一次是在走过金刚塔广场，进入长街时，道路变得狭窄起来，有人却还占道经营，但这时的人都比较平和亲切，只见指挥者一声令下，周围的人七手八脚将遮阳伞、背箩、货摊挪向一旁，道路马上畅通。一次是路上遇着小坎，行人只需稍一抬脚，牛却不行，人们迅速搬来砖头，垫成缓坡。还有几次是牛背上的土主座椅有点倾斜。

　　当队伍走到有少许碎石的路面时，后面有人喊"牛跛了！""牛跛了！"队伍停顿下来，养牛老人问清情况后，将白牛左后腿抬起，掰开八字脚，却并未发现碎石，可能是被硌了一下，还好，未影响余下的路程。我也留意了途中的旁观之人，大多数年轻人指指点点、说说笑笑，他们喜欢热闹、新鲜，也希望庙会给官渡带来更多的商机。一些上了年纪的老人，却是一脸虔诚，有的持香祷告，眼中流露出信仰，他们中有的人年少时参加过真正的"迎佛会"。一位餐馆老板送上50元大票，他既是赞助也是讨喜，票子被夹在白牛脸颊的"牛得"绳中，十分显眼。

白牛驮土主

五六公里的路，走了两个小时，队伍返回原地后，白牛又在广场作为"吉祥物"被展示了一阵儿，它除了忠诚，还有无奈。

驮完土主的白牛卧在小屋休息，自二月十八日起，它已为庙会操劳了两天

翻动的天书

省坝，南临水，北环山。水为滇池，我已在《滇池纪事》中巡游、膜拜了它。东、西、北三面，黛色的群山争先恐后地簇拥其间，它们大多呈东北—西南走向，将六百多平方公里略呈方形的山间冲积平原架构成一个大舞台，让王者与平民、将军与士兵、中原人与土著、农民与耕牛在其间表演一出出如歌如泣的历史剧。

昆明古驿道重要关卡兔耳关，村北有烟墩山，其上曾有灶形烽火台，东川大道有匪情时各哨哨兵点燃狼烟，将险情报至云南省府台衙门。现在昆明至曲靖的高速公路穿越山脚

那数不胜数的山，或长或圆，或高或矮，或端庄或形变，多半名不见经传，可它们是农民的山，上面烙满了农耕的印记，依山而居的人为之取了一个个实用易记的名字。有的以姓氏名之，如严家山、李家山、杨家山、丁家山等；有的以山形称之，如龟山、眠犬山、美女山、豹子头等。虽然新鲜，却不足为奇。人有阿猫阿狗称谓，山有阿鸡阿兔称呼，自古亦然。

"祭天"与"烟墩"

阅读志书，省坝有两类山引起了我的注意。一类名"祭天山"，有八座同名，分布在大板桥阿底村、双哨老玉屯村、新街马劳力村、双龙歌乐资村、麦冲村、小河回流湾村、金马云山村。我将它们一一熟记于心，非得一探而快之。那次，普照村的龚从仁陪同我去大板桥采风，我迫不及待地问起阿底村的祭天山。他指着一个行将被夷为平地的高台，说它就是"祭天山"，我一惊，不解如此神圣的山体，人们竟毫不留情地将其毁灭。问及原因，说是山石为锻烧石灰之好原料，这里产出的石灰一度成为昆明坝子抢手的建材品牌。

以后，当我走进东郊一个个彝族村庄，才知道，几乎每个村庄都有自己的"祭天山"，只要这些山近在村旁，山体平缓高度适中，便于群体祭祀。如白龙寺村南的祭天山，又称"祭天台"，山顶平地竟有40多亩；西邑村的祭天山又称小官山。这些山因近在城市，都被各单位占据。所幸地处八公里的普照村祭天山还完好，它又名石塘山，我赶紧将它的"倩影"留了下来。

还有一些山名如"杀猪山""杀鸡山""祭白龙山""祭虫山"，都为同一功效：祭祀神灵。由是观之，祭天山应有数十上百个之多，修志者择其要者而名之。在这些山上，曾发生许多精彩的祭天故事。

另一类名"烟墩山"，又称"烟包山""烟堆山"，有三处，它们在双哨大哨村、双龙白岩哨村、小哨兔儿关村，无一例外都在古代驿道重要哨卡处。它们是云贵高原茶马古道上的"烽火台",是万里驿传的"报警信号站",当年,哨卡的守卫者用烟火向中枢神经报告边地安全受侵犯的状态。

滇中驿道,元建站赤,清末废弛,盘亘绵延六百余年。古道上的烟墩究竟是何模样,我专程去了兔儿关,71岁的刘友林老人带我去屋顶观看"烟墩山",它在村子东北数百米处,驿道就在山脚下。如今,烟墩早已不在,此地空余山名,一条昆明至曲靖的高速路从旁经过。80岁的村民杨增荣还记得烟墩的功效,他说:有事情了,此地放火,白邑关也会放火,省制台就知道了。省制台就是云贵总督,云南封建社会的末代总督是李经羲,他是李鸿章的侄儿,没坐上几年总督位,就被辛亥革命云南的"重九起义"轰了下来。兔儿关是云南府东川大道上的重要哨关,自四川宜宾,云南昭通、东川过来的马帮至此分两路通向省府。一路是翻过村西北老五山丫口,取白邑道入昆;另一路是从村西南走大波村、清水河、波罗村由灵光街入昆。"烟墩"信号站走的是白邑道,此路空旷、开阔,便于被省府北门望京楼卫戍察知。

"烟墩"随驿道的终止而废弛已近百年,要找到完整之物着实不易,然而,古话说"踏破铁鞋无觅处,得来全不费功夫"。在苦寻"烟墩"的过程中,我体会到了这种境界。

清末民初,昆明《中华民报》《中华新报》主编罗养儒将他亲历亲闻载于《记我所知集》。从中,我得到一条重要信息。20世纪20年代末30年代初,留学日本研习过园艺的庾晋侯任昆明市长,为了给新建的大观公园增添情趣,他下令将昆明东郊重关外废弃的三个烟墩移入大观楼侧的滇池中,本意大约是模拟杭州西湖的"三潭印月"。当事者罗养儒颇不以为意,我确以为歪打正着,庾市长在不经意间保护了文物。

2004年10月,一个风和日丽的下午,我脚踏游船飞轮,手握舵柄,独自在大观楼湖中转悠了一个多小时,对着"烟墩"左看右瞧,看岁月留给它的苍夷与斑驳。然而,它们的形状令我惊奇,原来是三个硕大的石葫芦。在相机镜头中,我看到这个家伙巍巍然辉映在蓝天白云中。天

大观楼前滇池中的三个烟墩，设计者的原创是模仿杭州西湖的三潭印月

庾晋侯于1929—1930年任昆明市长时，将昆明重关外三个废弃的烟墩移至大观公园滇池中。烟墩呈葫芦状，据说为明代沐英时制造，原呈贡县太平关至梁王山也有如此形状的十个烟墩，是沐英军围剿梁王军时使用的

啊，它分明是太上老君炼丹用的宝葫芦，什么时候被像孙猴子一般灵巧的滇人搬到省府东郊北京路的呢？我被自己的联想逗乐了，不禁笑出了声。

老昆明自东站迤逦出行的通京驿道，被民众称为北京路，另一条向南取道呈贡、宜良经广西通京的古道也称北京路，这是我在考察中于村老处亲闻。两条古道的里程于古制各有一万余里长，与20世纪50年代命名的昆明南窑至北站数公里长的现代北京路相比，古道更名实相符、气势恢宏。

石葫芦烟墩不由引发了我更大的好奇，它们打造于何年何代？是遍布于滇省驿道，还是仅止于昆明城至凉亭、十里铺呢？因为我原来设想烟墩大约像农家的大型灶台，它应用砖块砌成，这样取材方便、制作简单、成本低廉。我就教于省文史馆员李瑞，他今年75岁，自小就有历史文化癖好。他告诉我，20世纪六七十年代，他在呈贡太平关看到过这种葫芦形烟墩，传说制作于明初沐英镇滇时，十个烟墩自太平关向东铺设至梁王山脚，当时烟墩服务于对梁王余部的征讨。山上敌军一有动静，前哨士兵点燃狼烟，一股蓝色烟雾直直冲上天空。十个烟墩，十股狼烟，将元军遗逆的异动报至呈贡驻军，接着，狼烟北延，经蛤蟆山、古城山、水海子，又是数十上百根烟柱，十万火急的军情进入省府中枢——制台衙门。我问李瑞，狼粪难找，烟墩是否可用草木代替。他说，草木燃烧形成的烟是散漫无力的，没有狼烟的效果，过去滇中多土狼，狼粪易收集。至此，我对烟墩山的考察告一段落。我知道，与祭天山相仿，称为烟墩的山也是一个系列，它的数量应以成千上万计。

壮者"长虫"

如果说，"祭天山""烟墩山"是由一组组的山编织成的故事。那么省坝周围海拔2500米以上大山的传说就更多了，这些山往往与一种文化、一个朝代、一个族群相联系，是可以配享宗祠、纂修山志的。其中最悠久的山，当数东山金马、西山碧鸡，它们是滇地土著童年的梦幻，是关于茶马古道、土人、孔雀与滇马朦胧的记忆，其传说可追溯至华夏的汉唐即西南夷的滇国、南诏国时期，距今已有两千余年历史。然而，时间虽悠远，传说虽飘忽，金马碧鸡所代表的滇文化却深深地烙在省坝大地，就像孩童脱离母体的纪念——肚脐，它伴随着人的一生，自生至死。

旧时风水阴阳学说，曾支配王者影响平民。省坝的风水之山，当数"长虫"。你看昆明北郊的长虫山，它的曲率、张力都是由北至南的，遥想当年天地作合时，这股惊天之力就是北南向劈过来的，难怪昆明人将长虫山看作从四川游向云南的巨蟒，当它跃至昆明北郊岗头村石坂沟时，不知被什么所阻，那白石嶙峋的脊梁猛然拱起，令昆明人做了一篇精彩的风水文章。

长虫山，又称蛇山，学名陆（hóng）山，"陆"字极为生僻，一般字典已查不着它，翻阅《康熙字典》，上载：从陆山名，在云南，《前汉地理志》说陆山在益州郡来唯县，陆山出铜。

史书记载，汉元封二年（前109年），汉武帝刘彻，派兵临滇，击灭劳浸，滇王尝羌"始首善"，于是被加封为滇王，授金质"滇王之印"。汉在滇国故地设益州郡，划分为24县。在这24县中有谷昌县，因为省坝东北部曾有谷昌村，史学界从来以为西汉时滇池北地属谷昌县，《前汉地理志》却指其属来唯县。或者东北部为谷昌，西北部为来唯，也未可知。长虫山是区划的极好标志物，两千余年历史迷迷茫茫，看不清尽头，故且存疑。

长虫山的风水文章，是从大明开国皇帝朱元璋做起的。他委派了一位深谙堪舆与文化，又懂建筑的官员，曾任某省府官的汪湛海来滇，主持督造云南府城。风水堪舆家，云南百姓称之为地理先生，汪湛海这位大地理先生至昆的第一件事，应该是手持罗盘，踏勘河山。

长虫山虽在省坝北部，然而它的南北走向与绵绵余脉，却将省坝造就成m形，它处于m形的正中一竖，正巧，这是美的声母，好一个美长

31

2004年春天,油菜花开时,白雪笼罩了长虫山

虫、美省坝呀。汪湛海从北面五老山建于汉代的龙泉道观出发,顺长虫山一路南下,走了数里,就到主脉尽头"石坂沟",再南,就是一系列余脉土山,今日被附近村民称作薛家山、马鞭山、锅盖山、王帽山,又东南折为荷叶山、商山、青山、圆通山,又南西折为大德山、五华山、磨盘山。当时,元代云南府梁王政权覆亡不久,元筑的昆明土城就坐落在五华山大箐沟余里外的玉带护城河畔。他抬头北望,仔细端详地貌风景,但见山山松涛呼啸、朴树婆娑、山花烂漫、百鸟啁啾。尤其是那个五华山,像一把宝椅,两旁大德、磨盘左右拱抱,山正南的秃杉箐里长满了巨大名贵的秃杉树,这是做上等棺木的好材料,树上停歇着许多据说是好风水鉴别者的禽鸟白鹤,东边大德山正对大小绿水河的石崖上,猴群在援藤攀爬。这幅图景,对于来自江南的汪湛海,肯定产生了巨大的视觉冲击,这不啻是人间仙景,他大喜过望,深信这将是他为帝王建

造的最好府城。于是，急急拿出堪舆器械，审山龙、察地脉、别阴阳、定子午。

后人用堪舆行话形容长虫山之美：长虫山自五六百里之外，龙气走动，行入昆明境内，龙气益壮，至铁峰庵处（即石坂沟），便停顿起嶂，更含蓄旺气，吐而起顶。于是九起九伏，向西绕南，至圆通而开玉屏，徐吐五华秀气。五华分五支而下，中支开阳面，止于文庙地场，此为艮龙趋乾，掉头向离，乃紫微龙也，极为尊贵。

我每每读到此处，心中讶然，长虫之气，说白了是妙不可言的帝王之相，离京城万里之外的西南夷有此征兆，对称孤道寡的洪武皇帝来说，何喜之有。

汪湛海还策马走过金汁河羊肠村一带，瓦窑村的刘凤堂告诉我，汪湛海曾作过一首七言诗，其中几句为："芦花节节绕羊肠，隔水青龙关下塘。人道穴星真挂角，谷丰独立在高岗。"前两句是讲羊肠村附近的地貌与风景，后两句却充满了玄机与谶语。诗句是老辈人口传下来的。

汪湛海前后忙碌折腾了数年，于洪武二十年至二十五年间（公元1387—1392年），终于将一座龟形砖城墩在元代土城之北，龟头在南门，龟尾在北门，五华山、磨盘山、圆通山及青山之半，还有当时叫菜海子的翠湖、大小绿水河都涵括其中。工程结束，汪湛海的剪彩仪式，是将一只惟妙惟肖的石龟与一块"五百年前后云南胜江南"的碣石埋于城中。据罗养儒记，那只石龟已在民国时拆南城门门楼时被发现，体大逾尺，甚精美。

这座砖砌明城伴随了昆明五百余年，今天，昆明成了国内外旅游者追捧的胜地。可以说，汪湛海不仅是堪舆家，还是预言家。

传说，长虫山的帝王之相还是露过峥嵘的，不过，它印验在古时中国的藩邦——交趾国。

长虫山石坂沟南，有土山曰薛家山，上有交王坟，毁于20世纪60年代。坟旁有村为岗头，村老王瑛告诉我，交王坟碑文为"故明定北将军阮公元襄之墓"，碑高约120厘米，宽60厘米，安顿在石砌的基座上，两旁有若干石桌石凳。一个有关交王的故事在省坝流传了数百年。

古时，中华有一阮姓之家，父子俩好风水地理，一日兴起，相约要为祖宗寻一发坟，以为阮氏扬眉吐气之地。听说滇中长虫山十分了得，父子俩便直奔云南，到了东川，两人施行遁地术，前后遁地钻龙数百里至昆明。子于前，父于后。子至长虫山主脉尽处余脉生发的第二山峦处得一宝穴，认准此穴能孕育王侯，便将一枚大铜钱埋入其中。不久，父亦潜行至此看到眼前五色土结穴成球，料定此地是长虫山龙气凝结之处，便将一根铁钎插于土中，第二日父子相遇，都说找到发坟，便来到薛家山，刨开泥土一看，铁钎正插于钱眼中，两人相视而笑、击掌而庆。遂将先人遗骨埋于此处。后来，父亲过世，儿子当上爷爷时，阮氏交趾国王就诞生了。

据说阮氏离开昆明时，请在云南经商的广东老乡祭祀祖坟，作为报酬，将铜仁街祖产房屋送其经商，这些粤人依托街南头的广聚街将生意做得红红火火，便也对发坟心生敬仰。于是年年清明、冬至，粤人扶老携幼至此扫墓，俗称"上交王坟"，有钱的请人制作烤乳猪以为上等供品，盛时有七八只烤乳猪供于坟前，热闹非凡，此情此景直延续至20世纪中叶。

我访昆明北郊数村都听到类似故事，于将信将疑之中决定走访铜仁街老户，此街已于五六年前拆迁，我追踪至正和小区，好不易找到一拆迁户，是个年轻人，她说老人死的死，搬的搬，有的已回原籍。我提起传说，却是一问三不知。往事如烟，传说无稽，我却为此着实惆怅数日。

大凡风水先生传为美谈之地，都是风景这边独好，交王坟就是这样，那座山又名狮子山。坟上曾有一联形容周遭风景："九转盘龙卧狮山，藏尽太华隐蛇头。"意思是说，眼前八折九曲的盘龙江围绕着狮山，南边的太华山与北边的长虫山都隐没在层层叠叠的峰峦之中。这是一个往东可以收尽省坝美景，往西可以由长虫山遮挡一切风寒阴冷的富贵之地啊。

有关交王坟还有另一传说，极为简洁，一个越南王死在昆明，埋在长虫山，每年数十越南人来此祭祀。

由汪湛海筑龟城、广东父子相"交王坟"而引发的风水故事数百年不绝于世。但凡头脑清楚些的老人都可以略举一二，有的说风水好的地方露珠结成碗口大；有的说选了"牛眠地"作为祖坟的人家后来出了大官；有的说法国人曾见松华坝凤岭有一只金铜盆，只要天气好就可以见到金光，现在此地成为昆明第五自来水厂；还有的说，羊肠村灵龟抢宝的小山曾有一对仙羊跑上跑下，说法种种。但是，有条有理、引人入胜的故事却还是交王坟。数月前，我去大将村采访，一位70余岁的老人饶有兴致地给我讲"缝衣针插钱眼"的故事，他讲得断断续续，支离破碎，听得我都笑了，我知道他在讲"交王坟"的故事。交王坟是滇中风水的经典。

清代，长虫山的风水却给它带来浩劫。事情起于康熙十二年（1673年）云南藩王吴三桂反叛，清军用兵八年，战争极为艰难，好不容易打到昆明城下，其时吴三桂已经病死，孙吴世璠负隅顽抗，久攻不克。清军领兵的是绥远将军蔡毓荣、征南将军穆占与大将军赵良栋，他们怀疑是长虫山龙气作梗，便听信堪舆家的建议，断主山龙脉，以消昆明旺气。官长与兵丁肩荷锄头镐子等家什，直奔长虫山蛇头处，在铁峰庵日月塘狠挖一气，留下一个破沟张家破箐。不久，吴世璠被杀，清军收复昆明城。

康熙二十五年（1686年），范承勋做了云贵总督，他是汉人，入了满籍，为汉军镶黄旗。满脑子的忠君勤王思想，对堪舆、青禽学也深谙于胸，他担心紫微龙向离，只要一承旺运，便可产生帝王，保不住五百年前后，又出第二朝廷于滇中。他观长虫山风水，于九顶入城中，以中段王帽、荷叶两山龙气最旺，决定于此两处，破泄龙气，遂指挥军士至此极力挖掘，并且动用了炸药。好端端的两座山就此成了烂王帽、破荷叶。

2004年9月25日，下马村刘华老人带领我实地考察村后的王帽山。王帽山由三山组成，南面的石斧山与北边的小山较中间的主山矮，三山组成的"凸"字形远观恰似王帽，山体呈东北—西南走向，官帽正对昆明城。当年，在范承勋眼中，那满山松树的摇曳恐怕还像王帽得意地晃动吧。

挖掘的沟坎称老官洞，那道大伤疤从山脚几乎直达山顶，正切官帽门面。我们估算了一下，挖去的土方大约是山体的十五分之一，山窝留下了一块约两亩的平地。由此可知，范总督大约动用了上千军士，耗时数十日。我站在老官洞上方向东南望去，昆明城正在眼前一览无余，那荷叶山、大小虹山，甚至商山残体也都历历在目。山前几百米处是老营盘，这是范于破泄王帽龙气后又一厌胜之术，大约40亩，三百余年一直是省府驻军练兵之处，现在是昆明军区汽车修理连、盘龙家具厂、五华预制厂、军训器材厂等单位用地。

山脚二环路上，汽车一辆接一辆呼啸而过，现在再富想象力的昆明人都想不到当年云贵总督有如此惊人之举。

一个月后，我又约了苏家塘村的苏家祥去荷叶山观看破荷叶的残迹。

由于靠近主城区，荷叶山已成为城中孤山，从学府路一小巷进入，走了100米左右就到山脚，到处是单位划分势力范围的围墙，好不容易找到破绽，进去后又是茅草的世界，我们于左寻右觅之中不久便找到了那个被称为"破箐"的地方。它的方位正如我的猜测，箐口直对昆明城。较之王帽山的老官洞，荷叶破箐更是恢宏，因为此处已靠近莲花池，这是吴三桂与爱妾的御花园，令范总督又忆起当年那场伤筋动骨的背叛，何况荷叶山又名圆圆山，与吴三桂的爱妾陈圆圆同名，于是下手更狠。破箐之顶端距山头不远，破碎的锅铁石散漫一地，裸露的红石在残阳下闪着血红的光。呀，长虫山，你若有知，对明清两朝如此迥异的遭遇会做何感想。

对这座令两个王朝大做风水文章的奇山，我进行了详细的考察。岗头村赵彪、谢增、彭永福陪同我周游了那个最像巨蟒崛起脊梁的山峦。一踏上山道，他们便说起乡老熟悉的故事：人说长虫山吃云南、屙四川，当年四川人把它认作盐龙，每年冬季，四川盐商派人至此放野火，意思

长虫山余脉承勋池塘王帽山上的老宫洞，传说是康熙时云贵总督范承勋，山脚还有兵营称王帽山气之所在，灵池自此成为的"反胜之术"，即以兵气消王气，灵池尝日的

池称"三菱泉"，创亦多材，用作奉供北斗与南斗诸星君，祭奉与北斗诸星君，祭与北斗诸星君，与北斗诸星君为各自的图图建筑……总是最美丽的

◐◎ **消失的阡陌**

是使盐龙给四川屙更多的盐，放火者为避人耳目，一般在晚上进行勾当。第二天一早，当地人一看山上浓烟滚滚，山体两侧数村的农民即刻上山扑打野火，好在山上石多泥少，林木不太茂密，火较易扑灭。

岗头村村民赵彪（左）、谢增（中）、彭永福（右）陪同我考察长虫山，山腹的大石洞曾是樵夫牧童避风雨之所，也有崇拜者到此祭祀

这伟岸的长虫令人们做多少奇思妙想！

我们从岗头村后山顺小道北行，经过西林庵老寺，走的是当年村人打柴放牛的老路，叫单边路，意思是山较陡，挑柴之人扁担不能换肩，再重的担子都只能单边押着。现在正在修路，道路已拓至三四米宽。走了数公里，即到长虫山小丫口，此处又叫咚咚山，当年驮物的马匹只要超过三四匹，大山就会发出咚咚咚的声音，大约山肚是空的。

翻过山头，就到了长虫山西侧，一个巨大的采石场横陈于北，我特意在此盘桓片刻，拍了几张照片。又折向南，经大片圣诞树林，林木茂密到令老山民几乎迷路，几番辗转，总算找到大石洞。洞甚宽阔，高约数十米，阔七八米不等，里面有烟熏火燎的痕迹，过去打柴放牛的人在此避雨，饥饿时架野火烧洋芋果腹。不仅如此，还有其他方式的用火。

那次，我去眠犬山西边的昭宗大村，一些七八十岁的老奶奶讲起年轻时的故事，一些人但凡不顺，就到长虫山大石洞烧香酬神，祈求之事有应验的，也有不应验的，一妇女屡产子屡夭亡，忐忑不安，饮食难思，背干粮行数十里来此进香，心则诚矣，神灵不应，如之奈何？我看着眼前黑漆漆、阴冷冷的石洞，对当年来此虔诚求神者不由心生同情，如果不是命运如此乖张，何消涉险至此？

大石洞旁有数十亩平整土地，长满荒草荆棘，人称"盐坑"。

长虫山顶有大道，很出乎我意料。赵彪说，"大跃进"时，人们为炼铁而修了道路，路不窄，宽处七八米，够双向行车，我不由想起《前汉地理志》说，陬山出铜。我们顺路来到大石头，这又是一个神异之处。这个独石很大，长、宽、高约7米、3米、6米，它奇在石有肚，肚中有一塘不会干的水，迷离产生神话，传说水中曾有一宝——玉海菜，被法国人取走，水就干了。我们援手攀上巨石，从朝天洞下观，那塘水正正就在石肚中，有简易石级可下至水边。下得石来，我沿着大石转了一圈，有一处是祭祀之地，还插着香烛。老赵说，过去烧香的就用石肚水煮饭吃。

长虫山两个山岭上各有齐头石岩，高30余米，长30—40米，尖石参差耸向天际，有小石林风韵。在岭南的斜坡上，有神奇景观：无数石头像乌龟一样整齐排列着，斜面呈梯形。底边长约数百米，顶边长约数十米，底高约数百米，规模极大。我不由想起了有关长虫与昆明的另一传说：昆明城下有巨龟，长虫欲戏龟，被一神仙察之，便用定身法将长虫镇住，并用两塔羁绊巨龟双足，这就是东西寺塔。看来古人编撰故事，也多少要根据山形地貌展开想象。我正自遐思，农民向导们又讲开了农耕神话：长虫山逼着（压迫）某仙人，仙人恼怒，吆着铁牛耙山，未待神犁着地，长虫猛地拱起身躯与之抗争，仙人发火，在西山用钉耙狠力一耙，倒石头（山名，在罗汉山之南）被挖了下来。种种神话传说证明着长虫山的不凡。

长虫山顶的大石头，腹空，内有一塘水，过去村民祭祀时就用此水煮饭，现仍有人在石脚焚香祭拜

长虫山顶奇石阵，有人看它仿若巨蛇鳞甲，我却以为像万千大大小小的石乌龟

长虫山顶观大昆明城

风水先生说长虫是昆明主山，是昆明脊梁。从地理文化学角度看，长虫山亦可担当此任，它的雄壮、秀丽、绵长，世所罕见。人们说，长虫山起于四川，终止于何处未知。笔者旅于滇中玉溪、滇南红河州，于车道西侧，时见有嶙峋白石山体出露，也呈北南走向，想来是一脉相承。长虫山蕴含的昆明文化独一无二，若干年后，它会成为昆明城中公园，就像贵阳的黔岭公园。但目前，它有两个危机：一是山体西北的采石场，数十年的取石，几乎已将这条长虫拦腰挖断，不信鬼神、风水的人们也有别样愚蠢，他们可以捡得眼前卖石头的小钱，丢弃今后景观开发的大钱；他们可能富了一个小村，却亏了大昆明。二是山顶的圣诞树，这个外来树种名字优雅，与美丽的宗教故事相连，然而破坏性极强，凡它得势之地即寸草不生，被它取代的本地松树，原有良好的共生法则，树下菌类繁多，如牛肝菌、见手青、青头菌、鸡枞、干巴菌、杉松包、谷花菌，是本地农民的生活来源。秋季，成熟的松子又引得小动物们你来我往，热闹异常。

保护长虫山是一件极为迫切的事情。

巍者"梁王"

省坝有王者之山，它叫梁王。说起梁王山，昆明人多半知道，它坐落于呈贡与澄江之间，又称大梁王山、罗藏山。但是，我要告诉你的是4座有关梁王的山，那就是：大梁王山、小梁王山、白邑梁王山与车家壁村后的进耳山。这些山中隐藏着元朝屯军练兵、元末明初的战争以及末代梁王终结的故事。

元代忽必烈征服云南，做的是山的文章，其时大理国都城羊苴咩城东临洱海、西倚苍山、南北两关龙首龙尾固若金汤，大理段氏抵御外敌，向来在首尾两关摆开架势，谁知蒙古人打仗不依常规，别出心裁，忽必烈出奇兵翻越苍山直捣王府心脏，经营数百载的两关顷刻成为废物，大理国一朝灰飞烟灭。

自此，成吉思汗的子孙对云南之山就情有独钟了。

元代派往云南的宗王可考的有十一人，其中称作梁王的三人，即甘麻剌、松山、把匝剌瓦尔密；云南王五人，即忽哥赤、也先帖木儿、阿鲁、王禅、老的；另外三人"诏镇云南"，是无冕之王，即阿剌忒纳失里、孛罗、帖木儿不花。

蒙古人驰骋草原，用弯刀、弓箭、马背定天下。云南没有大草原，有限的山间小平地被滇人精心耕作，做了粮仓。派驻昆明的宗王们无处走马，闷坐梁王府，屁股一定发痒，何时就山练兵，无从考证，史料只提供了以下蛛丝马迹：至元三十年（1293年）松山王滇，云南岁贡二千五百匹马给梁王。松山以为太多，用不完，命量减之。由此可知，梁王操练的马匹，大多是云南矮种马。

我多次在滇国故地的呈贡晋宁山野打量大梁王山，遥看天际的曲线，以江南人对山的肤浅认识，纳闷山头如何跑马，摔下来怎生了得。

位于呈贡与澄江之间的大梁王山，是滇中两大湖泊滇池和澄江的分水岭，海拔两千五百米，山巅有农人架双牛耕田。六百余年前的元朝，分封于云南行省的蒙古贵族梁王在此练兵

● ◎ **消失的阡陌**

　　2004年12月的一天,我邀约呈贡县文化局艾如茂与小李同登梁王山,我们特意选择走太平关经美女山上山的路,为的是看看当年十个葫芦烟墩的烽燧之路,掂量梁王军与沐英对峙的情状。

　　太平关在县城南,距城只四五公里。我们看到,当年戒备森严的太平关现在已是人口稠密的区镇,关旁矗立过烟墩的小山只剩下一个不高的土堆,那条驰骋过无数战马的道路成为我们跑车的水泥公路。可是,明初择关太平的战略意图却一目了然。梁王山在它东侧二十公里处无遮无障,山上任何动向都可以通过烟墩烽火迅速察知,并立即传递至关北的呈贡大营。我想,失国的梁王军困守孤山,那种风声鹤唳、四面楚歌的惨状一定与当年楚汉相争时的西楚霸王项羽相仿。

　　梁王山又称罗藏山,呈南北走向,汽车顺南坡而上。元代以前,省坝土著民族是彝族。彝族崇虎,称其为"罗",彝语"罗藏山",即藏着老虎的山。山上人迹罕至,林木苍郁,我打量四周,的确,这是个可以藏虎的地方,不仅是一只虎,还可以藏一群虎,现在的人已少有能与虎接近的机会,除了在动物园。仅是想象一下,上天为它刻了王字的斑斓大虫曾咆哮于此的情景,已令我心动不已。

　　我们的目的地是风口村,车沿大山西侧驰骋了一个多小时,开始遭遇零星的羊群与牧羊人,询问道路数次,终于到达。村子坐落在梁王山西北侧的山坡上,地势局促,屋与屋之间还有坡坎与石级。经人们介绍,我们找到了出生于民国元年(1912年)的何开科,然而老人耳背,语言也有障碍,交谈不便。断断续续间,听了个大概:当年梁王在山上设有大中小三个教场,大教场在饮马池。为了向山上的军队提供粮草给养,在呈贡马金铺设有大营、小营,庄子村是大军的粮仓。漫战关坡十八年,梁子上有许多战坑。

　　经村人推荐,我们又赶往大山东北侧的饮马池村,这一次车行山顶,才识庐山真面目,这是个方圆有50多平方公里的高山台地,许多小山包星布棋罗,山间盆地覆盖着泥土,有些田地还栽种着庄稼。最高处现在是云南电视台的卫星接收站,海拔2800多米,过去大概是梁王驻军的瞭望哨。望着满眼在风中抖动的枯草，同行小李说起了老人传言的梁王山"藏宝偈语"："梁王山上有九十九个顶，找着中间那个顶，金子银子有九井。"

三菱越野车在当年梁王跑马的地方奔驰了一个多小时才到达饮马池村，村头有人在盘整土地，我们上前说明来意，请他们代为介绍健谈的老人，其中一位自告奋勇，放下活计引领我们进村，事后知道，这个热心人叫李周，54岁。我们来到79岁的邵永昌家，老人曾在宜良县教书四十载，对历史文化、民间传说也很在意，他是用自己编唱的《说唱梁王山》为我们叙述梁王山故事的，这个花灯还在宜良县一些乡镇演出过，我将歌词记录了下来：

说家乡、唱家乡，我们唱唱梁王山。
山高头上出平原，八面窝风大教场。
悬崖峭壁为三门，东门望着芹菜湾。
土壤肥沃产值好，梁王山中的米粮仓。
人与自然世博会，绿色山城好风光。
梁王练兵的撒马场，万马奔腾无阻挡。
走过一转一里半，走过两转三里三。
站在场边抬头望，无限风光在险峰。
雷打山、小石缸，羊肠小道通澄江。
团山头、大尖山，石盆山头在中央。
太阳一出放红光，照着牛羊满山冈。
天苍苍，野茫茫，风吹草低见牛羊。
白云飘飘照林海，清香扑鼻透人心。
抬头看见信天翁，低头闻见野花香。
自古相传罗藏山，为什么又叫梁王山。
明朝有个沐国公，统一云南来做王。
丰功伟绩真不小，朝廷封他为梁王。

为了纪念梁王的称号，罗藏山改为梁王山。

兵营扎在老君殿，干海子就是练兵场。

干海子是个好地方，四股清泉流四方。

顶峰叫作一碗水，海拔就有2800米。

山高水深是真情，一股清泉流千秋。

瞭望台上四方观，三湖一池放银光。（三湖为阳宗海、星云湖、抚仙湖，一池为滇池）

视线远、海样宽，可观十余县。

走过山叫大草原，随脚来到蛤蟆石。

古今留下蛤蟆石，两个石头有价值。

底下流着清泉水，一直淌到饮马池。

有草有水好喂马，梁王赐名饮马池。

说起饮马池（村），祖籍原住叫大坡。（在呈贡县横冲上面）

道光年间搬了来，人丁旺盛大发展。

现在已有两百年，莫嫌山区饮马池。

不讲虚夸讲真实，每人平均收入8000元。

不愁穿来不愁吃，团结友爱是传统，

勤劳勇敢是本质。

邵永昌的花灯词将梁王山的山情地貌、历史传闻以及自己的家乡饮马池村都做了声情并茂的介绍，他做了很好的历史传承工作。但是歌词中将梁王说成了明代沐英是个失误，我将元代梁王之事给邵老师讲了个梗概。其实邵永昌讲到村子东北山脚的阳宗镇与阳宗海，"阳宗"两字实为"羊纵"（纵：方言，即跳跃，往上蹿之意），其中就有生动的历史故事。当年沐英军围攻梁王余部于梁王山，久攻不克，遂出计谋，明军在山羊羊角绑上明子（火把），大群羊角着火的"火羊"蹿上山头，将梁王军营烧成一片火海，明军大胜。从梁王山地势观，这场"羊纵"之战就发生在饮马池村东北直下阳宗海的山坡上。

梁王山饮马池村农民套着马车出村劳作。村中有大寺、古柏

梁王山顶老君殿废墟

消失的阡陌

邵老又讲了一件童年时代亲历之事，那时，他12岁，刚上初小。那日早上雾着，白天一点云都没有，他与两个小伙伴去山里放牛，本来其中两人要去看山，以防偷牛，途中遇到六个陌生人从一碗水（地名）过来，三人吓得跑到林山看山处找本村的大人，未找到，又上一碗水。这时，他们看到件稀罕事，只见大队人马从林场过来，经老君殿旁的石像往东北而去，最前面一组人有房头高，后面跟着大白马、大紫马、大黑马，再后面有四路纵队，个子矮了些。他们三人吓得躲在坡后不敢动，估算队列过了三顿饭的时间。大家合计说坏了，我们村子遭了（遭了，遭灾之意），前首的走到村子了。

因为所述之事太像虚无缥缈的天方夜谭，我们只是听，没有询问任何细节，不知是谁轻轻说了一声："过神兵。"

眼看太阳西斜，我们还要进行实地摄影，邵永昌数月前不慎摔跤，一条腿受伤，拄着拐棍行动不便，我们便与李周商量请他做向导，谁知邵老执意前往，只好怀着感激与歉意随他而行。

先到蛤蟆石，远观，那是一座长着林木的土山，两块状如蛤蟆的大石俯着在山坡上，十分醒目，而且石下流清泉，当年梁王命人引水凿成饮马池，池旁是练兵的大教场。后来，这水成为饮马池村人的水源。数年前，有了人工引流水，饮马池被填没，但池边的石头还在。

再到"茅厕坑"，站在土山包往下看，那个坑深二三十米，面积数十平方米。老人认为，这不可能是茅厕，梁王编造此说定另有用意。

最后，来到扑朔迷离的老君殿，当年梁王在此造殿堂，所用砖瓦由士兵排着队从山下传递上来，当地人因此将这种运输方式称作"老梁王递板瓦"。现在此地只是一个长满荒草的大土墩，土墩周围还被开发商围以几道铁丝网，是为了阻挡牛马进入，要越过障碍需紧贴草皮匍匐而行，我们再三请老人留在车上，他执意不肯。只好搀的搀、扶的扶，顶着大风上到高台，高台顶端有数百平方米的平地，数年前还有满地碎砖烂瓦，这可是昆明的"秦砖汉瓦"啊，我细细寻找，希望再发现一块两块，哪里还有。老人带我们巡游了一周，说南边所对的山峰为"一碗水"，是梁王山最高峰，海拔2800米，那儿也有一股泉水。东边的山洼叫"园石宝"，曾有一挖药人在此掘得银子。西边是林山。北边可以望见昆明城。我们纵目细辨，昆明高楼在烟云中若隐若现，像海市蜃楼。老人又让我们仔细观察遗址北头，那里曾是老君殿的三道门所在，我们站立在原中门的位置，望着山下那条笼罩在阴影中的土路，他又说起神兵的故事，当年，他们就是在这儿偷看那支神秘队伍行进的。他还说，一些专家学者来此考察，他多次说过这件事情，无人吭声。我轻声对小李说，这种事情如何让人评说。我曾在官渡土主庙会上看到这种队伍，可那是人们脚蹬高跷的有意装扮。

看着眼前一处处六百余年前梁王留下的遗迹，听着耳侧一阵阵长风在峡谷吹奏出的哨音变调，一股浓浓的神秘感油然而生。

对于白邑梁王山，最先，我是从《徐霞客游记》中知道的，当时我对梁王山不甚了了，以为是同一座山脉的延伸，后来方知，两山完全不相关，白邑梁王山在昆明之北80余公里，山脉呈东西走向，呈贡大梁王山在昆明之南40余公里，山脉呈南北走向。两山相距百余公里。白邑梁王山，古称"东葛勒山"，又名药灵山，是长江水系与珠江水系的分水岭。

在友人的帮助下，我两次考察白邑梁王山。在此山西南坡有村名菜子地，属嵩明县白邑乡，是个村委会，辖三个自然村：菜子地、龙潭脑、油榨箐。三村共387户，1615人，规模不大，占地却不小，4.8万亩，是山地，其中4.4万亩根据国家退耕（牧）还林的政策，栽种了经济林木青松。村委会办事处书记付兴亮，主任杜永蘼陪同我寻访老人，考察梁王山。

白邑梁王山有教场坝、练兵场，面积达7000余亩。有梁王水井、跑马埂、老石城，留下的建城故事与呈贡大梁王山相仿，城砖是由士兵列阵，手手相递，从昆明运来的。两地相距八九十公里，看来数万士兵不足敷用，沿途的农民都被组织起来运送城砖。山中也有藏宝故事，偈语

白邑梁王山，古称东葛勒山，又称药灵山，是长江水系与珠江水系的分水岭，元末明初改朝换代这里也摆开过战场。现在黄土地被近旁菜子地村民侍弄得像大气的油画。该山的冷水洞与黄龙洞淌出的水成为冷水河与牧羊河，是昆明主河盘龙江的源头

说："哪个识破梁王坟，要买云南半个城""哪个识破三尖山，要买云南共四川"。20世纪90年代，士农工商几乎都到此探宝，村人说，寻宝人将数十平方公里的山坡踩得到处是小道。

但是，这里的梁王据说不是正宗的蒙古王族，而是草寇王。元末，这里也曾被一支强悍的部队围攻，进攻者断绝梁王山水源，眼看山庄不保，梁王命人暗中爆炒米花，在洗马河将米花倒在马身上，士兵做洗马状，山下敌军以为梁王军还有水冲洗战马，遂撤兵。梁王军得以撤出重围，奔向大理，最后战死在那里。

我与付书记、杜主任同登三尖山，途中，见到一条土路横贯梁王山，东道主说这是马路，就是古驿道，方向是从阿子营到嵩明杨林，路旁有

坳堂称万人坑，据说是剪径贼劫杀过路客商抛尸之地，经数百上千年的堆积，泥土中尸骨没有万人也有千人了。

　　数万亩松林在大风的摧折下此起彼伏，松涛阵阵，十分壮观，当年梁王军是否有此声威。在和尚山与三尖山垭口，我看到了东边的嵩明城，现在属昆明市的一个县，过去称嵩盟，是西南夷白蛮、黑蛮故地。白邑梁王山是云南府北地的重要屏障。左折登和尚山，山顶内侧有数亩平地，长满荆棘，付书记说过去有三间屋，旁有石洞，洞中还有骷髅，估计此地是梁王重要哨卡。据说，农民在山间砍柴拾菌，经常能在山洞或石缝中拾到锈迹斑斑的古代"矛枪"，不经意还会撞着梁王士兵的骨骸，可见当年战争的惨烈。现在，一切的一切都被绿色的植物覆盖，没有了喧嚣，没有了血腥。和尚山右侧就是传为藏宝的三尖山，即大尖山、二尖山、三尖山，最高处海拔2840米。我登上巨石，在大风中稳住相机，将它们的倩影留了下来。

　　晋宁小梁王山，是元代云南梁王的终结之地，把匝剌瓦尔密在这里为蒙古宗王画上了最后浓墨重来了的一笔。史载，明太祖高皇帝洪武十四年（1381年）九月，朱元璋命颍川侯付友德为征南将军，永昌侯兰玉、西平侯沐英为副将军，率几路军队征云南。冬十二月，与梁王军大战曲靖白石江，梁王军败，平章达里麻被俘，元兵横尸十余里。当明军抵达板桥时，梁王知大势已去，他对左丞驴儿达德说：我是皇帝的血亲宗室，没有投降的道理。可是如果我坚守昆明，城里百姓就遭殃了。就带着老母嘉僖、妻子忽的斤等百余人，奏着乐曲出昆明城，驴儿达德也带着妻子儿女跟随，先到呈贡罗藏山，又入晋宁忽纳寨，就是葬着滇王的石寨山。他在山上急得跑来跑去等待消息。当听到右丞观音保大开城门投降时，这个末代小王廷近两百人来到忽纳寨西侧的小山，梁王先请老母自尽，又命人缢死妻子，自己与左丞互进毒药未死，就驱赶着儿女、亲属部下一同跳入滇池，让滔滔湖水结束他的悲愤与忧伤。梁王跳海之地，后人称为小梁王山，距石寨山仅一公里。

梁王山上光秃秃，上面风光甚荒凉……有瓦房三间，男女……

进耳山探秘。小道右侧的松林中，有进耳寺废墟残迹。清朝倪蜕所著的《滇云历年传》记，末代跳滇池自杀的梁王把匝剌瓦尔密（又名李鲁）葬于此山史载，梁王死后葬在进耳山。奇怪的是梁王投水之地在滇池东南，进耳山在滇池西北，两地水路相隔五十余公里，陆路相距八九十公里，按常理，亡国之君的葬礼不会大动干戈。一个合乎逻辑的解释是昆明常年吹动的南风将这个末代王室成员的遗体送到了滇池西北岸，岸旁为车家壁村，村后就是进耳山。

清康、乾时留寓昆明的上海松江人倪蜕在其著作《滇云历年传》中是这样评说这段历史的："梁王义不生降，又不忍荼毒其民，于是奉母携妻，仓皇辞庙。及城陷而死，己之名节全，民之安存众矣。父老怜而祀之、葬之，宜也。考《通志》，城西进耳山有梁王墓，云王名字鲁。盖把匝剌瓦尔密一名字鲁柏匝，则此为把匝之墓无疑。"

梁王在结束云南王生涯时的忠义，为后人所称道，明初，土人，亦即省坝土著彝族为梁王立庙于妙应寺侧，嘉靖末年因拆寺兴社学，就在旧址立小寺。此寺在麻园北银锭山旁。清雍正初年，昆明县知县朱若功建三纲祠于省城东门外，祀历代忠臣、孝子、义夫、节妇，梁王把匝、左丞达德均在其中。

2004年10月的一天，我请原昆明发电厂书记赖忠芝带领到车家壁村找村老考察进耳山，61岁的毕政顺陪同我们前往。我对老毕说明进山缘由，他告知，梁王坟早已不知所踪，但是，我仍要看看梁王的归宿之地。车家壁是彝族村，原名赤甲壁，曾经为西山龙门留下若干诗篇的那文凤就是此村人。当年村子前临草海后倚青山，风景极美，有诗为证："碧鸡关下鱼鳞屋，香门里畔喜鹊窝。"大约是解元那文凤所作。进耳山，又名凤凰山，山前有凤凰头，头上有八角亭，由此处观滇池，则碧波万顷，一目了然。山南为小先生山，山北为学堂山，有意思的是，车家壁的祖山名字都与庙学有关，可见前辈对教育的重视。我们由南而北，经小先生山、进耳山、学堂山，直至电厂后坡的杨家墓地，将进耳山前后左右看了个够。昆明的山，一个比一个美，你不上前去，就难识庐山真面目，我观进耳，也有西山华亭宝椅之态，用地理先生的风水说辞，即左青龙右白虎，贵不可言。山上林木森森，盘根错节，箐间泉水淙淙，左弯右绕，还有野生青樟开着胭脂红的小花。

进耳山得名于进耳寺，也有传说掌故。当年建文帝逃离京城，一路颠簸寝食难安，来到进耳寺已经疲惫不堪，和尚备好被笼帐盖，他一觉好睡，醒来时已红日万丈，走出寺庙，只觉四周万籁俱寂，心中块垒渐被融化，心存感念，为寺取名静耳。后人叫走了音，称进耳寺。寺庙香火颇旺，谁知乐极生悲，某年大年初一香客进香，不慎引发火灾，堂堂两个大殿顿时化作一堆残垣剩瓦，据说此事发生在清末民初。老毕扒开树笼草棵，告诉我这儿是正殿、那儿是天井，我却更留意周围的土冢，心想，其中肯定埋葬着把匝的遗骨，然而所有老坟几乎都有盗洞。我叹息无情岁月将一个个活生生的人化为乌有，却令平凡的泥土变作永恒。

省坝以王者命名的山，只有梁王山。

那次，去青龙村找毕明款古，他说村东北的祭天山上有金书，太阳好、刮大风时书页会翻得啪啪地响，我不觉心中一动，心想，省坝所有的山都是石书、天书，你去翻翻吧，那上面横一道竖一道密密麻麻镌刻的不都是省坝的历史吗？

金汁河之歌

　　云南不是缺水之地，金沙江—长江、红水河—珠江以及国际河流澜沧江—湄公河、怒江—萨尔温江四条大河或发源或流经红土高原，其泾流覆盖东亚、南亚数百万平方公里。可云南又是缺水之地，缺的是高原可用之水。当高山融雪、坡坎淋雨和箐沟潜流之水顺势而下，以最快速度去亲吻深谷洼地的时候，生活在山地之人，只能用竹子、木槽、筒瓦截留些许；生活在坝子的人，则广筑堰塘沟渠，积攒山水。然而得到的水与实际需要相较，往往杯水车薪，不足敷用。因此，世世代代云南官民，以经划水利为第一要事。

省坝有六河

　　省坝水利，古滇国时期无文字记载，不得而知。汉武帝刘彻令滇王臣服，在滇池南岸设益州郡守，其间有张勃凿江的记载，后人在盘龙江云津桥北设祠山庙祭之，尊其为祠山公。北宋庆历六年（1046年），大理国段素兴临朝，东京鄯阐城（今昆明）的水利是以旅游方式记载于世的，史载段"性好游狎"，在金棱河春登堤种荬花，花为黄色，大约是迎春花，名"绕道金棱"；在云津堤种素馨，花白色，名"萦城银棱"。并且有细节描写：段素兴与歌伎们分坐于船舷两侧在河中游春取乐，美女歌喉婉转，笙笛阵阵，连头上簪的花都颤巍巍跳起舞来，令这位好艺文的国王喜欢得手舞足蹈。

黄色的迎春花曾边植金汁河畔

其时,还有银棱河。洁白的素馨花装扮河堤,称"萦城银棱"。水中落英缤纷,大理国国主段素兴携歌女泛舟河上。此河现称盘龙江

据21世纪初问世的《大理右佚书钞》录：段素兴为大理国第十位王，得位后，用东京六库之金银，修葺鄯阐。置金银二堤，命三十七部蕃司遍采诸山川名花，植于二堤和金马、碧鸡。作乐曲《锦江春》词八段，乐曲清雅古朴，得唐风宋韵之妙。然素兴沉缅酒色不务政事，思廉立而废素兴，贬兴为鄯阐侯，后衰。采撷者，明初大理天威径镇抚使李浩叹：段氏诸君惟素兴资慧，可惜为君荒唐。

此后，又过了两百余年，元朝至元十三年（1276年），我清晰地听到省坝河流的潺潺声。这一年，喜好"儒学"，并以《易经》"大哉乾元"之意为帝国命名的元世祖忽必烈，将云南列入元朝的一个省份，并委派64岁的重臣赛典赤·赡思丁任平章政事，即云南省首任省长。

赛平章行省云南的政绩很多，他创建孔庙、购经书、授学田；传授先进的耕作技术与文化知识；他用和平的方式安抚西南各少数民族头人，使他们心悦诚服地接受政令。赛典赤于农耕水利最大功绩是经划省坝六河，拓展滇池泄水道海口河，他与助手"巡行劝农使"张立道一起，制定了水利灌溉与河流管理的切实可行的方略。

省坝六河自东而西分别为马料河、宝象河、金汁河、盘龙江、银汁河、海源河，这些河流源自北地崇山峻岭汇聚的雨水及山泉，元代以前应有雏形，例如盘龙江，它地处省坝中心北南向地势低凹处，这是夺势而下的流水必经之路，时称银棱河；金汁河的下段应是当年段素兴命人种植迎春花的金棱河，其时的源流大约来自后世称作洗布龙潭、癫龙潭、洗菜河的金马山麓；宝象河头亦应有一条河流，古文明都是依河湖而孕育的，近年从该河河畔羊甫头掘出规模宏大的古滇国青铜墓葬就是例证。

但是，元代以前的河大多是自在之河，它们有的无拘无束、恣意妄为，有的十年河东、十年河西。而且当时省坝大部分是水乡泽国，史载元朝将府城建于五华山南坡之上，掘左近盘龙江水护城于南、西，是为玉带河，城市三面临水，南诏、大理国时的旧城在东南方与之隔河相望，滇池在西南不远处荡漾，五华山北的翠湖还与滇池相连一片。五百里滇池浩浩荡荡，势单力薄的人真是莫奈其何。

然而，云南省首府设在此地，人们要拓展空间，滇池的后退是必然的，河流要扩展延伸也是肯定的。从此，人与水开始了难分难解的"厮混"。

元初治水先自滇池的泄水口始。滇池湖盆地势东北高西南低，周围数十条河流注水而入，出水口却只有地处西南隅的一河——海口河，它是滇池的咽喉，海口河一旦壅塞，则大田淹没，城廓浸水，这在省坝是屡试不爽的。张立道率领丁夫二千余人，赛典赤的儿子纳速剌丁、忽辛也先后效命其中。他们用三年时间，挖开海口河内障碍流水的鸡心、螺壳、牛舌等险滩，消除河道内的积沙与淤泥，清理自螳螂川至普渡河的河道，凿开石龙坝，使滇池水顺畅地排向金沙江，当时疏浚的河面宽60余丈，长2775丈。滇池水位下降，沿岸露出良田万顷。

省坝的工程分上下两段，均由赛典赤亲自指挥。上段工程为顺河源、筑堤坝，他率领河工循昆明主河盘龙江溯流而上，至省坝数十公里外的邵甸，将青龙潭、黑龙潭等九十九泉引入冷水河，使邵甸五百多平方公里地域的水通过牧羊河、冷水河由三家村汇入石峡松华箐，这条箐沟南北长15公里，两侧群山叠嶂，是建筑水库最理想的地方。赛典赤在盘龙江即将突破山体束缚进入省坝平原的狭窄处，即凤岭、莲峰两山之间，修筑了松华坝水库。

据现今松华坝侧上坝村老人言，松华坝是后人取的名字，以前叫松枝坝，当时由于条件简陋，建的是木土结构，没有闸门，人们在坝东侧开了一条人工渠道，将盘龙江水分注于内。从此，省坝东郊数万亩田地成为保水良田。这个坝址选得如此理想，以致明代的石坝、现代的大型水库混凝土大坝，经六百余年政权更迭人事变动，都没有离开原址。

下段工程在省坝进行，这里是城市所在，官兵市民聚集一地。城郊沃野平畴，是滇地不可多得的农耕之地。元人根据"水分则势弱"，防洪与灌溉兼顾，疏浚、开挖了金汁、银汁、盘龙、马料、宝象、海源六条河道，开岔河12条，于地下造地河72条。

昆明开河人工的银汁河灌溉渠沟（在干沟头村）

银汁河灌溉沟渠中的"石龙首"（在干沟头村）

白邑梁王山谷水洞,盘龙江源头之一,称东干东洋中华

白邑小河村谷水河上的桥名盘龙桥,昆明盘龙江因以名之

● ◎ **消失的阡陌**

整个工程南北纵贯上百公里，筑堤数十公里，修闸门数十座，开涵洞数百个，挖渠道岔河近400条。

白邑黑龙潭，水从右侧官山涌出，清洌甘甜，盘龙江源流之一。潭中有名贵鱼种：金线鱼，人们建楼观之，此楼称观鱼楼

为管理复杂的水利系统，赛典赤设立"三百六十匹快马，三百六十名看水水丁，倘遇崩倒水漫，即时飞报上司，齐集乡民，挑补修筑，不容怠缓"。此外，还设立若干专职的水利官员，分驻于海口、松华坝等

地，以管理水务，监察水情。

赛典赤殚精竭虑，于任职六年后的1279年，死在昆明任所。百姓极为悲痛，感念至深，"巷哭"。为表彰他的功绩，元世祖追封他为咸阳王，下诏云南省臣尽守他的规制，不得辄自改动。

人们将他的遗体安葬在松华坝附近的山冈上，这里的地名叫马家庵。

我邀约刘凤堂，专程去拜谒咸阳王的陵寝，追思他当年的抚滇功绩。坟堂被数十棵圣诞树、柏树环绕，坟头立着云南省政府于1986年2月立的碑，上书"元咸阳王赛典赤·赡思丁墓，生于1210年，卒于1279年"。为保护陵墓，官渡区专设了守墓人，他名高荣，今年66岁，是马家庵村人。看得出，他是一位崇敬咸阳王又勤于职守的人，他将陵墓管理得井井有条，凡有慕名而来的参观访问者，都热心接待。他说，赛典赤是云南回族的祖先，他们每年开斋节都来此为他做节，尊称他为"咸阳王爸爸"，"爸爸"是老祖、先人的意思。我问起墓地的保护情况，高荣讲了一件事。大约在十多年前，当时电视热播《赛典赤·赡思丁在云南》，一天晚上两点多钟，四个人来盗墓，高荣被声响惊醒，但门已被贼人反锁，只见那些人手拿锄头、撮箕正在刨土。高荣急中生智，光着脚从后窗跳出，当二贼拿着扁担追来时，高荣已翻过陵园的钢筋护栏，他带着驻守在附近的护林人员赶到，贼已逃跑。现场留下一撮箕泥土。高荣说，他们以为赛典赤是大官，坟里一定有宝，其实回族墓葬极为简朴，无论贫富，一律三层白布，裹身安葬，不允许有任何陪葬物。那些贼是笨贼。

墓葬距元时的省城有20余公里，当时应属荒野之地，我问高荣，咸阳王为何葬在这里，他说，前人传，赛典赤活着时说，他要葬在马家庵，看着松华坝。他是至死都放不下于昆明关系重大的治水工程啊。

后来，大约是为了昆明的官员与百姓能就近祭祀咸阳王，在城南数公里外的五里多建了赛典赤的纪念冢。不过，也有不同说法，谓城南五里多的赛典赤坟才是真身墓。孰是孰非，已难考证。

赛平章是不朽的，他活在所有昆明人民的心中。

● ○ 消失的阡陌

守陵人高荣与妻子、孙女在赛典赤墓旁

在原松华坝石坝东侧的金汁河源头处，曾有一座闸神庙，乡人称其为龙王庙。庙中龙王神像的西侧，有一尊塑像，他高鼻深目，头戴帽盔，身裹铠甲，腰佩宝剑，这个威风凛凛的将军就是赛典赤。封建时代官员只要来松华坝操办水利，都要先到神位前祭拜。

松华坝水库东南有一村名回龙，数十年前称大将村。村老说，赛典赤当年修建金汁河时在本村坐镇指挥，村民们款待过他，村庄因此得名待将村，后来叫走了音，成了大将村。

昆明城里有庙宇祭祀赛典赤，从明至清，代代不息。至民国元年，还有记载称将钱局街三皇庙改为咸阳王祠。

整个封建时代，在云南载入青史的官员无出咸阳王之右，那高高耸立在昆明南城近日楼前的忠爱牌坊就是明证。

自赛典赤起始的治水事业是一场不分民族、不计朝代的接力运动。它也是王朝政治清明、吏治有纲的标志。

明洪武十五年（1382年），镇南将军沐英亲率万人，疏浚海口河，

"浚而大之"，宣泄滇池之水。弘治年间，巡抚陈金在滇池出水口螺壳滩至青鱼滩之间，新辟一条二十余里长的人工渠道，"遇石则焚而凿之，池水落数丈，滇人利之"。万历六年（1578年），巡抚邹应龙动用民工一万五千人，疏浚海口。后来，又有云南布政使方良曙调集各卫所，及州县民夫的十分之二，挖海口豹山的古河道，省坝又有数万亩良田露出水面。

万历四十六年（1618年），云南水利道朱芹主议大修松华坝，动用民夫五万七千余人，将元修土木结构的闸坝改为石砌。有关资料称，坝体"皆选石之坚厚者，长短相制，高下相纽，为犬牙，如鱼贯，而钤以铁、灌以铅、彷诸漕，扃以巨枋"。并创建石闸"高一丈余，长三丈七尺，广一丈七尺"。这种形制的松华坝石闸直用到1957年。以元初创建松华坝计，历时682年；以明朝后期改制石闸计，历时341年。

过去的松华坝是什么模样，我四处查找资料，不见踪影。乘着明制石闸消失得不是太久，我多次去上坝村，请70多岁的老人范品惠、范元清等回忆石坝模样，我一面记尺寸一面绘草图，一直以为拦水坝应该像现在的水库大坝一样呈东西向横截水面的。直到原上坝村办事处书记范品祥应我请求制作松华坝石闸图，才恍然大悟，原来它是南北向的，状如一柄巨大的石剑，剑体全长70余米，剑头朝北，将奔流了数十公里的北山水一分为二，东为金汁河，西为盘龙江，这种顺势而为的大坝减少了流水对坝体的冲刷力。大坝南部为滚龙坝，长50余米，宽20余米，呈东西向斜坡状，东高西低，坡度25°—30°，其作用是雨季发大水时将金汁河多余之水宣泄入盘龙江，它维护的是位于坝体东南侧的金汁河锁水桥，此桥又称蒙源桥孔，桥洞内设石闸控水。大坝北部为墩台，其平面状如圆锥体，锥体的基础部长宽各20余米，较滚龙坝高出三至四米。墩台的西侧为分水闸塘，上有闸枋，视金汁河水之需而启闭闸门。锥体尖部称鱼嘴，鱼嘴之上有石雕龙头，故又称龙嘴，起分水作用。

松华石坝看似结构简单，然而功效奇大，它拦截的山泉以百千眼计，组成的灌溉网络覆盖省坝之半。志书是这样形容的："力取诸潦，绩底以渐，故功成而人安焉。"

明代，省坝还有一项水利工程是创纪录的，这就是昆明西郊龙院村的"横山水洞"。西山区志书称其为"长山沟引水工程"。工程始于明嘉靖十四年（1535年），当地绅士李文蕴率领群众寻找源泉，于西北15里外的白石岩寻得泉水22眼，人们凿岩开沟，疏引水源，虽历经33年，水洞仍未通水。官府为民众精神所感，亦援手参与，隆庆六年（1572年），凿通了尹家山隧道才得以通水。其间，隆庆二年（1568年），杨应春设计，开凿了448米。隆庆三年（1569年），云南布政使陈善主持，请易门矿夫20余人继续开凿，工程由自卫村、龙院村等捐筹费用三千金，投民夫不计其数，水洞工程终告落成，自此，龙院、自卫等村的数千亩田园成为保水良田。

古时愚公在山西移王屋山，为的是山挡住了他家出行之路，他依靠的是一个家族，即儿子、孙子，"子子孙孙无穷尽也"。昆明西山两个村子的农民在大山中凿洞，为的是山阻了灌溉之路，数百户农民加上后期官府的参与，前后奋战37年，终于将大山凿穿。滇中农民谋取水利的艰辛与执着也是可以感动天地，令神鬼共泣的。

经多方了解，知道因建成更先进的水利配套工程，水洞已经废弃，我仍请西山区原水利局长左存功和干部秦伟引领前往考察，左先生是水利专家，他说横山水洞是昆明坝外流域引水的首次工程。

越野车在崇山峻岭中盘旋数十公里后，我们来到一座大山的半坡，左存功干了一辈子水利，与当地农民很熟稔，我们在农户肖朝贵家休息片刻，便顺着山坡往下走，坡地上凡能栽种的地方都种上了麦子、豌豆，山凹中时时可以看到水泥砌就的小水窖，这是现代农村小水利。走了数十米，一条干沟横于眼前，长山沟到了。它是依山筑就的，沟宽1米，外沟堤高1.2米，全长8500米，弯弯曲曲像一条带子环绕着十余座山腰，因此，当地人又称它为捆山沟。看得出，当年挖沟也是极为不易的，有数百米的沟渠悬在石山陡坡上，施工者一定是腰缠绳索由上方垂挂着

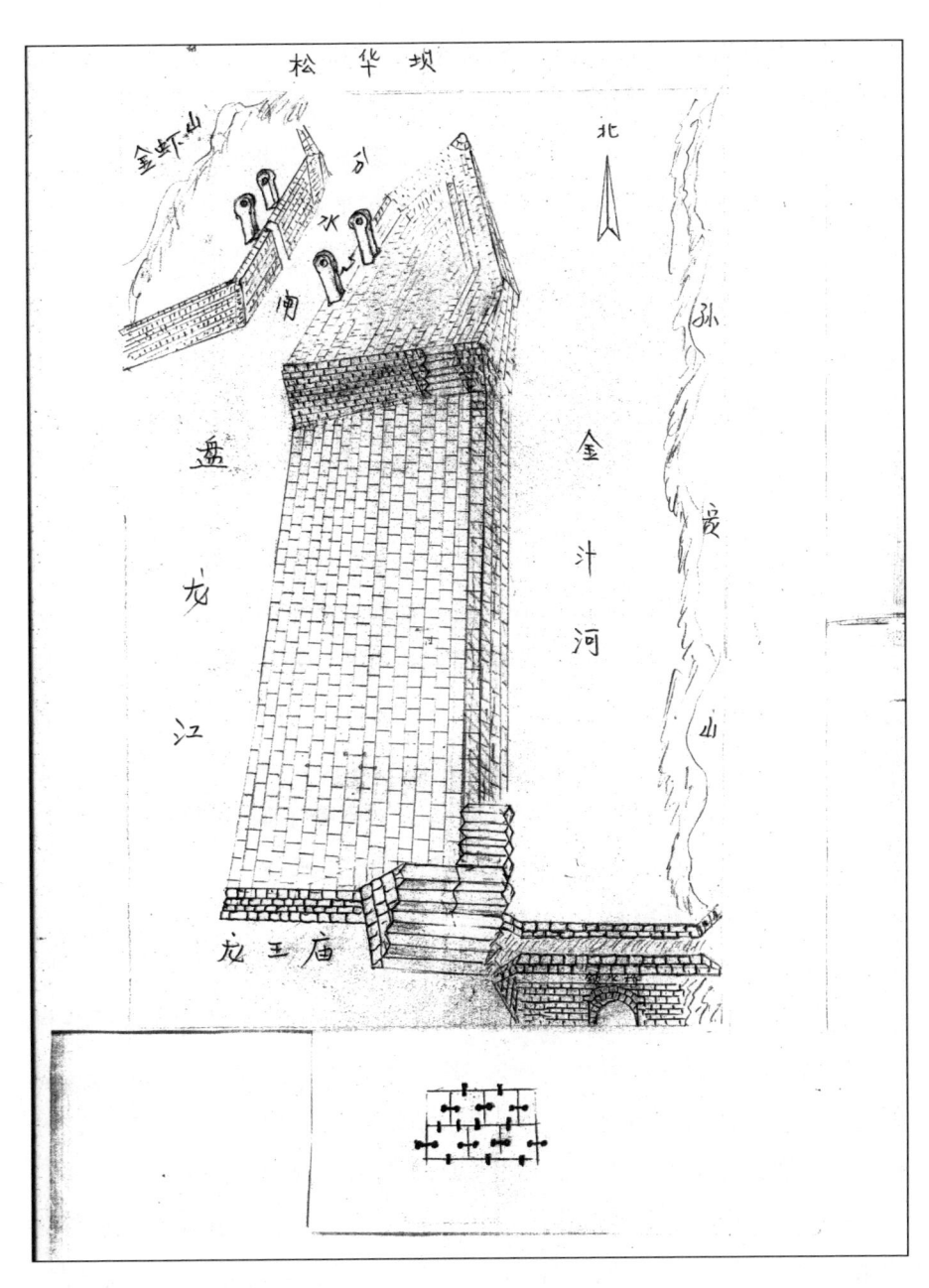

松华坝分水石闸，建于明万历四十六年（1618年），废于1958年（此处另建钢筋混凝土大坝）。石坝原址是元赛典赤建的土木结构松华坝。石坝为昆明农耕谋水利达六百八十余年。（范品祥制）

凿石的。沿着沟渠，我们朝大山深处走去。隐隐约约，我听到了流水的哗哗声，惊讶于箐沟中居然有河，左先生却说，是松涛声，我有点不信，拐了弯走近一看，除了山就是树，哪有半点流水。在丛生的杂草深处，我看到了那个水洞，洞口呈方形，长宽各80厘米，它在山肚中延伸450米，将八九公里外北山陡坡小堰塘过来的水渡过大山，引入省坝，灌溉黑林铺、海源寺坝子农田7000亩，受益人口5000多人。水洞自1572年通水后，直流到1996年才废止，前后使用了424年。每年冬季枯水季节，人们就来培护维修。左先生曾组织过多次，每次出动农民300人左右，他说，进水洞很艰难，人是爬着进去的，洞中地质情况复杂，有块石，也有碎石泥沙，要用结实的松木撑住才行，干旱年份，野兽还会在洞中做窝。我看着黑洞洞的口子，眼前不觉浮现出四百多年前农人忙碌的身影，当时凿的洞长宽仅50厘米，人们匍匐着摸黑进洞，又要凿石又要运渣，洞中不能转身，前一人掘得一筐石渣，倒退着运出，第二人接着进入，如此运作，第三人，第四人……活动真比蝼蚁还要困难，这真是一个以命相搏的工程啊。滇人的水利，与夏代大禹、前秦的李冰父子相较，有何逊色？我唏嘘着离开长山沟，又听到了那种哗哗的流水声，我知道它是大风撼树的声音，可我宁愿相信它是水声，这不就是当年省坝农民舍家别子的希冀吗。

　　清代，随着城市的扩张，省坝人口的增长，人们更精心地营造水利。雍正乾隆年间，六河整治先后出过两篇水利专著，其一是大观楼长联作者孙髯翁著的《盘龙江水利图说》，其二是云南府督粮水利副使黄士杰著的《云南省会六河图说》。为了提出整治六河的真知灼见，两人都进行了认真细致的河情民情调查，当然前者是个人行为，按现在的说法是自由撰稿人。后者是政府施政行为，并且此项工作是在总督鄂尔泰与巡抚张允随的支持下进行的，可以说是官方出资的课题研究。以资金来源、工作手段来看，两者不可同日而语，而且由于两人的立足点不同，在如何治理盘龙江的对策中，一些主要观点是相左的。

陪同我考察"横山水洞"的西山区原水利局局长左存功（右）与区水利局干部秦伟（左）侧旁水沟即为"横山水洞"的引水沟，全长8500米

昆明西郊龙院村"横山水洞"，它在大山肚中穿行450米。工程起自明嘉靖十四年（1535年），成于隆庆六年（1572年）。1996年废止，前后使用424年。这是昆明外流域引水的首次工程

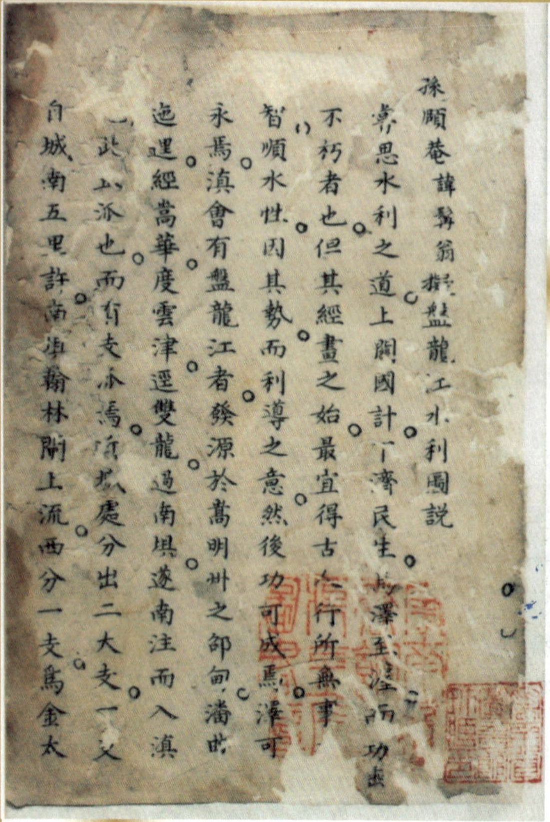

孙顺庵讳髯翁撰盘龙江水利图说

尝思水利之道上关国计下济民生垂泽至溥而功垂
不朽者也但其经画之始最宜得古人行所无事之
旨顺水性因其势而利导之意然后功可成泽可
永焉滇会有盘龙江者发源於嵩明州之邵甸潘所
迤逦经嵩华度云津迳双龙过南埧遶南注而入滇
一此山添也而有支永焉所欲分出二大支一文
自城南五里许南向翰林闸上流西分一支焉金太

昆明大观楼长联作者孙髯翁著《盘龙江水利图
说》，书成于清乾隆年间

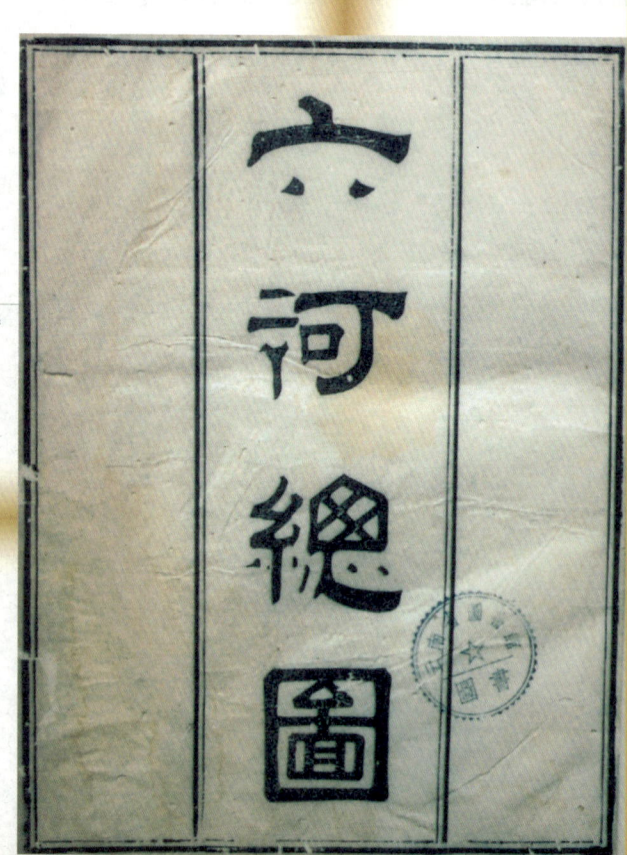

云南府督粮水利付使黄士杰著《六河总图（又名
云南省会六河图说》，书成于清雍正年间

六河總圖

孙髯翁是一位极富个性与才华的城市知识分子，他因不满封建科举践踏人的尊严——考试须经"搜身"方能进入考场，便罢考绝仕。然而他并不是看破红尘的遁世者。

乾隆年间的某一天，他在盘龙江上读书，看着眼前"逝者如斯夫"的流水，不由思念起祠山公张勃凿江、咸阳王赛典赤开河的丰功伟绩。联想到康熙癸亥年（1683年），王抚军（云贵总督王继文）重筑在三藩之乱中被毁坏的松华坝；雍正庚戌年（1730年）鄂太傅（云贵总督鄂尔泰）疏挖盘龙江、整治六河，敬佩他们的政绩是"中流砥柱""济世仙丹"。不由勾起他为国立功、为民解忧的夙愿。眼前这条盘龙江自鄂太傅疏浚后十余年未有大灾，但江流携带泥沙、年复一年，后来又有壅阻。乾隆戊辰年（1748年），因雨水过多，江水暴涨，环江的房屋，坍塌者几近一半；在那场水灾中，老人流浪，孩童号啕。满街淤泥，行人将衣襟高高撩起蹚水，仍不免河泥溅身，好不狼狈。许多人家连锅碗瓢盆都没有留下一个，只好栖身于破败的寺庙。城市贫民的惨状，对富有同情心的孙髯翁，无疑是莫大的刺激。自此，他苦读前人的治水经典《禹贡》《桑经》《郦注》；沿着盘龙江实地考察；对洪水危害最烈的南城一带河流，从河系、桥梁、闸洞进行仔细研究，向老人了解河道变迁与防洪经验。他还踏勘六河河尾，考虑在洪水期间如何让汹涌的江水尽快泄入滇池。

他在书中提出了疏壅畅流、分势防溢、闭引水为害、改一水锁群流免没人稼穑、因时得所等五项措施，中心内容是将盘龙江加宽挖深、增大水容量；在江河汇聚、流水激荡的要害地方，设置泄水闸洞，使"环江一水，七脉分流"；制止农人盲目堵坝蓄水，防止堤坝倾倒淤阻；将盘龙江河尾由东南向西南改道，以免江水涨发时与距离过近的宝象、金汁、明通等河河尾之水互相干扰。

孙髯翁站在城市平民的立场，以城市防洪为中心，研究了昆明城市盘龙江防洪问题，许多建议切实可行，彻底根除盘龙江水灾的看法是有远见的，但在当时却无法实现。二百年后，1958年，人们大力整治盘龙江，将河道挖深加宽拉直，实现了他当年的理想。

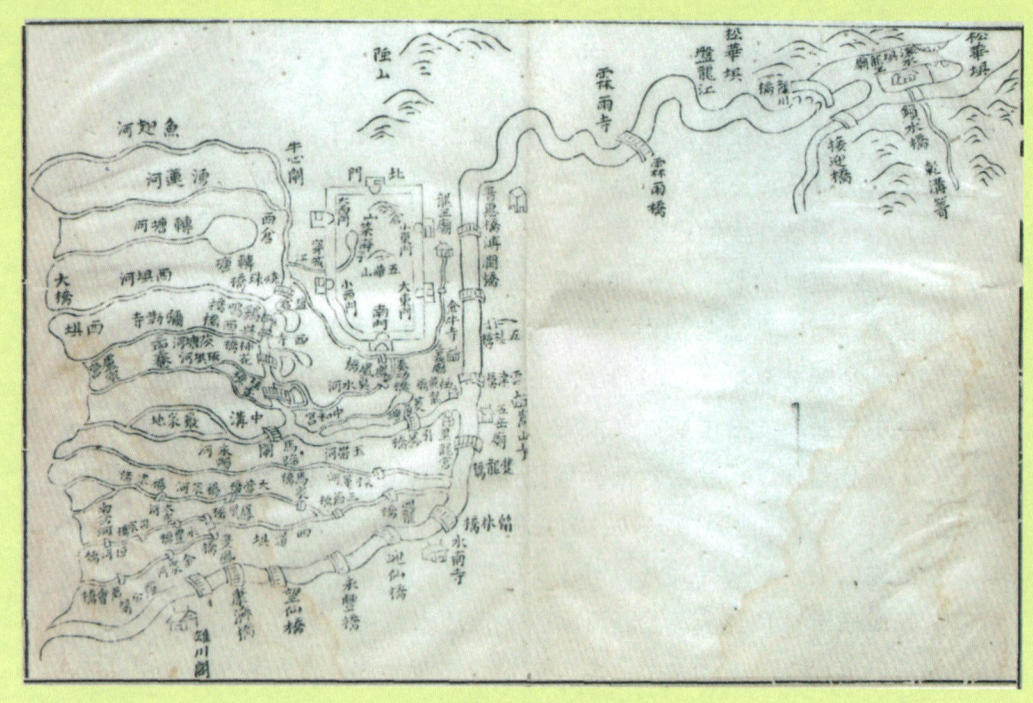

黄士杰在雍正年间绘制的昆明盘龙江图（引自清黄士杰《六河总图》）

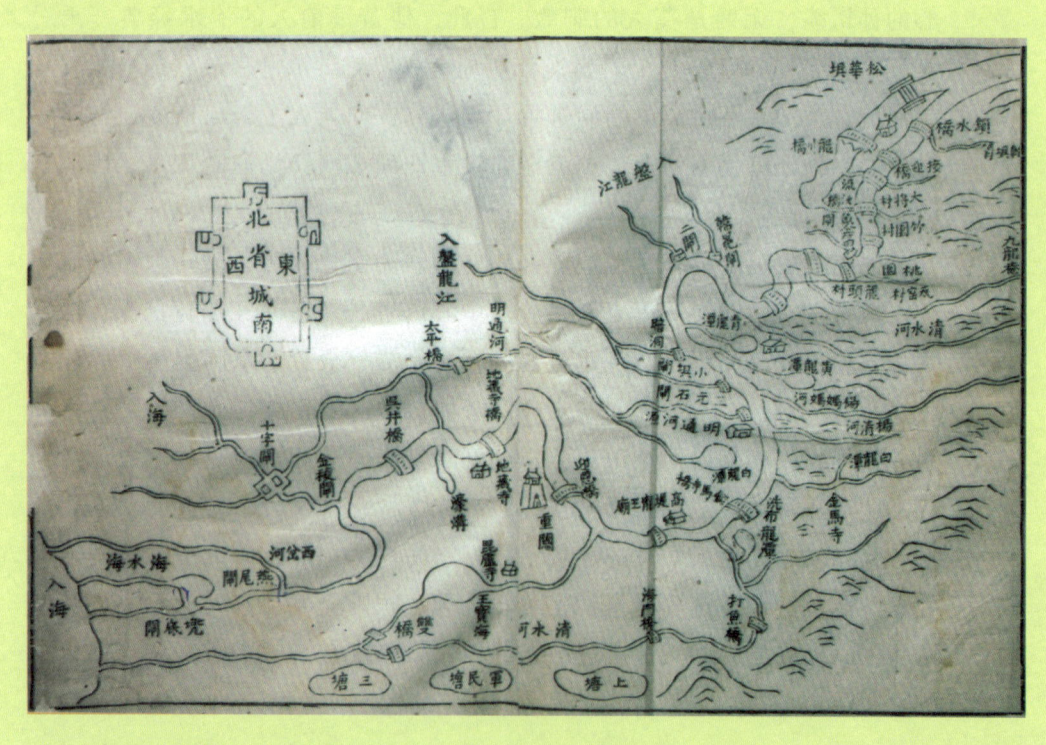

黄士杰在雍正年间绘制的昆明金汁河图（引自清黄士杰《六河总图》）

黄士杰是一位勤勉称职的水利官员，他曾参与治理昆明六河以及滇池海口河的实践。他的书就像后人评价的"尝考周官之制，十夫有沟，百夫有洫，千夫有浍，万夫有川"，从西周农业社会起，对地方官的治水就有这样的要求，有十户农民耕作居住的地方，应该有水沟，百户农民有大一些的水沟，千户农民有更大一些的水沟，万户农民应该有江流。黄士杰作为水利官员，对于省坝的"陂泽川渠堤堰"是精心钻研的。

省坝六河自元代初步定型。至黄士杰成书的雍正八九年间（1730—1731年），经四百多年的拓展经营，各河已经形制兼备，河流的疏挖、使用、管理也有一定章法。因此，从一定程度讲，《云南省会六河图说》是对前人业绩的总结。书名虽为六河图说，实际上写了七河，加了海口河。对省坝农耕水利及城市防洪而言，远在数十公里外的海口河是不能忽略的，事实上，省府于每年进行的修挖河道的安排，以及岁修经费的列支，海口河都在其中。

黄士杰的河流踏勘恐怕也是踏破若干双鞋的，100多里长的盘龙江、70里的金汁河、20余里的银汁河、70里的宝象河、50余里的马料河、20里的海源河，加起来300多里，还不算数百里外的海口河，对各河的源流、桥梁、闸坝、涵洞和使用规则、治理要点、存在问题，书中均有翔实记载。

盘龙江的城市防洪问题，书中也有涉及，但与孙髯翁的观点是不同的。因为省坝于春季栽插秧苗期间，多数年份，水源不足、滴水如金。"若将河挖深则水低田高"，不利灌溉；"若将河身开宽则水散流浅"，同样不利于灌溉。如果这样做，防水害倒奏效了，于水利却失去了。因此，他认为，以历年情况相衡量，"夏秋间充溢害不及一春夏间灌溉利"。在防洪与灌溉无法兼顾的情况下，只能取后者而舍前者。古人言"两害相较取其轻"，因为，农业社会是以农耕为生命线的。

黄士杰也开出了既不失水利又防止水害的方子，这就是"除河堤加高培厚并疏通河尾外，非开子河别无长策"。盘龙江一水而有十条支河就是这样形成的。

古话说"智者千虑必有一失",这也应在黄士杰身上,他将金汁河灌溉顺序说成是由下游的五排而逐次轮至上游的头排,这是一个失误。现存雍正十三年(1735年)金汁河上下五排农民同立的"金汁河轮序放水碑",记载,"四月初一日以后,查古旧制,上头排放水……挨次轮下……其法甚善"。碑文将这种古制明确具体地做了重申。此碑又于嘉庆二十四年(1819年)间、咸丰十一年(1861年)间重立。"放水碑"初步立碑时间是黄成书后的四五年内。为了审慎地对待历史,我在随后进行的对沿河农民采访中提出了这个问题:历史上金汁河是否有从下段放至上段的做法,答复是否定的。

清康雍乾时期是中国封建社会的鼎盛时期,盛世的皇帝极尽江河水利之事,康熙与乾隆分别进行过六次巡视江南,主旨均在河防与水利。皇帝开一代风气之先,上行下效,此间昆明出了两部水利专著也不是偶然,黄士杰、孙髯翁给我们留下的六河水利水情的历史资料弥足珍贵。

金汁河之歌

这些河曾经像一条条有生气的龙,有时低吟浅唱,妩媚多姿;有时奔腾咆哮,一怒冲天。

我渴望知道省坝农民是怎样与六河相依为命的,便走向金汁河,希望能在此找到答案。

六河中,只有金汁河完全由人工造就。在松华坝,人们借助于闸枋将水位提高五六米,高位水流入东侧山坡的人工河,这就是金汁河的开端。人们为分水而建坝,因此,松华坝又称分水坝。从金汁河诞生时起,它就与盘龙江构成了一个灌溉与分洪的系统,金汁河主灌溉,盘龙江主分洪。

金汁河宽五六米,深三四米,全长35公里。它的东岸依傍山坡,人称里河埂,方言说成依河埂,埂外田高水低,不利于灌溉,上面的田地除少数就近利用堰塘山泉,大多数是"雷响田",要待大雨倾盆雨季来临,

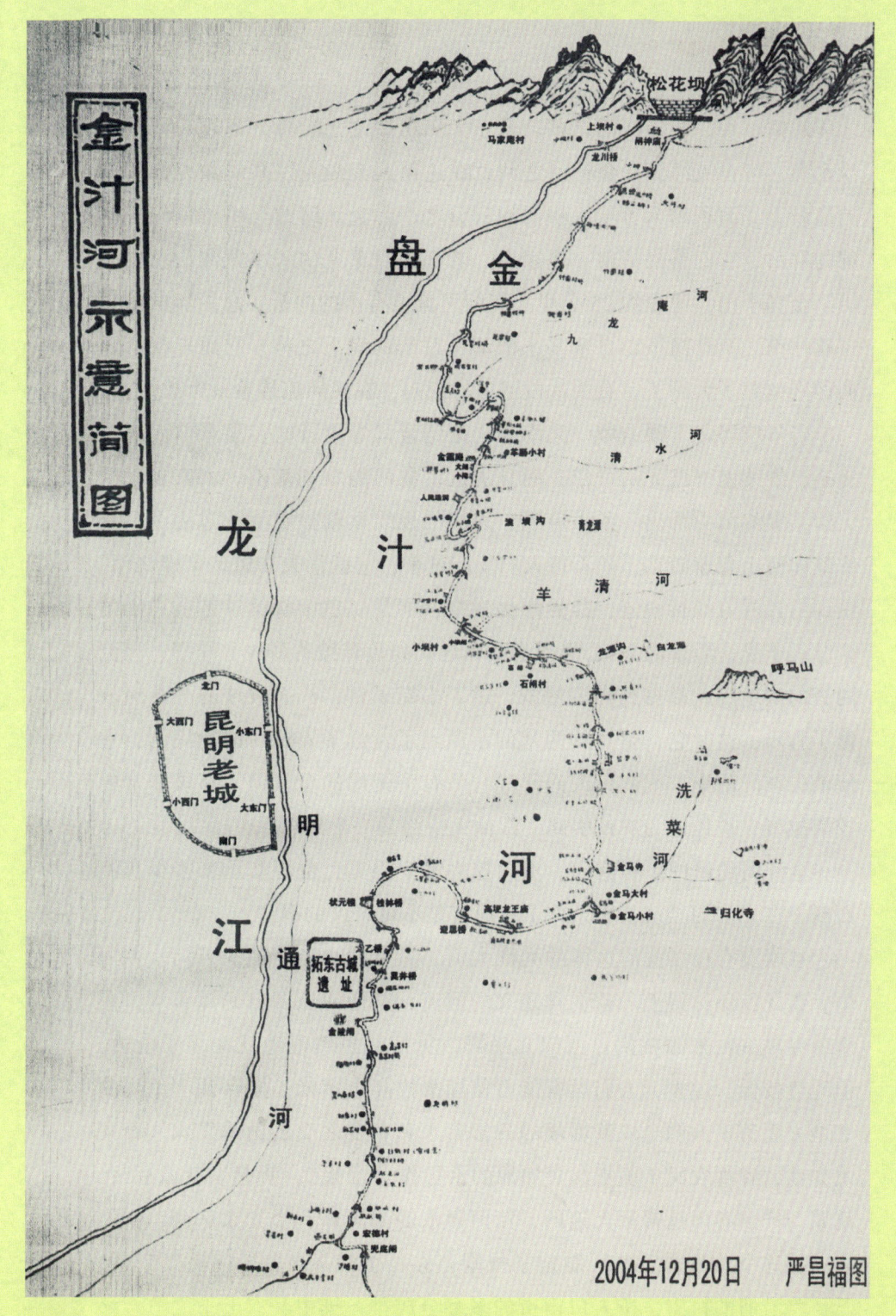

20世纪八九十年代，35公里长的金汁河道上有40座石拱桥，旁有59个自然村，这是省坝人六百余年谋农耕水利的结晶，也是金汁河最后的辉煌

消失的阡陌

才能栽插稻秧。金汁河西岸则高悬于大田房屋之上，称外河埂。埂外田低水高，可自流灌溉。金汁河之利就在这河西至盘龙江东岸数万亩沃土的灌溉上，面积约为省坝可耕田的三分之一。金汁河的上中游依傍着连绵的群山，它们是松华山、严家山、老李山、青龙山、小龙潭山、瑞应山、金马小山，流程约25公里。其间河流虽有小的曲折，总的流向却是一路往南。金汁河下游自金马小山却一改浩荡南下之势，它曲里拐弯地向西南兜起了大圈子。有关这段河道的流向，在民间流传着一个故事。

当年挖河之人顺山势一路南下，掘到金马寺附近时，眼看前面地形复杂，继续南下已无山可依，而且也近宝象河的水利范围。大家正束手无策，突然山中蹿出一条大麻蛇，人们的视线立刻被吸引了过去。只见麻蛇向西南急速游动，还不待人们反应过来，它就消失在树丛草棵之间。纳闷的人看着蛇行轨迹，猛然醒悟过来，那是一道山脊梁，是金马山的余脉。于是，后来的10公里河道就在这状如鱼脊梁的高地上挖掘，河流两旁的田地因此都得到自流灌溉。过了小街子村，长途跋涉的金汁河放慢了脚步，这时它只是宽约两米的小河沟了，过了宏德村的兜底闸，它便消失在阡陌中，因此，人们便称它为有头无尾的金汁河。那段非常的挖河故事，被传说为麻蛇引路，跟仙人指路是一个意思。

金汁河的修挖工程巨大，不知挖去多少土方，也不知运来多少灰沙石料，在元初的经济技术条件下，简直是不可思议的事。

省坝没有长江黄河这样的大江大河，只有源小流短的季节河，六河中，盘龙江还称得上一条惯常意义的河流，其他河流源自龙潭箐沟，一到冬春旱季，来源枯竭，河床几乎可以见底。虽然滇池就在坝子南边，但地势较低，过去，人们没有能力使湖水拔高十多米，搬到几十里外的北地去灌田。人们全依赖堤坝的日常蓄水和春夏之交的雨季发水。春雨贵如油，省坝农民干脆把这贵如油的水称作"水浆"，听起来就像豆浆、奶浆一样。春雨是普洒大地的，江河蓄水的灌溉却有个先来后到。省坝之人将这个"先来后到"制定了规则，称"上满下流，轮序灌溉"，并且还将沿河的村庄，按人口田亩的多寡分成排，排中又有上下之分，灌溉以排为单位进行。这些规则方法经官府筹划，民间公议，刻上石碑，被称作"分水碑"。

在官渡镇金刚塔孔子楼碑廊，存放着数十块石碑，它们原本竖立在寺庙、村庄、河埂旁，因20世纪"文化大革命"的"破四旧"运动而迁出旧址，被有眼光的区文化部门挪到此保护展览。其中有一块高2米余宽1米余的大石碑，上面镌刻的是金汁河分水规则，它是清雍正十三年（1735年）上下五排同立。嘉庆二十四年（1819年）、咸丰十一年（1861年）重立。碑文经百多年风雨剥蚀，字迹已不清晰，我在碑前认真辨认，仔细抄录，忙乎了数天，才将两千余字的碑文誊写下来。

碑文说，金汁河从松华坝至兜底闸，通河分五排，每排又分上下，共为十排半。头排自流沙桥（松华坝）至金露庵，二排自金露庵至小坝闸，三排自小坝闸至金马桥，四排自金马桥至吴井桥，五排自吴井桥至兜底门。每年大春栽插，自四月初一起（后改为四月十二日）为水排之期：公议酌定于初一日寅时起，放上下头排一昼夜，上满下流，放至初二日寅时。上下头排一切涵洞紧急闭塞，初二寅时放起上下二排二昼夜，二排水夫赴上河去赶，上满下流，放至初四日寅时止。上下头二排一切涵洞紧急闭塞，初四日寅时放起上下三排三昼夜，至金马涵洞界止，上满下流，三排水夫赴河源去赶，放至初七日寅时止。上下头二三排一切涵洞紧急闭塞，初七日寅时放起上下四排四昼夜，金马桥至迎恩桥止，为上四排，迎恩桥至吴井桥为下四排，东山有洗菜河水流入金汁河，上满下流，四排水夫赴河头去赶，放至十一日寅时为止。上下头二三四排一切涵洞紧急闭塞。自十一日寅时放起，上下五排五昼夜，放至吴井桥至饵饫营斜桥为止，为上五排，斜桥至兜底闸为下五排，上满下流，五排水夫赴河源去赶，放至十六日寅时止。周而复始，挨次轮流，直至八月底为止。

五排标识之地名，经笔者踏勘，其中金露庵为羊肠小村，兜底门在宏德村，其他地名沿用至今。

碑文规定头排至五排，挨次轮下，每次多放一昼夜，因为上排放满，涵洞虽然紧急闭塞，实际都有渗漏，当时堵涵洞用的是草团，下流之水总会逐次减小，古制经上下五排公议，力求公允。

碑文说：旧例设立闸丁四名，经手办理。建闸神庙一间，闸丁名列永久，每丁每月给公食银肆钱，列名勒碑，通河晓谕，规模碑铭同立于庙内，粮储水利衙门存册立案为记。

碑文明确规定，对于金汁河的水利灌溉秩序，官府是以政权力量给予保护的：倘有耕耘怠惰，临水规排期而不放，过去水规而盗放，越次相争，故意紊乱排规不遵，上宪示谕，如违，鸣官究治。如有上下五排人等赴河赶水，排头水夫不得徇私舞弊、盗卖水浆、图食图利而自安；反言水少而害民，排中人等口口争竞生端。倘有不遵旧例，不协心力，公索私情，如违，鸣官究治不贷。

俗话说，民以食为天。漫长的封建社会，云岭高原之人要得以"食"，却比江南水乡更为艰辛。我看着眼前黑乎乎的石碑，感到它还在发光发热，我知道，数百年官吏与农民的体温曾将它烘烤得熠熠生辉，它是省坝农耕的重要见证。

在后来的日子里，我成了金汁河迷，我兴奋地寻找着它的一切，当然，还旁及盘龙江。我到省档案馆、图书馆以及政府水利部门查资料；到距昆明数十公里外的白邑青龙潭、黑龙潭观河源；至老李山、任旗营、南坝村找闸丁巡水；我与松华坝上坝村人结交朋友，并且"缠"着他们带我去拍摄金汁河头三个箐沟：干巴箐、老爹箐、老奶箐，在雨季来临时，这些箐沟是最早向金汁河注水的。我用朋友托朋友的办法，找到了原金马镇人大主席严昌福、原龙泉镇人大主席刘建昌、原上坝村办事处书记范品祥。数月中，他们带着我从金汁河头排，一直走到五排兜底闸，将沿途河上主要的闸、涵洞、桥摸了个遍。

1. 斗门、涵洞与地河

金汁河上的闸又称斗门，从松华坝的分水石闸到兜底门共有大大小小14个之多，除头尾两闸为拦河闸坝，其他大多因地势而设在金汁河西

金汁河头排的漆树闸地处竹园村，雍正年间称戴金箔闸。它横越金汁河外河埂，洪水季节，宣泄来自老爹箐、老奶箐以及九龙湾山地水，以保护金汁河堤

金汁河二排的大闸地处任旗营，曾名韩冕大闸，位于金汁河外河，是金汁河上游最大的泄洪闸，泄洪清水河洪水。20世纪80年代，曾将滇池水用五级泵站顺盘龙江倒提至上游，再顺新闸河从此闸金汁河以资农用灌溉，称"松滇联合调度"工程，以保证松华坝向城市供水

新闸河，是将洪水从大闸排向盘龙江的通道，地处任旗营、老李山、罗丈村地界。金汁河每个泄洪闸都有通向盘龙江的闸河

岸。日常这些闸门关闭，起蓄水灌溉之用，一到农历七八月洪水来临，金汁河将有河满堤溃之险时，所有闸都敞开大口，这时，从省坝东北山地直冲而下的源清河、清水河、羊清河、洗菜河以及大小箐沟水，迅即从对应的飞沙闸、漆树闸、燕尾闸、韩冕大闸、小闸、小坝闸、石闸、北闸、南闸、菊花村分洪闸、金棱闸泄入堤外闸河，汇入盘龙江。

老人说，金殿的坎有多少，金汁河的涵洞就有多少，以此形容金汁河的涵洞之多。史书称，元初赛典赤造金汁河时就设计了360个涵洞，后来合理规划，略有减少。它主要用于灌溉，涵洞的多少与大小因灌溉的田亩而设，最大的一个涵洞在二排任旗营，叫人民涵洞，过去称作人命涵洞，传说一个称职的水夫曾在此殉职。它可以掌控金汁河上游半河之水，灌溉任旗营、三竹营、罗丈村、金刀营、大白庙、张官营等数十村一万多亩田。其次是与石闸相配套的涵洞，也可以灌溉六七千亩田。

还有一种涵洞称地涵洞，与金汁河的灌溉无关，实际是地河，如小坝闸下有地涵洞，它是将闸内来不及泄走的羊清河洪水从金汁河底排走。高埂龙王庙近铁路处的地涵洞则是由西向东泄东郊明沟的排污水。

2. 最后的闸丁

省坝六河为借地势之利以达自流灌溉，多数河道依山而筑，外河埂居高临下，成为悬河。人工修筑的河堤尽管高大厚实，在洪水季节仍势如危卵。防洪的监护、日常的管理、岁修的组织，任务繁重。因此，六河自诞生之日起，人们就设立相应机构，明确专职人员，其中，最基层的水利河道管理员称作闸丁与巡水，他们是当地农民，受官方津贴，忙时配合水利局工作。闲时在家务农。古人在松华坝设立四个闸丁，月银四钱，并将他们的名字刻在石碑上，竖立在松华坝闸神庙内。

在省档案馆的文件中，我看到了1946年十二月昆明34名巡水及闸丁的名单，他们由省水利局颁给图证和委给证，职级经考核分为三等，逐月领取津贴，1944年甲乙丙三等月支的是法币一百、八十、六十元，两年后大约因通货膨胀，津贴数额翻了十倍。

松华坝上坝村一级闸丁孙寿与他老伴。在民国三十五年（1946年）省水利局名单中有他的名字。他家自明万历四十六年（1618年）建松华坝石闸起世代为闸丁管理松华坝，直至1958年废石闸建松华大坝，前后延续340年。

当年闸丁与水夫巡水时使用的水火油灯

看着那份名单，我不由心生好奇，他们是怎样管闸泄水的，是否还有人活着。怀着寻找最后闸丁的心情，我按照名单上记载的村落地址从南坝村找到任旗营、老李山，所提及的5个闸丁均已去世。我正自灰心，却从原昆明水利局局长李人士处得知，松华坝有个闸丁名孙寿，他家从明代建石闸起就操此业，代代相继，他本人一直干到1958年石闸消亡。这个闸丁世家前后延续341年。我翻阅名单，他是34名中的第一名，一级闸丁。第二名范启龙也是松华坝闸丁，两人均住上坝村。

在随后开展的对上坝村的采访中得知，两人都已故去。孙寿的儿子孙加义也是闸丁，80多岁，因患脑梗死已不能与人正常交谈。

我曾向范品祥了解地处上坝村的省坝第一闸——松华坝分水闸的情况。分水闸有闸塘，宽6米，长约18米，深七至八米，闸塘西侧为金虾山体，东侧为墩台，各有大石砌就的石岸，岸中有安插枋木的石槽。闸枋用青松树制作，每块35厘米见方，6.5米长，共有20多块。每次启闭枋木需要16个壮汉才能搅动架在连枷木上的梨杠。每年旧历四月十二日前需将分水闸枋上满以备大春"放排水"；土黄天三日后开启闸枋泄水以备金汁河岁修；腊月二十四又将木枋上满，名为"放春水"，是给金汁河两岸百姓过年用水；还有小春灌豆麦田用水等。孙寿与范启龙等闸丁在得到水利局专人通知后，还要请村长组织村民协作才能完成任务。

孙寿的女儿孙加兰回忆，父亲在农闲坝上无事时也种种田、盘盘菜，还在后头山的一座窑上与人合伙制作瓦盆罐。每年夏至以后的两三个月内，在坝上支网捉跳坝鱼。在盘龙江未修建滴水桥以前，滇池的鱼会抢水而上。有一种白鱼摆子时，会在下泄的闸塘做出像鲤鱼跳龙门一样的动作，当它们从两旁跌落下来，就正正掉在闸下的两张网里。支网捉跳坝鱼是要出钱的。过去，上坝有"松华坝花灯团"，父亲还是花灯爱好者，他吹笛子、弹月琴，花灯从春节一直唱到栽秧前，各村都来请。

从他们充满温情的谈话中，我似乎看到了孙寿这个末代闸丁的音容笑貌。

3. 防洪

昆明老话说"六月二十四的水、七月半的鬼"。意思是说，每年农历六月下旬，洪水会像七月半到人间来领受祭品的鬼一样准时到达，这时紧张忙碌的防洪就开始了。官府将水利官员与闸丁巡水编组巡查河堤。1947年四月颁布的"省会河道管理规章"规定：当河水已达半河时，应常常往来巡视，河水已满河时，应不分昼夜，轮流更替巡防，并于危险地段加强人员驻守。巡查河堤人员还需携带巡堤旗号小红旗（夜间用红灯）、火把或提灯、雨具（蓑衣斗笠等）、铜锣。当巡查河堤人员发现险象地方，即用小红旗插置该处，并立即抽派一人赶赴邻近护河段队报告，余仍继续前行巡查，如在夜间需悬置红灯。

金汁河下五排在洪水季节压力更大，原双凤大队队长李富、老文书杨清给我讲了一次抢险经历：管事的敲击着直径40厘米的铜锣，高声呼喊"涨水了！出来了！"这是在催促各家各户壮劳力出来"当夫"。这时候的人，个个奋勇当前，村民知道，防洪如救火，一旦决堤，覆巢之下岂有完卵。一些人往麻袋、草席包内填充泥土、草皮，每袋重约三四十公斤。一些人从省水利局领来杉松桩，这些木桩直径15厘米、20厘米不等。长约4米，人们在河埂边搭起架子，壮小伙站在木架上用20公斤重的石榔头击打木桩"加坝"。这时，有一处河堤决口，人们将草席包、麻袋纷纷抬上去仍然封不住口子，情急之下，将村里九龙庵的两扇高3.6米、宽2.5米的大山门拆下、抬了上去才堵住了洪水。

听着老人们的叙述，我似乎听到了风声雨声，人们脚踩着泥浆的"呱唧"声、喘息声，还有隐隐传来的急促锣声。在洪水袭击的年份，从村主任、闸丁、巡水到"当夫"，个个都成了泥人。

4. 赶水

金汁河轮排灌溉期间，有一个程序是"赶水"。金汁河分水碑中说，四月初一，当头排灌溉了一个昼夜之后，所有涵洞紧急闭塞，初二寅时放起二排二昼夜，二排水夫赴上河去赶，依此类推，当水到了五排之时，五排水夫赴河源去赶。什么叫"赶水"，不知省坝农耕之人，恐怕怎么也

金汁河外河埂，堤岸高于耕田四五米，一个个灌溉涵洞设于河埂脚。大春栽插期间，各排水夫前往上游"赶水"——看守住上排已经轮灌过的涵洞使之不再"跑冒滴漏"。省坝的村社统筹计划用水横跨元明清至近现代共六百余年

金汁河尾兜底闸，位于宏德村。闸旁小屋，过去是新酒铺，每年正月临水期，周围十数村管事在此开赶水会议，由"水老人"布置当年的赶水任务

想象不出水夫如何赶水。当我深入沿河农民之中，才恍然大悟，原来是去守住上排的涵洞不被打开，使上流之水不致因自然或人为原因误入歧途，以便本排轮到的水尽可能是充足有效的。

龙头街老人告诉我，他们属下头排，在雨水好的年份，轮序灌溉没有问题，但在干旱年份，也要赶水栽秧。水到本村是芒种第三日，村中轮选出的小甲组织水夫到上头排去守涵洞。两人守一个，共有6个涵洞，吃饭都要轮换着。

宏德村是金汁河的下五排，为弥补大春栽秧时期金汁河河尾水源的严重不足，古碑明确规定每年正月十六至三月初七水闲之时是下五排放五塘九围（堰塘）的水期，农民称"攒塘水"。这些堰塘水是下五排十多个村撒秧与栽插时的救急之水。临水期前，十多个村的村管集中在兜底闸（又叫冲光闸）旁的新酒铺开赶水会议，由"水老人"布置各村的赶水任务。一些头脑清楚、反应灵敏，关键时候豁得出去，善于争吵以维护本村用水利益的老人，往往被村民推选为水利管理者，名"水老人"。"水老人"的报酬是一丘公田的租米和向化鱼塘的卖鱼钱。各村轮派去守涵洞的水夫也由公田中支付报酬，一个工一日六角米。从松华坝至下五排35公里的河堤赶水四十多天，这种经历令现年76岁的李富终生难忘，他告诉我一次守石闸涵洞的经历，是在1940年。那年他11岁，与50多岁的张有一起当夫，白天巡查涵洞，晚上住在刘家营河埂旁的守夜棚。一次，张有煮着饭，李富去买豆腐，当时狗很多，他一手拿碗一手拿着打狗棍，路上遇到白龙寺一个挑松毛的大嬷从百姓桥过来，误以为他是要饭的，对他说，不要讨饭了，跟我走。

那时，农民生活艰辛，他记得经常看到一个老头，在寒冷的天气还光着脚挑着粪在铁路旁的石头上走过。

当水期一够，下五排赶水的人按照次序从上往下撒。他背着被褥回到家中，母亲拆洗被褥时发现棉絮已经被年少不知愁滋味的小李富蹬烂，絮中还夹杂着许多虱子，她生起五堆火处理虱子。

正是这些特殊的生活场景使李富记住了他无数次赶水中的一次。

陪同我寻梦金汁河的老人严昌福（右）、杨清（中）、李富（左）。其中严昌福（原金马镇人大主席）陪同我考察金汁河，自二排波罗村至五排兜底闸长约25公里，历时数周。还为本书精心制作"金汁河示意图"

罗丈村旁盘龙江改造前的残段。旧时，下马村等六村农民为谋水利而建筑的"马村大坝"就在此河道（河道左侧木桩处），由大坝的水流向中马村、下马村、沙沟埂、莲花池、小菜园，灌溉耕田600余亩

5. 盘龙江上的"马村大坝"与"海拉拉"

如果说金汁河的灌溉涵洞需要赶水，盘龙江就是另一番景象了。双龙桥上游因河水较低，两岸田地主要由金汁河、银汁河灌溉，但银汁河源少流短，仅靠黑龙潭、白龙潭、蓝龙潭供水，水量严重不足。自光绪年间，上马村以下六村农民在罗丈村背后的江中打了一座坝，称"马村大坝"。家住下马村年届八旬的刘华告诉我，工程极为艰巨，坝址设在距罗丈村西北约一公里的盘龙江上游，人们在江中用木桩、石头与草席设了一道斜斜的阻水坝，长约 300 米，使大坝南端与江的西岸间隔仅 6 米，这样，20 多米宽的盘龙江上似乎出现了一条宽仅 6 米的江中之河。人们又在这"河头"设置两道间距约 1 米的逼水坝，周围栽木桩、垒石头、填席包，中间实以草发井。木桩大多为结实的青松，每棵粗 20—30 厘米，总数约 600 棵；席包内实泥土，每个重 100 多公斤，约 200 个。"马村大坝"营造的灌溉渠称新沟。长约 4 公里，从沟口经上马村、中马村、下马村、沙沟埂、莲花池到小菜园，灌溉田地 600 余亩。

从"马村大坝"中，我看到了元代松枝坝的影子，我猜想，当时土木结构的坝大致也是这样。

刘华叹息着说，打坝需要人力数百，牛车百张，在阻水坝上设置的五六个"送水"（一种活动的障水设施）有时失效，六村还要开会，村村逗凑手拉水车约 40 张，每车一日"当夫" 3 人，拉江水栽秧，又需人力一百多。如此千辛万苦筑成的坝只能用一季，洪水一来，坝被冲得到处都是缺口，第二年栽秧前又要重修，打大坝把村子都打穷了，可是不打更穷。看着老人满脸的沧桑，想着省坝农民经营水利的不易，我会觉得心痛。

为了城市防洪与海坝农民的灌溉，盘龙江中下游分出了十条支河，它们是：玉带河、永畅河、板坝河、西坝河、涌莲河、鱼翅河、采莲河、金家河、太家河、杨家河，都依地势的走向开筑在盘龙江西岸。栽秧季节，在这些河头沟尾，到处是水车"吱吱呀呀"的滚动声。这里的水车与江南不同，江南水车车身长，龙骨多，两三人扶着横木用脚蹬踏使之转动,水从河中被源源不断装入戽斗提上来,输入田沟。省坝水车却是一个人用双手拉,称为"海拉拉",手拉水车小巧轻便,一个壮汉一肩可以扛走,提水高度不多,只是一米多,比两人用绳索拉动木桶的戽水高一点。"海拉拉"适用于省坝高低不平的地势,几乎每户农家都有一台,据统计,1949 年,官渡区就有 23600 台。

6. 岁修

与江南农村一样,省坝每年冬季农闲是护河挖沟的时间,称作岁修。因为是六河灌区数万农户的集体协作,事先需要周密安排统筹。1941 年二月,是岁大修,由省水利局上报省主席龙云核批的《昆明市县区河道岁修工作办法》中规定,凡有关昆明市区各河道之岁修事项,由市政府会同水利局办理之,昆明县区各河道之岁修事项由县政府会同水利局办之。具体办法是动工前,由水利局先行勘测、计划,并分别转告市县;局、市县主管人员再开会布置工作。政府负责派出水利技术人员指导与监督,由专项经费中买备闸枋与料石。各村要派出一个领工作为召集人,民工修挖的工程要留样以凭查验。下达到各村的计划极为详尽。例如,海源河自龙潭—鸡舌尖—黄土坡—洪桥—板桥关—河尾,涉及九村,派夫 1499 人。规定:(1) 由龙潭至鸡舌尖挖深 3 公寸;(2) 由鸡舌尖至黄土坡挖深 6 公寸,两岸各劈宽 1 公寸;(3) 黄土坡至洪桥挖深 7 公寸,两岸劈去 1 公寸,并加高 4 公寸,板桥关至公路桥挖深 1.2 公尺;(4) 洪桥至河尾挖深 1 公尺,两岸筑高 3 公寸劈宽 2 公寸。对左右龙须沟作了这样的规定,各河沙砾压实处应先用牛犁过再挑挖。河堤挖坑洞处一律填复,其劈坎种植以及掩埋尸体者一律禁止。

六河及其派生出的支河总数有二十余条,岁修涉及面之广、动用人力之多,今天已难以想象,从档案案卷的这些数字或许可以窥探一二。如旧门河自小板桥至福宝村涉及 17 村,出夫 1351 人;猓猡河自十甲村至许家村涉及 10 村,出夫 966 人;宝象河自大板桥至下马村涉及 19 村,出夫 2666 人。其中金汁河至重至大,1931 年 1 月 6 日至 24 日,挖河 18 日,中段自周家营至南岳庙涉及 26 村 2862 人,加上上游自上坝村至蒋家营涉及31村，自何家院至栗树头涉及23村，出动民众估算近万人。

自元代起，官府对六河岁修就设置了专项经费，每年银两800两，但不是平均使用，风调雨顺年间为小修，大灾之年需大修，小修时的积累滚存留待大修时支出。以1917年为例，岁修盘龙江松华坝、中段小厂村河岸、玉带河中段、海源河、护城河五项工程共用工料银1029.81两。其中松华坝用料：修补滚龙坝首龙口石一个，锁水石堤4丈，锁水桥下两廊送水石岸2堵、桥头斧脑石、滚龙坝溜缝用镰104斤，打铁绊用花铁203斤。1916年，水利局修理金汁河上游六座涵洞，共用毛五面石41丈2尺，价银210.67元。

河道水利关乎省坝所有农户居民，岁修当夫是天职，也是法律。当有的人家未尽责任，就会受到处罚。某一次在金汁河岁修中，小厂村的4户农家，平政街、灵光街若干居民未出夫修挖，被判罚每户出粪箕10对。土堆村保长粟公起因修挖鱼翅河不力，被水利局管押6天，明家地村保长张湘也被票传至保，从严惩罚管押。抗战时，船房村管事严生因修挖永畅河出夫不力，被关押6天，他因胆小怕事，逃逸回家，被水利局罚麻袋30条，保长曹文亮具保说，因空袭期间，难以购买，呈请准其折价缴钱，水利局不允，后严生将麻袋如数交足，河也疏挖完毕，才准开释。

在对金汁河的采风中，我特别留意老人们对岁修挖河的回忆。任旗营81岁的任富告诉我，年年金汁河挖河，多数是7天挖完，一家出一大人，抬着楼梯，河中有时有30—70厘米的水，有时是干河。大家铲河埂两边的草，河埂多数是泥的，在河道狭窄处与有涵洞的地方就砌石岸。要把河底高出的河泥挖平，培在堤上。最后由水利局检查，不合格的再挖。

佴家湾78岁的老人胡月珍说话很有感情色彩，她说，过去年年挖金汁河，挖两边的泡土，将草捞上来，把底整干净，要验收，一段交给一段。吴井桥一段、佴家湾一段，下头是高家村、双桥、饵块营。金汁河上面通着河里湾，下面通着大海（滇池），整得多干净漂亮，水清汪汪的。我凝视着老人的眼睛，从她发亮的瞳孔深处似乎可以看到金汁河粼粼的波光。

7. 水利诉讼

随着省坝人口的增加，水资源日益匮乏，因水源水利引起的纠纷日渐增多。好在数百年间，约定俗成，形成了一套公断纷争的规则。其一为均分水利，当水利涉及人们的生存时，均分水利是最重要的准则。其二是遵古碑，循古制，只要祖宗定过规矩，就是解决问题的根据。其三是当差纳粮。凡已缴纳公粮国税，田主对国民尽了责任，就有享受水资源的权利。

省坝有记载的一次涉及面最广的水利诉讼发生在1913年五月，此年干旱，入夏以后雨水稀少，盘龙江上游的浪口、北仓、廖家坝等村在江中筑土坝漾水灌田。处于下游的土坝河（双龙桥以下的盘龙江称谓）源流更少，约有水10车。先是县属中乡的5个堡，西乡的2个堡涉及10河80余村，灌区在盘龙江中游，乡民杨春发、李海清为首将状纸呈至昆明县，事由为"夏至已迈，秧苗未栽"，要求重修南坝闸底石块，照旧加足闸枋，以便抬高中游水位灌田栽秧。随即中南路雄川堡、永福堡、螺丝堡九十八村乡民王质齐等数十人反诘，说"盘龙江水为民等三堡各村两岸灌溉田亩的养命之源"。中游将水截流，下游人民如何活命？民政长罗佩金发指令，命水利局监督金万镕确查，"克日呈复"。金万镕是位十分尽责的水利官员，很快，他将情况呈报上去：土坝河各村自南坝闸下小街子等村五六里，秧苗未栽得十分之一；自陈家营至河尾沈公闸十余里秧苗已栽得十分之八；至十河秧苗未栽得十分之一。民政司与昆明县审时度势，决定"平分水利"。六月发出公函：上游放水四成，余水以十成计，玉带十河及以下划六成给中西两乡，四成给雄川等堡。方法是，暂就原南坝闸上枋数足，用土堵塞闸底，填高河水三尺余寸，盘龙江上游所筑各坝（土坝）一律挖开。这场涉及盘龙江通河两百余村数万农民的水利纠纷解决了，农人将点滴水浆赶入田中，栽上秧苗。两个月后，迟到的大雨瓢泼而下，水利局又指令十河乡管速开"闸枋"，让渐涨的河水赶紧泄入滇池。

  历史上的水利"官司",涉及一些民告官的案件,其中最大的一次发生在明代。万历元年(1573年),昆明城西石鼻里93村民联名状告沐府庄园家人张时泰与张凤岐等七人依仗府势,霸占水利。事情发生在嘉靖十一二年(1532—1533年),因当时人称"沐国公"的沐氏土皇帝势盛,农民惧势含冤,经隆庆至万历,沐氏已有衰势,才敢告官,前后忍气吞声38年。至此,官府作了明断,将张时泰、张凤岐、苏春、赵美、李茂生、段有爵杖责70,并立碑明示水利均平,豪强不得多占。将温泉、冷水两泉不分清潢,各照田亩多寡分为宽狭两股,各流灌溉,以免争絮。如遇潢水泛涨,照旧依古下河流海,不许阻冲民田,并将冷水沟一线之水断给小邑村人灌田食用。

现在的松华坝大坝高61.7米,总库容2.19亿立方米,是大型水库。其功能由农业灌溉转变为城市供水

此案惊动了皇帝，刚登基的万历令部院批示：以后（沐府）各家人敢再仍前违反者，许受害人民印碑赴告，明究治罪不恕。案结，昆明知县胡崧在石鼻里立《石鼻里水利碑文》。其时，云南巡抚为邹应龙。

另一件民官之争的水利案件发生在1925年，是年十二月二日，昆明大普吉村僧民诉云南省立第一牧场"官争民塘"。双方用的水为同一源，即大普吉后山深沟之水，水源不大，仅一车半，却要浆养牧场的苗圃、牲畜饮用水，牧场佃户的近二十亩水田；普吉村一百六十余户农民一千余亩水田和如意寺十多丘田。平日用水以官民四六分成还能凑合，一到大春栽插期间，农民用水就严重不足。因农民告的是省直单位，省长唐继尧亲自过问，分别于1926年三月十八日、六月十日两次发指令，即《云南省公署训令第982号》《省公署指令2771号》。先要求昆明县长王用予查办，后又令实业司司长由云龙饬王县长查办。王县长先提出以节季分水的办法，省立第一牧场场长何毓芳不同意，双方争执升温，如意寺的十多丘已成熟稻谷被牧场收割，45岁的昆明人、如意寺僧人昌吉向唐省长呈书告牧场，状纸写得很有意思，出家人告状时也不离神佛，书云：穷不与富斗，富不与官争，僧等出家人之乎，惟僧寺师徒老幼共十余人之衣食全赖此业，为寺中神佛之香灯年修，暨人众之养膳，今之成熟之谷、到口之食，一旦被其收割，则一年之日度，又从何出，一再焦思，万般莫策，唯有依法绥情，不揣冒昧。如蒙鸿施顾救，不惟僧等感戴活命之恩，则神佛均占大德于不朽矣。

官司打了一年多，导致场长何毓芳下台，徐嘉瑞接任；王县长下马，郑崇贤就职。最后以均分水利五五分了结，昆明县要求大普吉村按此裁定勒石，村民不服，又出示老茂塘道光三年（1823年）之合同字据，1928年四月被驳回，仍按原法勒石。

这场官司对于省坝日后水资源的匮乏以及城市农村用水两难困境，直似一种预言。大普吉村农民诉"官争民塘"，其实省立一牧场已不是传统意义上的官，它代表的是一种全新的城市力量，六七十年后，这股力量强大到终将农耕挤出省坝，一切水利的古规古碑被束之高阁，一种全新的用水规则登场。

2004年，我与朋友游走金汁河盘龙江。我们先登临松华坝水库大坝，大坝高61.7米，总库容2.19亿立方米，是大型水库，十分壮观。清澈的湖水向山箐深处延伸，望不见尽头。周围不见人烟，为保护省坝饮用水安全，库区的一些村庄已被迁走。偶然有水鸟扑棱着翅膀从水面掠过，打破了凝固似的寂静。那个省坝使用了600余年的松华老坝与之相比只是小儿科，老坝的遗址就奠基在

民国后期，龙云政府建设的谷昌水库，现在主要起盘龙江上游截沙沉泥的过滤作用

大坝的基础下。现代松华坝水库对昆明城市的发展功不可没，它是省坝人积数百年之力的登峰之作。历代昆明人，没有哪一代不想充分利用松华箐水资源的，连民国时期的龙云政府在囊中羞涩之时还在上游芹菜冲建造谷昌坝水库。然而，有个数字却令我不安，《昆明市水利志》载，水库2.19亿立方米的库容，相当于盘龙江上游水的总量。也就是说，水库的设计目标是将上游的水全部拦截，一滴不漏，这对地处下游的滇池意味着什么？

从上坝村到羊肠小村的金露庵废墟，是过去的金汁河头排，现在的河底向着日头，村庄近旁的河埂，垃圾遍布、杂草疯长。二排也基本无水，自小坝闸起的三排，流水汩汩，直至下五排，然而都是排污之水。其中自金马桥起，河中出现河堤，是为河中河，这在农耕时期严重违规，问及近旁农民，说是若干年前，为分流从小区厂矿流出的污浊之水使之

不影响农作物生长，在河中建隔离堤，东侧河道走污水，西侧走清水，现在全部都是污水。现代人的行为，使历来"有头无尾"的金汁河一改而为"有尾无头"。而且六河大都如此。看着干涸的河道，我突然产生这样的联想：在滇池北岸，人们改变了流水后浪赶前浪绵绵不绝的习性，上游自然之水被人造管道和矿泉水桶运载入城市之肚，肚中之水又排泄入六河与滇池，这个联想令人不快，然而却是事实。这正是滇池污染的根本原因所在。

过去那个被滇人万千恩爱集一身的金汁河，现在弃如敝屣，源头老态龙钟的龙川桥牙掉了、脚跛了，那是数年前一心想发财的人用大卡车运砖时震的；羊肠大村旁的老崔桥成为私家堆粪的场所；东站附近曾经迎接皇帝无数"恩惠"的迎恩桥被一些打工者的棚屋、篱笆围成了后院，河埂种起了蔬菜；还有日新村旁的河道上曾通往官渡西庄车站的老滇越铁路桥也只剩了半拉。

金汁河，是一条历史文化积淀最厚重的河，也是省坝之人谋取水利费尽心机的河。严昌福向我介绍过政府图谋像保护文物古迹一样保护河道的苦心。然而，当我看到竹园村旁上千米的完好老河埂石堤被人撬去，砌上明晃晃的新石；连那个村老陪我钻闸洞，我们抚摩着黑黝黝的桥拱不忍离去的漆树闸（清雍正时期，此闸名戴金箔闸）也被人毫不留情地毁坏殆尽，我真的绝望了。我只想用我的笔、图，为省坝留下金汁河的歌。

——那次，在五通碑附近的河堤，老严指着石砌河堤说，河堤一段段是不同的，开始是土河堤，哪里坍塌就在哪里砌石，一个村砌一段，年成好又修一段，一年年修补建筑，经几十年、上百年的延续才成这样。我仔细一看，果然，河堤砌石有的段落石块小、缝隙密，有的地方石块大，砌痕间距大，连匠人不同的风格都看得出来，有的细腻，有的粗犷。当时，没有水泥，人们用石灰、糯米浆、沙子兑起来用人力冲捣后当黏合剂。省坝水利在全国是有地位的，1958年春修王大桥，外省工程师被派来参观指导，他们说，金汁河石砌河堤，从选料、加工、用浆、支砌、培土、夯实、工艺精湛，有些方面连现代都达不到，完全符合水利要求。

我对着冷冷的石堤左右拍摄，毫不吝惜胶卷，因为它们有省坝农人的印痕。

——那次，从波罗村过来，河上曾有拱桥，叫波罗村下桥，是上下二排的分界点。老严说，东川大道的马帮就是从这里越过金汁河，沿外河埂行走一公里多，来到下河埂村。村头有大涵洞，清旺旺的水冲出声响、冲出水花。村里有十多家马店，马脚夫让驮马在河坎饮水、进马店歇息，自己就河水擦把脸、敛敛神，第二日，人与马精精神神地走小东门入昆明城。金汁河中段另一段古驿道是从金马寺、五通碑至迎恩桥过河西，也有一公里多的路程。

——那次，我们从石闸村南行，金汁河埂草木丛生，依稀可辨当年容貌，只是桉树、紫荆泽兰都是外来品种。老严说，过去金汁河埂的圆柏、扁柏高大参天，走在其中不见日头，成千上万的护堤树从上坝排到小街子像龙一样。河堤上的草总有十多二十种，河中有金鱼草、狗尾巴草、水青苔。接石岸的缝隙中有猪鬃草，河堤上有铁线草、蚊子草、竹节草、沙帕草、青苦蒿、白苦蒿、接骨丹。那河埂路上的泥土也一段不同于一段，有的是小沙石子，有的是色红黏土。有一种黄沙土，下过雨，水刚干时，赤脚走在路上，凉阴阴、细软细软的，柔沙从脚趾缝挤出漫向脚面，很舒服。我知道，金汁河与人肌肤相亲、耳鬓厮磨，在滇人眼中，她是有血肉、有灵性的。

——在盘龙江双龙桥西侧分玉带河处，过去叫分水岭，曾有牛肚子大的两股泉水，人们称之为两个龙嘴，双龙桥由此得名。有人用蔑花篮罩鱼，一条条鲤鱼、鲫鱼，活蹦乱跳地被拎出水面。水质清冽甘甜，周围村庄街道的人都到此挑水。泉北有龙王庙。有一年下雪天，一个小姑娘在玉带河边玩，旁边的高地村有猪神庙，内供泥塑大猪，周围多半是小平房、草房，雪将一切勾勒成柔和的线条，房子、树、草、石河坎全被小心地笼在雪被中，美极了。小姑娘踏雪走到河边，河水结着薄薄的冰，她用小木棍打碎薄冰，将倒垂水中的杂草拉上来，一些晶莹剔透的

金汁河太乙桥

金汁河河埂的石砌河堤，是省坝农人代代相继的建筑，内中蕴含了昆明人的智慧与辛劳

小河虾粘着在草上被一串串拉上来。此情此景令现在已经 61 岁的东寺街路新村的贾永林念念不忘。

——听说蔡老师会唱金汁河歌谣，是童年时母亲教的，我兴冲冲地赶了去。他回忆曾经的金汁河，水极清，水草会顺流摇摆舞动，那些像逗号一样的蝌蚪总是喜欢群居，还有小鱼小虾，引得过路的孩子再不肯离开。

我催促他开唱，他哼着调子，从记忆深处一点一点往外挤兑歌词：

盘龙江呀，金汁河呀，
每天哗啦啦地流呀，哗啦啦地流，
流呀，流呀，
流到了……

至此，歌谣被遗忘的闸门卡住，我们先是笑了，而后互相涩涩地看着，一句话也说不出来。

稻浪滚滚

省坝气候温暖，农作物种植两季，大田作物一季水稻，称"大春"；一季豆、麦，称"小春"，两季换茬轮种。一些高亢山地则以玉米、黄豆与麦轮种。水稻是主要作物，从种植面积、产量到人们的饮食习惯，稻米都是常年当家粮食。因水稻长于水中，豆麦长于干地，农人称"三干不抵一湿"，是说大春的重要。

据考证，距今4000—10000年前的新石器时代，滇池流域已经栽有稻谷。在滇池东岸的晋宁石寨山古滇国与官渡螺峰村新石器时代古墓群文化遗址中，出土的泥制陶器上有稻谷谷壳与稻草做垫的痕迹。专家研究表明，亚洲栽培稻起源于中国长江中下游以南各省至中南半岛北部以及印度阿萨姆邦的弧形地带，尤以起源于云南地区的可能性为大。居住在古滇的土著先民，驯化栽培稻谷的时间，距今约七八千年。

四十七道工序一碗饭

云南稻谷品种繁多，分粳、糯两大类，粳谷主要有籼稻红、大白谷、香谷、白谷、黄谷、胭脂吊谷、长毛吊谷、紫谷、小白谷、麻线谷、老来红、黑谷。糯谷主要有长糯谷、接骨糯、白糯、黄糯。此外还有旱谷。麦类分大麦、小麦、燕麦、铃麦四种。其中大麦有大麦、裸麦；小麦有小麦、春麦；铃麦有紫麦、黑麦。蚕豆有绿蚕豆、大蚕豆、小蚕豆。

唐诗有吟稼穑之不易："锄禾日当午，汗滴禾下土。谁知盘中餐，粒粒皆辛苦。"大白米饭最适国人胃口，然而这种稻却是最繁难的。那次在青龙村，毕明对我说，老人传下来，谷子有九十九道，才成白米饭吃到肚中，他掰着手指以他的经验叙述这些过程。

八十四岁的老毕明吸着他最爱的水烟筒，对我诉说着盘整稻谷的繁难

一挖秧田：一发田从头年五六月拔秧后，每一个月挖一道，这样秧田干净不生杂草，至第二年正月二月压臭草、艾草做底肥，有七八道工序。

二泡谷种：将选好的谷种晒至发热，再拌以草木灰，捂两晚上，使其长出小白芽。四道工序。

三整秧田：先挖田，用疏秧耙将田疏平，待第二日早上水清了，撒谷种。之后，天天去看秧苗生长情况，待秧长到半寸时撒水，将田中积水放尽，使秧苗得到阳光熏灼，三日后放水入田，但只能灌一半，秧针要露出水面。之后秧长势好，当秧长到二三十厘米时，就可以拔秧。六道工序。

四盘大田：农历二三月收豆麦后即挖田一次，晒一个多月。小满、芒种时放水泡田。麦田先撒圈粪，用双犁双耙；豆田耙一道犁一道又耙平。八道工序。

五栽插：拔秧、栽秧。两道工序。

六薅谷子：秧栽了半个月后，田中长出鸭齿草，薅一道除之。过半月，长出杂草，又薅一道。第三次薅秧，是将谷子老叶摘除干净，将老叶用脚踩入泥中肥田。三道工序。

七割田埂：除去埂上杂草，防鼠就近筑巢危害庄稼。一道工序。

八割谷子：农历八九月间，谷子黄熟，先开沟撒水，田干后割谷，扎谷把，将谷把撒开使其直立田中任风吹日晒，阳光好晒五六日，阳光不好十天半个月都说不准。天晴时挑谷子，将谷把码在田埂，4把一沓，12沓为一小码，16沓为一大码。然后，男人挑女人背，一挑七八十公斤，将稻谷运至大道待牛车拉运。六道工序。

九场上活计：牛车拉谷把至晒场。先在场上码小谷堆（一亩田的谷子）。全部挑完后，码大谷堆（三亩田的谷子）。待田中小春种完，约农历十月底十一月初，在场上打谷，将谷把在大石碾或烂磨上掼。一般都兴换工，主家办好伙食，一二十人一起打谷效率高。四道工序。

十晒谷子：大太阳天将簸过扬净的谷子摊开晒，干后捂几天，再拉到大板桥水碾房碾米，不捂的谷子易碎。三道工序。

十个过程45道工序，煮饭再加淘洗蒸，最后抬到手中的一碗米饭共47道工序，历时七个月。

种庄稼极讲究季节，以种芋头为例，农人称：一月栽芋一本万利，二月栽芋有本有利，三月栽芋无本无利，是说栽芋头的黄金时间在一月，错过一个月，收成差强人意，再晚一月就是白种了。省坝栽稻因受制于雨水与气温，栽插早的在立夏、小满，这时秧嫩，易发棵。前人考证，秧苗栽下，在田中多经一个节令，谷穗上就多一绺，如经七个节令，穗上则有七绺，经五个节令，只有五绺。到小暑、大暑栽插，秧已老，发棵少，收成大减，故村人言："小暑栽秧不用薅，大暑栽秧不用刀。"花灯编唱《时令歌》称："清明撒秧小满栽，立秋谷子早怀胎。秋分谷子把花扬，寒露谷子顺埂歪。"这是省坝栽稻谷的最理想境界。

省坝种稻条件优越当数波罗村，主要是水利条件好。农人自豪地说，村里养了两条龙，左为青龙右为黄龙，这是指村西北的青龙潭与村东北的黄龙潭，再加上羊清河与金汁河共四道水源，将坐落在蛇山上的村子层层环绕。高处田靠居高临下的黄龙潭几百亩堰塘水灌溉，低处田有金汁河围护，早秧从谷雨就开始栽插，先栽高处后栽低处，上水口栽完栽二水口。青龙潭流下的"滥坝"水灌溉"江澄田"，立夏三日后，浆水集中在这片田土上，从七支沟四五个水塘下来的水将各块田灌满，这时，即使田中还有未成熟的麦子都要淹掉。这块旱涝保收的福地将波罗村打造出一定的知名度，老人说，省坝50岁以上的农人对本村肃然起敬，这里水好土好，交通方便，东川大道经过波罗村。人们说："上数波罗下数可乐"，省坝农村波罗村最大，滇池东岸呈贡县可乐村最大。波罗村中华人民共和国成立之初有农民200多户，500多人，现在不少于2000户，5000多人，已是一个颇具规模的小集镇。

昆明大东门外数百米的东庄，属金汁河灌区三排，当水从石闸经石闸河七弯八拐流淌五公里来到此地，节令已经朝后，但这里土质好，是鸡粪土，从松华坝分水闸流下的水经数十公里流程中太阳灼晒，水温较上游高。田土在豆麦收割后已请工挖妥，水从各水口进入大田，泥遇水就酥。这时，从海坝、山区过来二三十驾牛犁的犁耙的耙，几千亩田一周抢栽完毕。秧苗在热和的肥水培护下几天就返青成活，然后薅三道，到九月重阳以后，"天忙人不忙，九月谷子一起黄"，满世界的金黄催着人下田割谷。

地处六河河尾近滇池之区域称海坝，这里怕涝不怕旱，天旱时可从滇池河沟导水，天涝时，北边高地之水一窝蜂拥向湖滨，田地中所有庄稼都被淹死，故有谚语："成熟不成熟，看看五月二十六""得收不得收，看看三尖山"，开春如果松华坝东侧的三尖山莲花峰云罩雾嶂，必是大水年份，海坝之人就忧心忡忡起来。

犁头，长的一头联系双牛，短的一头由犁者掌控

长虫山西侧桃园小村农民与他们的耕作伙伴——牛。此图传递着数千年人与耕牛，人与田地关系的信息，读来令人温暖

犁耙，前十齿、后十二齿交错，利于将泥土耙细，前后

拔秧，在捆扎之前要在水中将根部泥块荡洗去，以便栽插后更快成活

栽秧女（王珍凤的孃孃），已有七十二岁高龄，这是她一生最后一次栽插。数月后，当稻谷收获时，她上山打柴猝死山道。乡人告诉我，农村人只要干得动，会一直干到死

● ○ **消失的阡陌**

　　船房村邻近草海，地处船房河、永昌河、西坝河三河之尾，东界洋碱厂（振华制药厂）、西临老鼠尾巴沟与长林沟（今阳光花园），南属刘官田、义地（海埂路）、北达黄家沟（西华园）。这里的大春耕作是另一番景象。

省坝龙泉坝子稻浪滚滚，这是昆明坝子千年农耕的绝照，新的城市水泥路、房即将矗立其上
（拍摄地点：瓦窑村金汁河埂，拍摄时间：2003年10月12日）

　　那条船房河上段称臭水河，自玉带河底过马蹄闸地涵洞便称兰花河，当它从昆明城东、南、西绕到船房村时，河底淤泥已经是积了多少朝代的厚重。村人用倒泥锄将烂泥挖上船运上岸，晒干压田，还要少压点，否则稻子疯长不结穗。

手工掼谷

用脚踏脱粒机脱粒

此地地形复杂，土地高低不平，栽秧需经小满、芒种、夏至、小暑四个节令才得以完成。天不下雨时，高处田需用手摇水车车沟塘水，因层高不同，有的一盘水车拉一米多高就可以灌田，有的却需三四盘，层层接力抬高才能灌田。早上自四五点钟起，一直到中午十一二点，只听手拉水车"吱吱呀呀"响个不停。最低的三处田名老花堰塘、中河、中沟，常年泡在水中，要待高处车水将水位车低才栽得成秧。栽秧、薅秧与北边坝子相仿，收谷子却自成一景。一般的田，收割时有一尺水无处可撤，农民就设法在田中设置架桩，每间隔二至六米打入一根碗口粗的杉木桩，上面用稻草绳铺成晒床，为防止倒塌，间隔三米支以木棍。割的谷子，搁成鸡翅形，晾晒在晒床上。收割自是比北边坝子费时耗力，而且还要不少杉木，故海坝人称"种稻没有300棵谷桩，生活就难过"。挨近河边的田，因水大要撑着船割谷。那三片低凹田，水深一米，人驾着船够着半腰采割谷穗，待冬腊月间水落时稻草割下当作烧柴。运稻谷时，只见一只只堆得老高的船在河沟行驶，一船装几工田的谷子（三工为一亩)，船吃水很深，那些驾船技术差的，稍稍不慎就进水沉船。只有在永昌河、西坝河等河埂边有些高田可以在田中收割晒干运回。

船房村牛多、船多、水车多，中华人民共和国成立之初有六七十头牛、上百只木船、数百架水车。牛多、水车多不稀罕，唯有这船多却自成特点，船房村因此得名。

海坝有谷名水涨，有"花高脚"与"黑麻早"两个品种，是滇池地区特有品种。栽种时因雨水初润，大湖边的低田水位不高，水涨谷得以与其他谷种一样生长，农历六、七、八三个月，雨水逐月增多，水涨，稻禾也长，那稻禾总是比水面高出60多厘米，直至成熟。只见一片荡荡水面上，水涨谷昂扬着二尺多高的头。当然收成较低，其他稻谷亩产四五百公斤，水涨谷只有一百多至三百多公斤。

滇池美景以八九月为最。此时，金色的稻子与清澈的湖水紧密相接，长风吹来，水波与稻浪此起彼伏。湖中，帆樯阵阵，渔民在撒网捕鱼；田中，小舟穿梭，农民在挥镰割谷。难怪200多年前的滇中诗人孙髯翁

收获后的谷粒（其中混杂灰渣），用手工风车扬去碎屑

会在大观楼迎风长叹：莫辜负，四围香稻，万顷晴沙，九夏芙蓉，三春杨柳。

  我的家乡江苏无锡石埭桥是稻作之地，稻麦轮作与省坝相仿，家门前有唐河，连着运河，有班船、货船通达无锡县城、江阴与上海。省坝称堰塘者，无锡叫湖，这是在低洼之地或近水之所人工挖掘积潴的雨水或漏沟水。育秧之地在汤盘湖边，家家都有几分田以阡陌相隔。田高湖底，也需要两人脚蹬水车往田中输水，有时用手动的水桶戽水，当地称拷水。秧田泥土细稠，上覆一层黑黑的草木灰，是为了拔秧轻便，少沾泥。拔秧是女人的活计，人们坐在放置水中的小凳上，凳高水低，衣裤只是溅些拔洗秧子的泥水。女人在哪里，孩子就跟到哪里，人们手脚麻利地劳作着、说笑着。孩子们玩泥水、捉小虫，有时滑跌水中号哭着，这些场景还印刻在我的童年记忆中。

薅秧也是三道。第一道称耘稻，是用手为稻根松土、除草，每一次摸六窝稻。为了防止泥中的尖麦桩剔破手指，十指都戴着竹制的"指头篮"，脖子还套着竹编的"抓婆"，是为抵挡眼前的稻叶以保护眼睛。第二道称耙稻，薅秧人用一个短柄带铁耙齿的耙在稻棵行间推拉，以匀熟泥土，耥平田面及除草。第三道叫耥稻，是用一个更长的疏秧耙在稻垄中前后推拉，看到白秆的稗草，就将其连根拔出，揉作一团塞入稻棵旁做肥料。每次薅秧，腰上都要拴只小竹筒，内放少许石灰，江南蚂蟥极多，它在水田中的游动像一根漂动的小带子，叮在脚上会在人没有痛痒感觉下咬破皮肤吸血，这时一掌下去，它缩作一团掉下来，为防止再咬人，捉入竹筒让暴石灰消灭它，被叮破的地方，两小股血在濡湿的脚杆涔涔流下，仍然没有痛痒感。

省坝大田中的蚂蟥较江南少，只有那种常年涝湿积水的一发田中蚂蟥较多，人们用一只小土陶，内放生石灰，搁在田埂上，在劳作间隙时上埂除之。薅秧各处大同小异，在我到过之处，以贵州安龙县的薅秧最为省力，人们拄根棍子在田中直立着用脚丫为秧苗松土与除草，常几人一伙，脚在水里舞动，口在摆白（聊天），不时响起欢笑声。遇到根系较深的鸭齿草与稗子，才弯腰用手抠除将其踩入田中。薅秧功夫最深的称"跪薅"，这是我在省坝上坝村听到的，在薅第二、三道秧时，人们为了将稻秧薅得更周全，就单膝或双膝跪在泥田中用手抓薅，有的怀孕七八个月的孕妇在跪薅后，将孩子生在归家的田埂上，据说还不是个别现象，令我为之动容。

江南农民劳作苦于云南，是因为多了一件重活儿，而且时间跨度上几乎与撒秧、栽插、薅秧同时进行，这就是养蚕，这种蚕是缫丝织锦的家蚕，又称春蚕。养蚕自农历四月至六月，前后延续三个月，据说劳作之繁甚于种稻。蚕的成长经过四眠，眠的过程是昏睡蜕皮，每蜕一次皮，蚕就长大一头，这个生长过程有点像蛇：

头眠。将蚕种孵化出小蚕，小蚕只比米粒稍长点儿，用一根鹅毛羽翎将蚕掸在装着糠灰的小匾内，将采来的干净嫩桑叶切成细丝，撒在蚕身上，待其吃完又撒。六七天后，蚕仰着头不再进食，这时停止喂养，令其自然蜕皮。

二眠。小蚕蜕皮后不能马上喂桑，要待其身体恢复元气，嘴开始变黑，又一轮喂养才可开始。桑叶仍要切细，可比头眠时的叶丝稍宽些。五六天后又蜕皮。

三眠。二眠蜕皮后的蚕令其自然恢复，一天后，嘴呈咖啡色，再切更宽一点的桑叶喂之。这时的蚕越来越白，长大了变胖了，吃的东西也多了，人开始忙起来。蚕在小匾内已显拥挤，要将其分至大匾，再将匾列入蚕台。蚕台由四根木桩支成，中间由横木相连，一台可擦十多层。五六天后进入三眠。

大眠。进入五六月，人忙得像打仗一样，一天要喂五六次，晚上还要起来添叶一两次，这时的蚕可称得上饕餮的动物，站在蚕台旁，只听群蚕啃食叶子的唰唰声像下雨一样，令人心惊。之前的桑叶都是到桑田中采摘，现在是从地里用桑剪将桑枝整条剪下，一担担挑回家，这时往往是晚上，油灯下，一家老小齐上阵，坐着站着捋桑叶。捋下的桑叶要摊开，不能焐热。人们从高高的蚕台将大匾拿下，一匾有几十斤重，需两人抬。将蚕屎与叶渣去掉的过程称"剃大"，先用双手将蚕搂入中匾，倒掉大匾中的废弃物，将蚕匀均放回大匾，上面添进新叶，这时匾内只见层层绿叶，将大匾抬起塞进蚕台横格。两三小时后，蚕从下面吃到上面，绿叶全被吃完，满匾只见一片白色，又要急急地喂叶了。

蚕是会报恩的，数日后，成熟的蚕通体变得透明发亮，胖得已如成人的小指一般粗，又停止吃叶，这是要吐丝了。人们用干净去皮的稻草铺入放置于地上的两根长草绳之间，一人压住绳与草，另一人用手摇机摇动，压草绳之人要匀速往后移动，很快，平摊在地上的草被扭绞的绳编织成一条"草龙"，再将蚕均匀撒进"草龙"中，蚕就摇头晃脑地在稻草秆之间编织蚕茧了。

养蚕的劳作，以妇女为主，一季下来，人要瘦去一圈。至今，80多岁的老母亲说起养蚕的艰辛，声音都会急促起来。

春蚕上市，石埭桥的茧行就热闹起来。茧行傍唐河，占地几十亩。四方蚕农将白花花的蚕茧装入大箩筐，有的挑，有的扛，有的三家五家雇只木船水运而来。茧行内，上海、无锡的丝厂老板、职员以及负责保安的警察带着成箱的洋钱、铜板守候着，一箩箩茧子抬进茧行，蚕农排着队，大家议论着蚕茧的年成与价格，丝厂行家检查着茧子的质量，人们在一个柜称了重量，到另一柜兑得现金。成交的茧子被送入烘箱烘干。每天总有数百人在这个临时的专业市场进行着交易，半个月之后，茧行才渐渐冷清下来。然后，成船的茧子运至城市的缫丝厂抽丝，一道道工序完成后，那美如云霞的绸缎就成了窈窕淑女身上的旗袍和有钱人家床上的绫罗被面。`

茧行毁于日本飞机的轰炸，母亲说，自我出生时它就已经不存在了。记忆中，它的废墟上长着野果，藏着蟋蟀、黄鼠狼与蛇，是我童年与伙伴们寻求探险乐趣的地方。

光绪宣统年间，云南省府倡导过蚕桑。云南总督锡良、李经羲、提学使叶尔恺，将蚕桑、东文、体操等校合并，又添招新生，在贡院内创设农业学堂，内分农科、林科、蚕科及染织科。还在圆通山种植湖桑、川桑，称第一桑园；在大小东门及南城外沿城墙一带种植浙桑、广桑，称第二桑园。1922年，开办东陆大学（云南大学前身），农校停办。大约因土壤气候的不适、加工的不便，省坝蚕桑的推广没有成功。云南部分地区养柞蚕以制作丝棉被，柞蚕又称野蚕、秋蚕。我曾看到民国时的一份杂志上刊有滇地养蚕图，农人将孵出的小蚕放到野生的柞树上，随它自己吃叶，蚕生长在风吹日晒雨淋的环境中，自己觅食排泄蜕皮，与野生昆虫没有两样。当它长得显眼引来鸟雀啄食时，农人手持长竹竿在树下呵斥,挥竿驱赶鸟类。蚕几近成熟,那些有花纹的肥硕身子引来更多鸟雀时,看守人手中的竹竿换成了长枪,以图观之,长枪还真的开火了。与江南繁复细腻的养蚕相较,滇地的养蚕像"牧蚕"。

稻田景色是大气的,它碧绿如湖水、金黄似朝霞,在平原坝子间漫山遍野、铺天盖地,是一种群体美。然而,在我到过的稻作地区,可以用"壮丽"两字形容的却只有云南红河州的元阳哀牢山哈尼梯田,在那里,每一层高低相距一米余,最多持续2936层的稻作梯田从山谷伸向山顶。16万亩梯田在大山中绵延100多公里。春夏,站在山谷上,仰望天际,那先是嫩绿后是油绿再后是橙黄的色调变化,像上苍为不同级别的宾客铺设的迎宾地毯;秋冬,伫立坡顶,俯瞰大地,万千蓄着水闪着光的田地,又像王母娘娘打碎的穿衣镜镶嵌在千山万壑之中。此情此景,令初涉的观光客震魂摄魄,有潸然泪下的冲动。一对外国情侣,干脆在农家守秋的茅屋安营扎寨,他们在山野度蜜月,在异域感受返璞归真的情趣,在稻床孕育生命。

眼前的情景,让我想起神话故事:农神后稷,是尧的农业官。他的母亲是帝喾的妻子姜嫄。姜嫄履神的脚印而孕,生下一个大肉球,以为是鬼怪,多次丢弃均受神的庇佑,最后肉球炸裂后稷出生,遂取名"弃"。他从天上取回稻谷种子,用石头木棒做农具,教人耕稼。这通天的哈尼梯田,最像后稷的创作。

哈尼梯田,是上苍的恩赐。即使在哀牢山,也不是所有山地都适合开垦,稻作梯田需要特殊土壤,它上黑、下灰、再下红黑相间,最后是红壤,当地专家告之,从外至内至少要有水稻土、红壤、黄壤、胶泥土四层。最内层的胶泥土当地称白丝烂泥,类似膨胀土,在几百上千年的牛耕人踩中,白丝烂泥形成像糯米饭一样的育水保土层,为禾苗提供温床。

云南红河哈尼梯田冬日景象，哀牢山腹
连绵数十万亩梯田证明着滇人的不凡

梯田近景。蓄水的田埂做得细腻、精致，像艺术品

早春，农民耕犁梯田，加固田埂

怒江峡谷中的油菜花，为冷峻的天地抹上一层暖色

哈尼梯田，也是人的创造。明洪武年间（1382—1398年），哈尼族头人吴蚌颇率众劈山造田，他们从大山的最下层开始，用黏土与石块垒砌田埂，再精心夯实，使其不漏水、不溃决。沟渠从山上水源源头开始，逐渐延伸至梯田，大小不等的田地以分水木刻调节，用水多少由水口衡量，手的四指宽为一口。如遇山箐和陡岩，便架设渡槽，充分利用山有多高水便有多高的自然优势。吴蚌颇因成绩卓著，封为土司。元阳龙咀巡检司也率众开山造田，使当时元阳成为滇南粮仓。

元阳梯田是一发田，10月收割谷子后，不能撤水种麦，否则田土炸裂渗水就种不成稻子了，所以梯田终年泡在水中。

省坝收完谷子，就种豆麦，从节令上称为土黄麦子寒露豆。寒露种豆是指蚕豆，按照不同土质有多种种法。在金刀营、下河埂、小庄、麻线营、王旗营等地，土质为发泥田鸡粪土，播种以撒为好，谷子起黄时，田里有水，将豆种均匀撒去，泡上三天后，开沟撤水，称"撒豆"，苗发得多。在其他田土中还有几种方法：一称钻棵按豆，稻谷黄熟，撤水开沟，待泥土稍干时，种豆者钻进稻丛，在稻棵旁将小盆中濡湿的蚕豆按入田中。二称提把豆，割谷后，将盛豆的篮子放在一旁，手捏一把豆子，在田中逐行按豆。三称夺茬豆，地势高的硬泥田，收获后用木把铁头的大桩或四寸左右长的小桩点洞按豆。因蚕豆生育期短，具有自生根瘤菌起固氮肥田的作用，种豆后的大田稻子收成高，亩产可达500公斤左右，省坝蚕豆种得比麦子多。

云南豆类很多，有蚕豆、黄豆、豌豆、豇豆、花刀豆、绿豆、红饭豆、大白芸豆等，其中以蚕豆出产数量最大。民国时有人统计，全省出产的蚕豆不下20万市石（一市石合旧制1280斤），共4亿多斤。蚕豆营养丰富，用途广泛，蛋白质含量达30%左右，在豆类作物中是仅次于大豆的一种植物蛋白源。檀萃《滇海虞衡志》载："滇以豆为重，连荚而烹，以为菜；继则杂米为炊，以为饭；干则洗之，以为粉，故称粉条（粉丝），明澈软缩，杂以燕窝汤中，几不复辨。"云南蚕豆除了做人的粮食、副食以外，还是牛马猪等大牲畜的重要饲料，农民将豆秆、豆荚、

蚕豆田,其上曾驮起千年马帮。蚕豆的豆、荚、茎、叶是牛、马的主料

胡麻,籽种舂细后做粑粑的馅儿,类似芝麻

豆叶粉细做牛马常年的料草,干蚕豆做精饲料。滇地群山叠嶂,在现代交通到来之前,行旅与商业往来主要靠马帮,盛时全省骡马有数十万匹,如果云南没有丰富的蚕豆资源,要维持沟通城乡如此巨大的马帮网络是不可思议的。那次,就蚕豆问题请教主编《中国蚕豆学》的高级农艺师叶茵女士,当我说起江南盛产黄豆,母亲曾用当地谚语"三人口阔一尺,油盐黄豆一石"来形容黄豆与江南人生活的密切和持家的不易。叶茵感慨地说:几百万人的口加在一起,是一条长长的大河,要有多少粮食塞进去,才能形成生命的流动,云南蚕豆托起了茶马古道。说得真好。

霜降三日进入土黄天,种麦便开始了。在湿地种麦要先开沟排水,当踩着田土不会陷脚时,就捞沟、挑牛马粪撒在田垄上,再将沟里掏出的泥土盖在粪头上。一亩田撒3公斤左右麦种。一个多月当麦苗长到两寸左右时,将牛马粪或大粪撒上,叫铺麦子。如天干,要放水泡地,不能使泥土开裂,途中还要薅麦。

大树三营、船房村等种麦精细,人们拉着索子挖沟,一扇麦田3米宽,将沟内挖出的泥巴弄碎后压在垄上,有的遍撒麦种,有的用板锄打塘,一窝撒五六粒,再撒粪盖土。毕明称此法为勤俭麦,意思是耕作精打细算。青龙村种的却是懒麦,谷子黄了,水撒了,田干一点的时候,将麦种撒进谷棵。待割谷子时麦子也出苗了。然后压粪掏沟,泥压在肥上。麦子从肥料中钻出。下霜天土变泡时,用木榔头敲碎泥巴,放一道水。一打春,麦子一头旺起来,一棵能发四五棵。懒麦省工省力,也是结合当地水土施行的。

昆明老丁田

滇池盆地的面积为1071.4平方公里,俗称滇池坝,它的周围是金马、碧鸡、长虫、白鹤等山,孙髯翁的诗词是这样形容的:"东骧神骏,西翥灵仪,北走蜿蜒,南翔缟素。"

据专家考证,古滇池原本属红河水系,它的泄水口在晋宁与玉溪交

●○ 消失的阡陌

界的刺桐关。经过漫长岁月，刺桐关抬升海口下沉，滇池遂改道由海口河向西北流入金沙江水系。

《昆明市水利志》载："唐宋时期，滇池水位临近海拔1890米，水域面积为510.1平方公里，南北向长为49公里。""元朝滇池水位1888.5米，水域面积410平方公里，南北向长43公里，湖岸线长180公里。""明朝滇池水位约1888.0米，水域面积为350平方公里，南北长42公里，湖岸线长171公里。""清朝时期滇池水位约1887.2米，面积为320.3平方公里，湖岸线长164公里。""中华人民共和国成立后，根据1951—1979年20年间的滇池水文资料，滇池平均水位为1886.3米，面积为299.7平方公里，容积12.29亿立方米，湖岸线长150公里。"

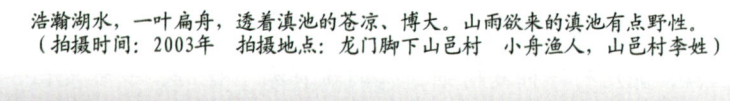

浩瀚湖水，一叶扁舟，透着滇池的苍凉、博大。山雨欲来的滇池有点野性。
（拍摄时间：2003年　拍摄地点：龙门脚下山邑村　小舟渔人，山邑村李姓）

伴随着滇池的萎缩，是滇池盆地耕地的扩张。《昆明市志》（人民出版社出版，昆明市地方志编纂委员会编）载："这些耕地元代为112295亩"；"明代为302059亩"；"清代为666152亩"；"民国时期，1929—1935年，云南省财政厅清丈处进行清丈土地，昆明所属各县清丈后，共有耕地面积2693585亩，均比清丈前的耕地面积增加"。

省坝诞生于滇池的南撤，从民俗文化上也可以得到佐证：上坝村父老告知，老一辈传下来，过去滇池水曾拍击至松华山、五老山的坡脚，至今留下村名为浪口。波罗村村老言，村中完姓之先祖完颜氏于元朝灭亡时，逃奔山林，打猎为生，经世代休养生息，积攒些资财，到云南府买下数百亩田，地块在今金星小区附近，其时还是沼泽地。

省坝与滇池的沧海桑田是怎样演变的，当我从时空的三维空间走近滇池，它的湿漉漉后撤的脚印清晰地显露出来。

盘龙江是滇池北源的主要河流，它为滇池带来761平方公里流域的水。盘龙江纵贯省坝南北，它的位置使它简直可以成为度量滇池进退的一杆标尺：每当它向南迈进一步，则意味着滇池后退一步。那么，它的进退曾经留下过计量吗？答案是肯定的。

民国初年那场牵动盘龙江上下数百村的争水诉讼，焦点是南坝闸闸枋的古规，为了查清该闸的变迁，为解决水源讼提供依据，水利局监督金万镕翻箱倒柜遍查资料，最后，他向民政厅长罗佩金呈上了这样的历史记载：大明嘉靖年间（据明陈文《新建南坝闸记》，实为景泰年间——作者），盘龙江仅灌溉南坝下里许，遂入海，此时南坝以下系海隅荒芜，无人开辟，故建南坝闸聚水。至清康熙年间，直冲出二十余里之遥，两岸俱开辟成田。康熙庚寅年（1710年），粮储道官员罗捐助经费，复于南坝下流之河尾放光寺回龙桥造闸一道，名罗公闸（南坝闸即取消）。后又冲出十余里之遥，两岸亦开辟成田（原以土坝，不能经事）。道光十八年（1838年），建石闸，由粮储道官员沈准给料，故名沈公闸（罗公闸亦取消）。

位于洪家大村的盘龙江河尾。水那边，美人仰卧；水这边，渔船羁绊，仍有空阔、大气风韵，只是水不再清澈。河口的草坪，海坝人称海排、漂排，它是河中泥沙沉积的产物，海埂直至昆明坝子的形成都与之有关

  原来，历史上盘龙江下游农田的灌溉，均是在河尾设闸，以拦蓄江水、抬高水位，缩短江水与耕田之间的垂直距离，使低田达自流灌溉，稍高些的田得以降低人工车水的高程。从盘龙江这根滇池的标尺上可以清楚看到，滇池在明景泰乙亥年（1455 年）至清道光十八年（1838 年）中后撤了三十余里，其中前 255 年后撤二十余里，后 128 年后撤十余里。以当时水准，年均后撤四十余米。

  滇池的萎缩、湖岸线的后撤不外两个原因：自然变迁与人力干预。从自然变迁观之，所有的河流都在以相同的方式进行移山填海的造地运动，流水将上游高地的泥沙冲刷搬迁至下游平缓处堆积起来，年积月累，遂成田地。那些著名大河如黄河、尼罗河、密西西比河等都在创造着自己肥庶的河尾三角洲。以人力干预却因时因地而有不同特点。省坝的泄湖造田活动却数千年如出一辙，那就是：疏挖海口河。从元朝至元十一年（1274 年）张立道佩金符"付二千役而治之，三年有成""泄其水，

得埂地万余顷皆为良田",至 1949 年的 675 年间,小挖小修河道几乎年年进行,动币以千万两、集夫以千万人计的大工程不下十次。其中,明弘治十四年(1501 年),云南巡抚陈金总持疏浚海口河,"起借六卫军,安宁、晋宁、昆阳三州,呈贡、易门、归化、昆明四县民夫二万有奇,费银以十万计"。工程于壬戌(1502 年)正月十五动工,"采木于山,采竹于林,取海菝于水,成铁具于冶,攻器物于肆",滇池周遭全民总动员,直干了两个月才收工。当拆除障水坝时,海口河水流湍急,"不数月,池水已去十之六七,浸没之地尽出"。言辞虽有夸张,然而泄湖得平壤数万顷应该没有问题。清雍正七年(1729 年),云贵总督鄂尔泰与巡抚张允随大规模疏浚六河及海口河是向皇帝上奏《修浚海口六河疏》后才动工的,治六河用银 10870 两,海口河用银 5630 余两。在海口河河头的川字河上建石闸三座共 21 孔的工程是在清道光十六年(1836 年)进行的,总持工程的是云贵总督伊里布、巡抚颜伯焘以及粮储道沈兰生。工程历时九个月,调集民夫二千五百人,支用银一万五千余两。以当时的社会经济条件,这些工程都是集全省之力而为之的。

历次泄湖所造田地称滩涂海荒,它们是不能立刻耕种的,因为海泥中适应稻谷生长的氮磷钾不成比例,在相当一段时间内,农民们"播的是龙种,收获的却是跳蚤"。1970 年围海造田得到的 20649 亩海泥田在数十年的时间里种谷得的却是草。农民笑称海泥是母的,没有公泥掺和不会孕育后代。刚挖出的泥藻土黑黝黝几乎可以当燃料,农民从西山苏家村运来山土进行改造,很费周折。生土荒地变熟土良田需要汗水的灌溉。滇池周围有一百多万亩一年轮作两季的水稻土土壤,行家称这种土壤是各种自然土壤或旱地土壤在人类水耕熟化作用下形成的独特土类,分别为淹育型水稻土、潴育型水稻土、潜育型水稻土、沼泽型水稻土等 4 个亚类。省坝老人却是这样形容的:几十年盘一块地,脚印摞脚印摞起有多高。

在漫长的农耕社会,人们是如何开垦海荒田的,我从深邃的历史中看到了这样一幕。

清乾隆二年（1737年）十一月十六日，云南巡抚张允随给新登基的爱新觉罗·弘历这样一份奏稿，内中详细汇报滇省昆明县老丁田情况。这些田地坐落于省会昆海之滨，本来是草泽，后因近河入海之地，长年沙壅土淤，渐成可垦之地。当时云南最高军政两个部门分别称总督府与巡抚府，两府各有一支近卫军队，称"督标"与"抚标"，养着许多战马，十分珍贵，两府还在办公的衙门所在地兴隆街、文林街各设马王庙一座，祭祀三只眼的马王爷保佑马匹。滇池边的新生土地在三十年前是两标军士的牧马之地。康熙四十七年（1708年），总督贝和诺、巡抚郭㻛因各营的孤寡老兵生活困窘、衣食难继，便将这些草场拨给开垦承种，以资赡养，称老丁田。老丁们不善耕种，各招农民佃种纳租。

田地的大小与收成是这样的，督标五营，垦田地九顷一亩多，年收京斗租米四百二石整；抚标两营，垦田地一十五顷二十一亩多，年收京斗租米三百一十四石整。收成因气候变化而有异，雨水中平之年，海水不涨，所种有收；大水之年，即被淹没，总的是丰少歉多。

过了十七年是雍正三年（1725年），重新丈量土地，老丁田扩大了，督标老丁田新增田地一十六顷三十四亩整，其中七十五亩拨入先农祠庙田，实增出田地十五顷五十八亩整，年增京斗租米二百六十八石整。

抚标老丁田于雍正六年（1728年）丈量，新增田地一十五顷六十亩整，年增京斗租米五百八十一石九斗整。

张允随是一位非常敬业的官员，他将滇省文武官庄案内的督抚两标老丁田地年收的租米归总为一千五百六十八石整，其中扣出纳税的一部分、老丁口粮一部分，两项共需米九百二十三石整。余下的京斗米六百四十四石整："题报归公"，上交国库，这就是张允随奏折的核心内容，也是滇省给新上任的乾隆皇帝最好的贺礼。

最后，巡抚还是说了句公道话："实为边民重累。"老丁田的粮食是省坝农人含辛茹苦种出来的。

稻浪滚滚

　　如果说，官府的垦殖是大规模的，民间的拓荒也一直在不紧不慢、小打小闹地进行。

　　1943年，滇池水特浅，草海中到处是草塘，这是濒海河尾各村落围湖造田的大好时机。省府水利局总结西坝河尾的造田经验，还绘出略图，指出若能于海边各处河口，加以有计划之整理工程，则整个草海，均可逐渐淤积而成田亩。由于当时水环境还未出现危机，政府水利主管部门的意见是"其利益实非浅显"。

盘龙江支流，金家河河尾

消失的阡陌

同年，家居昆明后新街的市民苗天宝、徐敬直等六人向省建设厅张厅长进言，要求垦殖昆明县属环湖湖荒。因为滇池水位每年约有 1 米的升降，在七、八、九试三个月，湖水最涨，达海拔 1886.5 米的平常洪水位，沿湖土地只要海拔在 1886 米以下者，常被湖水淹没，不能种植而为湖荒。他们提出的办法是：在春晴湖水低落时期测定湖荒区域，筑堤岸防水浸入，则湖荒可渐成良田。要求厅长"划给若干亩作为垦殖试验区，由民等筹资建堤，如果成绩优良，续请拨给沿湖全部次第开垦，在垦成熟后三年内，依照垦殖规章豁免田赋，以示奖励，嗣后逐年课税收"。

省建设厅以此事关系重大，不知会对滇池产生何种影响为由，未预批准。

三十多年后，在围湖造田的热潮中，此法得以推行，所筑堤岸称"防浪堤"。

村舍阡陌中

省坝农民世代居住的是茅屋，盖屋顶的草是从山上割来的响铃儿草，墙是土基泥墙，村中只有少数富户住着筒瓦覆顶的青砖房，能住"一颗

松华山脚一户农家的土基房，传统的土坯墙、筒板瓦，外加电线、铁门，古今组合中传递着实用与安全的理念

印"四合院的是后来被评为"地主"的主儿们。连昆明城垣周边的村寨都是这种格局，所以，佴家湾老人记忆中的盘龙江大水，使得胜桥附近的小房子漂起来。

茅屋冬暖夏凉，土基墙保护得法不淋雨不受潮可以屹立百年。这些阡陌围绕中的村舍怎样度过千百年的光阴。

前人为我们留下了数百年前省坝农人的若干生活场景。

劝农诗

……
千畦碧毯稻如抽，
龙尾车鸣浍水流。
从识太平真气象，
绿蓑黄犊遍青畴。

柳外乌乌拍手歌，
耕余小憩坐坡陀。
谁知不按官商处，
一段中声近太和。

荷莒嘻嘻妇逐茹，
馌耕南陌走相呼。
破衣败笠偏珍贵，
堪入风谣与画图。
垄亩今年异昨年，
东隅荒弃种西偏。
刀耕争敢遗余力，
滇地原多歇岁田。

高垦山巅下水湄，
白头田父跪陈辞。
五风十雨三时顺，
如是残年饱饭时。
力穑今年倦入城，
疲氓怕听打门声。
但教守令平徭讼，
不下衙堦已劝耕。

漫因作苦辄嗟吁，
劳力原非贱丈夫。
说与青箱呈种事，
耕犁天子岁亲扶。

● ○ 消失的阡陌

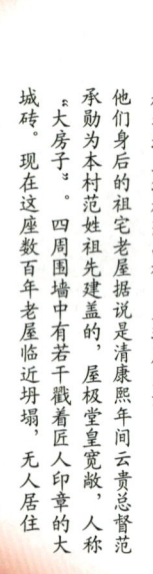

松华坝上坝村范品祥、王珍凤夫妇他们身后的祖宅老屋据说是清康熙年间云贵总督范承勋为本村范姓祖先建盖的，屋极堂皇宽敞，人称"大房子"。四周围墙中有若干戳着匠人印章的大城砖。现在这座数百年老屋临近坍塌，无人居住

　　这是有关"龙尾车""拍手歌""镒耕南陌""白头田父"的民谣与画图，我却要带你到村舍阡陌走上一走。

1. 火中取宝

　　昆明老城的城砖、衙门会馆大屋的青砖白瓦、寺庙的琉璃瓦及千家万户用的土碗、腌菜坛、花盆都是些笨重家伙，难于运输，好在省坝都能烧制。烧窑用的白、黑、红窑泥遍布滇池盆地，尤以北部龙泉镇近松华、三尖、金殿鸣凤等山附近的窑泥蕴藏丰富、质地良好。近山周围的上坝、竹园、瓦窑、小窑、大波、清泉、云山等村曾经有几十上百个土窑。窑有数种，其中，黄窑又称龙窑，依山坡走势筑就的

窑体有数十米长，烧制土碗、盆、罐及一种叫大龙盆的花盆。黑窑又称土锅窑，烧制砖瓦，圆圆的窑体像一只倒扣着的大土锅。绿窑，烧制寺庙用的琉璃瓦。

烧窑历史最长的要数上坝村与瓦窑村。上坝的城砖自明至清供应老昆明五六百年。村人说，货出得多时用船运，也用人手手相接地传递。大约呈贡大梁王山的老君殿与白邑梁王山的梁王城所用的筒瓦与城砖都是从这里起运的吧。当年昆明城墙的大砖，现在只有到圆通山才可以得见，那里保存着一段古城墙。但在上坝村，数百年前的老屋基脚都是大城砖，有的还烙着制砖者姓氏。

传说瓦窑村的陶器曾做过贡品，中华人民共和国成立后，在村旁边挖出了古窑址，这是龙泉坝子迄今所知最古老的窑。古窑曾烧制过怎样的精品，今人似乎已难知其详，然而，1975年11月，嵩明县杨林乡毕家村田地中一座古墓出土的瓷器，却让世人能一睹其芳容。古墓墓主木高（1373—1426年），曾任云南中卫中左所千户，是蒙古族，其父也先帖木儿，是皇家宗室，"元季授征行元帅，甚有声誉"。帖木儿于洪武辛酉年（1381年）率众归附明廷，为明军平滇提供粮草，立下功劳，后病卒。明廷因此授其子木高为千户，并世袭。木高墓中有瓷缸1件，通高17.5厘米，沿径20厘米，底径18.5厘米，釉色艳丽，"系龙泉窑精品"，应该是也先帖木儿的传世宝贝，此事印证了昆明龙泉窑烧制过贡品。

瓷器中的精品要掺入碎玻璃细末、糯米米汤与窑泥一起揉制，塑形后上绿釉，再入绿窑中煅烧，如此制作的陶器像翡翠一样光照人影，惜乎此技术早已失传。用马牙石粉掺釉土，再配以铜汞，可以烧制绿的或黄的琉璃瓦。制作精美的陶器除了准确的配料，精细的揉制，火候是关键，烧窑人称烧制陶器是"火中取宝"，火候不好就废了。

2. 肩挑头背

每年冬月，当豆麦长出青苗，标志着农闲开始了，近山的农民便到森林中打柴。过去，省坝周围的山上长满郁郁葱葱的树木，数百年的烧

小芦村顺坡建的龙窑,窑工烧土罐正待出货

青砖青瓦干澜闽的土窑;现代较大型砖瓦厂烧砖瓦的红砖是有钢青的

不同的匠人用泥河挑的轮上只是为了挑称"过去的土键头过去的键头却是为人的塑形。这种制陶方式已沿用千年，现在也是如此。

出货：工人从熄火冷却的窑体中挑出大花盆

过去农家上山打柴的行装，主要是绳子与砍刀。绳头两个尖形物叫担钩，用于勒紧柴捆，解系方便，不伤绳子。绳中间宽带叫背扁，八十至一百厘米长，用来背在头上

怒江的少数民族男人用头背柴，一背青冈栎树生柴约数十、上百公斤，没有功夫的人背不起

窑以及生活取木，森林逐渐向深山退去。五六十年前，上坝村打柴到老白龙山，路途很远，要走近2个小时。天不亮，打柴人就匆匆起床，怀揣加了盐的白饭团，邀约着同伴出发，到了大山，人们用刀修枯枝，捡拾丛林中折断的柴禾，捆扎成一个数十公斤重的大柴捆。由于山林密集、道路崎岖，牛马难以进入，运柴靠人力，为避免荆棘丛的羁绊，人们用头背柴。先用两股绳将柴禾首尾扎紧，再用一根叫"背扁"的扁形绳将柴捆中上部勒住，套在额头，这捆数十公斤的柴生生靠人的颈椎之力运输。扁形绳用头发或棕纤编织。据说，没有多年功夫的新手头上勒柴，一站起身来，上也不是下也不是，痛得要哭。

清泉村老人李桂枝自小背柴，背砖瓦。说起活计的艰辛，她摘下帽子让我看头顶，只见头部四周还有斑白的头发，中间已谢顶，光光的头皮上有一个不小的肉瘤，她说，四十多岁头就这样了，那个肉瘤是头皮被勒成疙瘩形成的。

金刀营找柴到东北方向的大龙潭山，来回要走几十里路，他们却是用肩挑柴，因为大部分路段空旷，用肩膀之力毕竟比脖颈好。

打柴历时三个多月。当鲜蚕豆可以吃的时候，农闲结束了，够烧大半年的柴禾整整齐齐码在房前屋后。

3. 高耸的粪堆

谚语说"庄稼一枝花，全靠粪当家"。"春积十担肥，秋收一斗粮。"每年的积肥也是一大农活。农民从山上坡头割来成捆的蒿枝、山茅草，攒得足够多时，再一层草一层牛马粪，堆起个像小山一样的粪包，周围用稀泥糊得密不透风，中间留洞，时不时从洞中灌水催肥发酵。出粪时，用钉耙将粪装入粪箕箩筐，女的用背箩背，男的用担子担，送往庄稼地。在三尖山、白邑梁王山等山区，松树极多，秋冬松毛落了一地，人们用竹耙收集，堆制松毛粪堆。

●◎ 消失的阡陌

旱马罩村旁用松毛积攒堆制的粪堆

4. 打场踢踏声

连枷，是一种简便的脱粒工具，由长手柄和敲杆铰连而成。春秋，蚕豆荚、黄豆秸秆上场，人们将其摊在晒场由阳光暴晒，再挥动连枷上下翻飞地击打，就可以将籽粒脱出。农民种旱谷，工艺要求精致，人们用三股连枷木捆扎成板连枷，将田中土块疙瘩打成如粉尘般的细泥，再行栽种。省坝连枷用到极致，是击打豆麦秆，将其粉成细糠，二十多人相对排成横向两列，交替击打铺开的秸秆，那此起彼落的啪啪声错落有致，令近旁过路之人禁不住驻足观看，细细品味，我想，那种节奏与氛围一定像现代人的踢踏舞。

连枷打场,此种连枷,称"子母连枷"。(赵美供稿)

5. 制作麦粑粑饭

以麦面为主做成的饭,省坝称麦粑粑饭,做法大有讲究。人们用木桶制作的饭甑蒸制,在底部的竹节饭垫上先铺一层薄薄的米饭,再铺进厚厚一层麦面,麦面是经发酵、揉透的麦饼,最后用包布蒙上,盖以草锅盖,要一口气蒸得麦面饼开花,饭才爽口。

清末民初,省坝半山区种着不少鸦片,其中以长虫山脚马村种出的

消失的阡陌

质地最好。最后的副产品是籽粒，人们将大烟籽粒拉到灵光街的罗家油坊（即洪发油坊）榨油，称香油，也叫烟籽油。人口多的家庭每年会磨上几十公斤香油，再磨以几百公斤麦面，于农历八月制作红白饼。做法如下：平底锅内刷上香油，放进揉制好的麦粑粑，加盖。锅的上下都有栎木炭烘烤，待粑粑飘出香味、两边发黄即可，这种粑粑松软香酥，比现在的红白饼口感还好。在后来的几个月中，农家主食是麦粑粑。

腊月间，家家传出碓窝的撞击声，空气中到处弥漫着新米的香味，这是春饵块，称作年糕。每户要做八大升至一斗。年后也要吃上数月。

云南农家传统的饭甑子，其锅盖就是传为云南十八怪之一的"草帽当锅盖"，农人说，此物蒸出的米饭比锑锅烧的好吃

6. 做鲊

省坝称腌制咸菜为做鲊，鲊的品种之多令人眼花缭乱，有苦菜鲊、茄子鲊、萝卜鲊、辣子鲊、海菜鲊、青刀豆鲊，还有姜、藠头、豆子、木瓜、南瓜、芥菜、冬菜等，都可以做成鲊。制鲊方法，以最普遍的茄

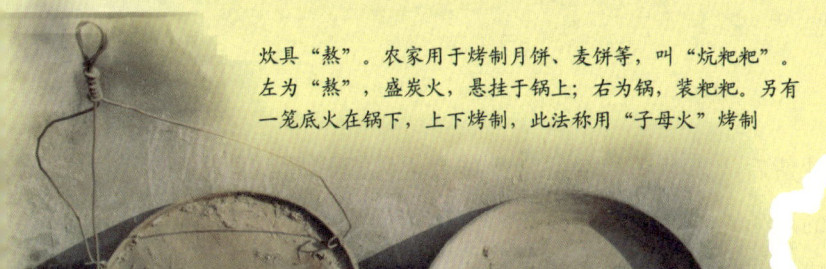

炊具"熬"。农家用于烤制月饼、麦饼等，叫"炕粑粑"。左为"熬"，盛炭火，悬挂于锅上；右为锅，装粑粑。另有一笼底火在锅下，上下烤制，此法称用"子母火"烤制

编苞谷的盲老人，是上坝村王珍凤的叔叔，七十多岁。他五岁时因意外瞎了双眼，不屈服命运，一生勤俭，挖田、割埂、砍柴、背煤、掼谷子、搓索子、打草鞋，还曾跟先生学算命谋生 农村人不相信眼泪

农具"蓑衣"。用于在田间劳作时的雨具，农民称：没有肉可以过年，没有蓑衣篾帽不能下田，说明此物之重要。内中有袋子装食物不会潮。下雨披身挡雨，雨停后，摊在泥土上防潮湿，可卧其上休息。旧时困难人家还当被子盖

苞谷，黄的是"马牙苞谷"；白的是糯苞谷；红苞谷，民间还用于治病

子鲊为例。将米炒熟后放入八角、草果，在碓窝内捣成粉状，再将鲜辣子捣碎，与晒干的茄条、盐、酒拌和，装入土陶罐内压紧，用青苞谷叶或稻草、棕塞紧罐口，将土罐倒扣装水的盆中。那些勤俭的农妇说，只要不沾油，鲊可以一年吃到头。

7. 茶铺讲理

村舍茅屋一家紧挨一家，邻里乡亲或家庭成员间有了大的矛盾自我难以排解，如子女不孝、分家不平、横蛮霸道等，受气被屈者一般不找官府上公堂，而是向村老申请"茶铺讲理"。村中的村长、甲长与绅士们商议后，指派小甲手持直径七八十厘米的大锣，在村中大街小巷边走边敲，通知"茶铺讲理"事项。到了约定时间，双方当事人、利害关系人、村保甲长以及乡绅耆老径直上茶铺，村中结了婚的新姑爷、明智有贤声的新媳妇都可以进茶铺，未婚之人及名声不好的没有资格进茶铺。事关重大涉及面宽的纠纷，家家户户必须有一主事者到场。开讲前，由茶铺老板为每人沏上一盅盖碗茶，村长讲清事由，双方开讲。茶铺讲理像现代的辩论会，原被告双方唇枪舌剑、针锋相对进行辩论，评判者则凝神静听。评判的标准是中国传统的伦理道德与乡规民约。俗话说"有理走遍天下，无理寸步难行"。道理越辩越明，街坊邻居根据辩论双方的日常表现和讲理情况仗义执言。最后主事者与村老听取众人意见做出裁决。输理方按规则开销所有到场者的茶钱，以示薄惩。情节严重者要罚其为村学打制若干桌椅板凳，或若干香油用于茶铺点灯，因为作为讲理地点的茶铺属于公茶铺，是村中公众活动的地点。当然经济惩罚是量事主的财力而定的。对于个别横蛮不讲理引起公愤的人，甚至有"隔烟断火"的惩罚，即全村每户要凑一个土基把事主的大门封了，意思是将其扫地出门、开除村籍。这时事主如果自己动手拆除土基、打开屋门，村中一些年轻人会打将上来，将其撵出村寨。到了这种份上，这个惹事的主儿只有两种选择，或认错认罚，或卷铺盖走人。

比较起"打官司"的代价，茶铺讲理要小得多，且公开公平公正，农民看得见摸得着信得过，这是老古代传下来的规则。

8. 山茅野菜度饥荒

月有阴晴圆缺，人有旦夕祸福。对付天灾人祸，度荒活命是生存的本能，也是重要的生活技巧。这时，人们采摘水边沟头的野菜如荠菜、水芹菜、灰条菜、蛤蟆叶，山冈高坡的花如核桃花、棠梨花、石榴花、木棉花、苦刺花、大白花、金雀花、银雀花，挖掘粘山药、杉松树根，将这些花花草草或和以米面炕成粑粑，或点成豆腐，都可以填饱肚皮救人于危难。那次，与上坝村的王珍凤去她娘家桃园小村，望着家乡的青山她深情地说，困难时期，自己才十多岁，便漫山遍野寻找能吃的野菜、树皮、草根，沟沟坎坎到处印满了她的手印、脚迹。

桃园小村八十余岁老妪用稻草编草墩

9. 土法治病

现在的省坝人，离不开医院、诊所、药店，旧时，许多人一辈子不知道医院的大门朝向何方，不是那时的人不生病，而是看不起医生买不起药。人们用土办法治病。

孩子发痧，大人又是掐后颈又是掐鼻梁，或者用铜板蘸水刮之，非得将脖颈、鼻梁弄到紫黑才罢手。

感冒受寒，将姜、葱、干辣子放在小擂钵内捣蓉，以水吞服。还有人张着嘴让吸大烟之人对嗓子喷上几口烟，疗效极佳。

积食吃伤，用鸡肫皮在锅上炕脆研末吞服。或者由何种食物引起积食，便用何种食物烧煳研末吞服。

疟疾俗称打摆子，得了此病通常让患者昏睡数日令其自然痊愈，如若不起作用，再用洋草果叶（桉树叶）泡茶喝。

拉肚子，用蛤蟆叶、地豇豆、五叶草煮水喝。

土法治病，小病有效，大病却是越拖越重。当时城乡的平均寿命仅四五十岁，高寿七十纯属稀罕，村中高寿者去世，族人将其棺材架在两张条凳上，有的让孙辈从棺下钻过，有的将怀抱的孩子从棺两边传递甚至绕棺材三匝，叫"过老人棺"，还有的在抬棺出殡时让孙辈跪在路中，棺材越过其身，称"过棺"，取"过关"谐音。如此这般，后辈似乎就可以沾死者的福气，少病少灾，没有磨难。当然，这只是一种无奈的精神寄托。

10. 精屁股抬棺材

一百多年前，省坝遭受过一次瘟疫袭击，昆明城从城门洞抬出的棺木日见增多，丁口锐减，人人恐慌。东郊金殿村是彝族村，人们用尽土法，并且虔诚敬神，都不能幸免于难。家家门前用暴石灰撒出两条白线，再用红纸剪出两把剪刀，贴在两扇门上，旁边还有红葫芦。下午三时多，人们就关门闭户，不敢出屋。然而，还是不能阻止死神的脚步，眼见小小的村子丁口越来越少，人们一筹莫展。有一户老两口，头晚老奶死去，老倌进城买回薄木棺材，未及下葬，自己又死，村中有不屈命运者提议，干脆将两人摞在一起，同棺抬埋，人们乘黑夜出殡，男人与女人将衣裤脱了放在棺材之上，众人赤条条为老两口送葬，意思是让恶鬼害羞远离。此术于阴阳风水称厌胜术，其他村子的民众知道后，也照此办理。从此省坝流传故事："精屁股抬棺材，磣（chěn 羞）死鬼。"此等惨象，如果上苍有知，一定会伤心落泪。人们用自己的坚韧，熬过了这场灾难，后来，瘟疫慢慢离开省坝。

2006年春节期间，笔者在云南江川采风拍摄的"出殡"场景。亡者为八十岁老人。抬埋时儿孙辈"跪送"出村，一表示孝道，二沾老人福气，以"过棺"的谐音"过关"，祈祷儿孙来日顺利

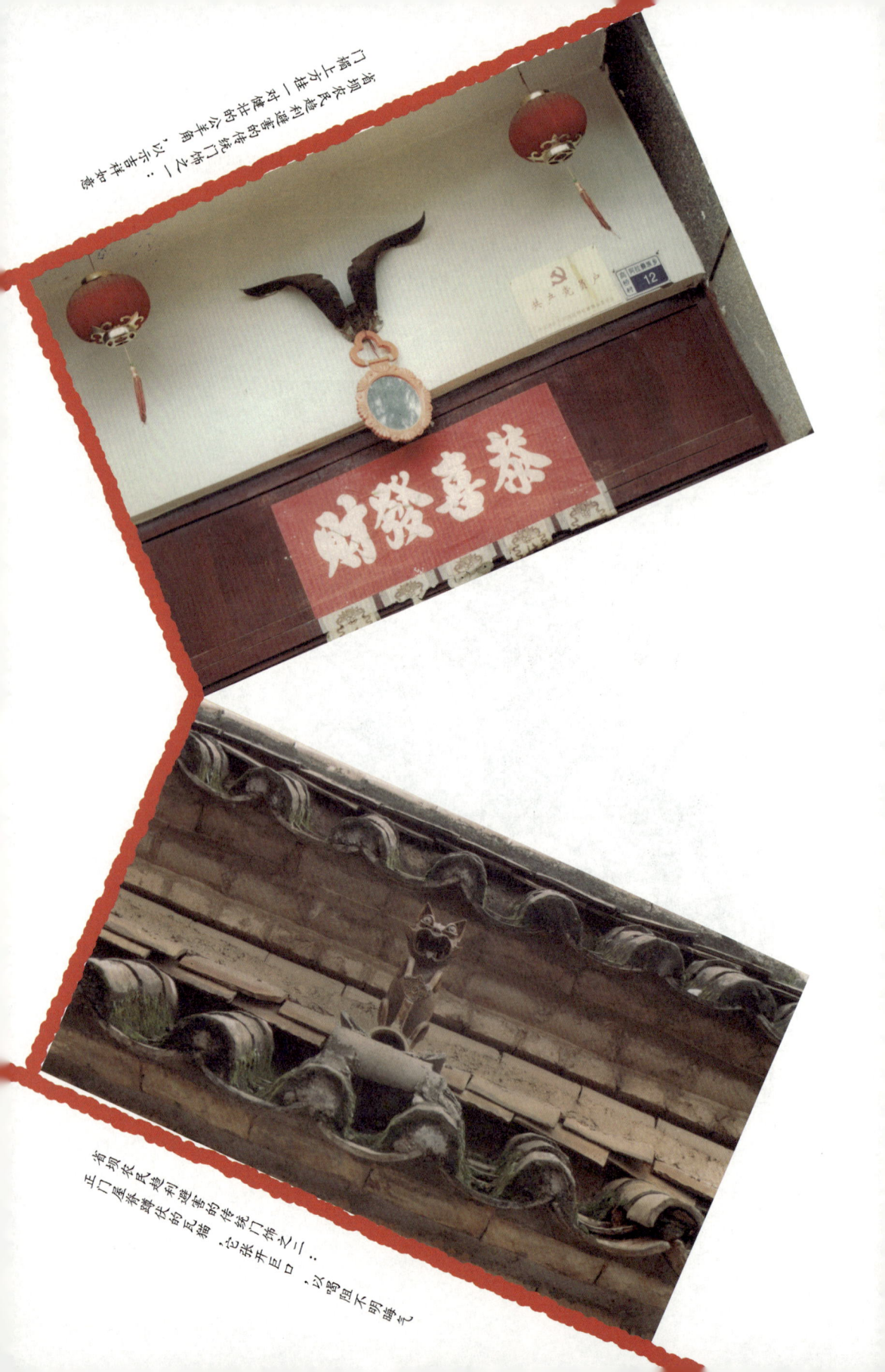

有坝农民挂利达在堂屋正门上方的一对建壮的牛角，这是公奉南公角传统门饰之一，以示吉祥如意。

有坝农民挂利达在正门屋脊伏的瓦猫，它是公奉南公角传统门饰之二，张开巨口，以喝阻不明晦气。

古堰镇城门遗迹。城门上贴有门神，新年贴门神：三国演义中的关羽、张飞，是民间传说中的神话人物。

古堰镇农民住居的石门楼：日久天长，长年累月，风吹雨淋，石门楼上长有仙人掌等小植物。

11. 欢乐颂

人们在苦难与幸福、痛苦与欢乐的轮回中过日子。省坝有的是坦荡乐观之人，他们偏偏要用歌声面对这忧愁多于欢笑的日子。

此地有剧名花灯，是农民的戏，已流传数百年。一块手帕、一根小棍，脸上擦的胭脂未泅开，头发还有灶灰，就可以"咿咿呀呀"唱起来，前扭后摆跳起来。花灯曲词简单直白，内容接近生活，都是农民熟悉的东西，与昆明人的性格及方言相近。

据徐嘉瑞《云南农村戏曲史》考证，云南农村戏曲是民间流行顺口可歌的村坊小曲，它起于明代，"在北则始于边关词，盖因明时远戍西边之人所唱"。唐有诗、宋有词、元有曲、明有小曲"打枣竿""桂枝花""金钮丝"等。

花灯以其土、俗，在旧社会为文人士大夫看轻，向有花灯不入城的传统。徐先生却热情讴歌这属于泥土与农民的剧种，他说：云南农村戏曲花灯，就是这一类的东西（生活在民间的为士大夫们所看不起的平民文学）。并且是土戏中的土戏——较京腔、秦腔而言。越俗的越近于真，可以说越土越好，因为其中有真的生活、真的性情。

花灯小曲属于花部诸腔，花部诸腔又总名乱弹，且看瞿秋白先生是怎样评论这些土俗的民间小曲，他在《乱弹及其他》中说：在同光之世，我们就渐渐地听见那昆曲的笙笛声，离得远了、远了，一直到差不多听不见。而"不登大雅之堂的"乱弹皮簧，居然登上了大雅之堂。……这本来是草台班上的东西。高高的戏台搭在旷场上，四周是没遮拦的，不但锣鼓要喧天，而且歌曲也要直着嗓子地叫，才配得上"乱弹"的别名，敌得过台底下的打架相骂和吵闹，满腿牛屎满背汗的奴隶们，仰着头张着嘴看着台上。歌词文雅不得，也用不着文雅。

我与你说说让徐嘉瑞与瞿秋白先生如此热情评说的花戏小曲乱弹中省坝的两个戏迷吧。

呈贡可乐村的李永福，已有70多岁，长着瓜子脸。四五十年前他唱花灯扮女装，人称小翠花、大美女。花灯得家传已有若干代，清末民初呈贡花灯的总师傅李佰仲，他称老爹，即爷爷。都说花戏不进城，可总师傅被唐继尧请到省城唱"三怕婆""马前泼水"，是有故事有情节的"一条纲"戏。好个李佰仲，凭记忆加临场发挥，受到唐大都督的赞赏。父亲李发新从 30 多岁唱到老，除了干农活就是唱戏。或者在搭起的四面透风的戏台上唱，或者在群众围观形成的圈子叫马碾糠场子上唱，骑着马到澄江、晋宁县去唱。李永福在"文化大革命"期间带过 12 个女徒，在乡上唱县城演，还到云南广播台录了音。现在他的徒弟从小儿到老奶奶有三四十人之多。2002 年，他得到了省文化厅、省民委颁发的"云南省民族民间音乐师"证书。

在他经营的村头小卖部，他"咿咿呀呀"拉开了二胡，为我与呈贡县文化局干部李志明、艾如茂唱了一个他自编的新花灯《江东桥》：

老汉我家住江东桥
离着小街子一小截儿
街子上我坐着小位儿
摆着三只小背篮儿
装着茄子毛瓜大葱豌豆尖儿
还有红皮小山药儿
这些年我赚了几万元钱儿
生活过得顶呱呱儿
我穿着西装不会打领结儿
裤子不会打皱褶儿
我带着金丝眼镜儿
我戴的金戒箍有一两二
脖子上挎着金链链儿
老倌我爱吃胡炒豆儿
老倌我爱吃豆腐脑儿
老倌我咂烟叭叭叭儿

143

烟杆头是金檀玉嘴董棕杆儿
吃饭用的是牙骨筷儿
舀饭用的是沉香木雕的匙儿
人人喊我烂酒罐儿
瑞士手表嚓儿嚓儿嚓儿
老汉我拉咭咭咯咯儿（二胡）
老汉还会吹呜里呜里拉儿（唢呐）
今天约着新讨的老伴
去到城里吃碗酸辣米线儿

随着二胡声的戛然而止，一个改革开放后富裕起来，爱享受、爱摆谱的省坝新老倌形象活灵活现地呈现在我们面前。

瓦窑村的刘凤堂也是一个对花灯极为痴迷的人，他是民国时期昆明求实中学的学生，可算得上是农村的老知识分子，今年79岁。花灯也有家传，他老爹叫赵国良，家境拮据，唱花灯却乐此不疲。一次，媳妇坐在屋里，他戏瘾大发，将她叫了起来，两人一个拿手巾，一个拿火扇（灶膛扇风之用具），从灶门前崴花灯直崴到场坝心，惹得街坊邻居围观嬉笑。都说，过日子要仿（方言，即学、像之意）赵国良，有吃无吃随时笑里欢天。

父亲招赘上门，姓了刘，他一个大字不识，二十几场花灯的念白唱段却场场记得，识字之人倒要他来提醒。

村中有个戏班叫"瓦窑村太平花灯组"，在龙泉坝小有名气。上坝村每年要换一次村管事叫"替管事"，算算账，请村老吃顿饭，把太平花灯组请了去，给大家演出热闹几晚上。

1946年，宝云乡文艺组要去邵甸坝子演出，文艺组主要演员由瓦窑村与大波村组成，演出的戏曲服装不足，刘凤堂四处奔走，找人借凑，借不到，买服装的钱也没有，他将村西窑货路上一丘祖田，叫小船田，面积有一亩七分的田契做了抵押，借款买服装，按规矩，到期还不出借款，田地就是别人的了。从年轻时起，刘凤堂为了花灯可以拿祖业冒险。

中华人民共和国成立后，他演的许多剧本配合了当时的中心工作。20世纪50年代，要成立互助组，龙泉区派了一个工作组到宝云乡做农民的宣传工作，苦口婆心说了半个月，收效不大。他与吴佩兰主演农民作家李茂荣创作的花灯剧《两亲家》，在龙头街老街子的米场心演出，观众有七八千人之多，当时没有扩音设备，全靠剧本与演员的功底。台上一张水车吱吱呀呀地拉着，舞台一边是饰互助组的人有说有笑干着农活，另一边是刘凤堂饰的不肯入社的角儿一人在车水，孤独劳累，这时由吴佩兰饰的女儿一手拿着三四片川烟，一手拎着小提箩送饭来，女儿很孝顺，盛了饭递给父亲，说烟叶也买来了，你望望，你一人太吃力了，叫你入社你不入，说着，心痛地淌下眼泪，主人公也淌泪了，场景很是感人。本地无鼓掌的习惯，演出精彩就鸦雀无声，演得不好就吵吵嚷嚷，这时观众静悄悄的。工作组的成员也在看戏，他们鼓起掌，大声喊"好"，一引头，群众也哗地鼓起掌来。此剧在当地引起了轰动。第二天，工作组到各村继续宣传，群众说，不消你们说了，昨晚看了花灯，我们要入（互助组），想通了。区委书记赵庆说，哈，我们做了半个月的工作，不如他们演一晚上的花灯，就给群众的工作做通了。要给他们两文钱买胭脂花粉，巡回演出。后来，就从上坝、雨树村、上庄、右营、岗头村直演到波罗村。

刘凤堂长着一张国字脸，唱花灯扮相好，唱功也好。粉碎"四人帮"以后，花灯组演出了《十五贯》，他演况钟，杨全饰娄阿鼠。杨全的板凳功特别好，从邵甸、小河直演到关上老戏院，一连演了二十多场。有人说，这哪里是业余剧团，这种阵容分明是专业的。

刘凤堂是个不信鬼神、乐观豁达之人。2001年3月25日晚上，他做了个梦，梦见自己的母亲对老岳母说：三月二十五，刘凤堂75岁，也不在了（死了），这两天天气热了，搁在家中摆不住，要赶紧抬。他惊醒过来，开了灯，记了日子，算算想想，三月二十五正是他75岁的生日，母亲是1980年去世的，岳母1983年去世，梦中两个隔世之人居然

◉ 消失的阡陌

在张罗他的丧事。干脆冲一冲,自己是搞创作的,贵在创新,整一个"活人追悼会",像演小品一样。

半个月后,"刘凤堂遗体告别仪式"正式举行。他为自己写了挽联:"一世纯朴厚道笑貌常存,艺友挥泪湿大地;终身勤劳好学音容久驻,永留清白在人间"。他请好友杨增光主持仪式。那边人们在哀乐声中一鞠躬二鞠躬三鞠躬,儿女好友七八人发言追悼,讲到主人公的种种好处,伤心抹泪;这边被追悼者端坐一旁,人生的最后一幕被他冷峻地收入眼底。

村人评论说,奇怪了,从前有人做活五七,要请多少念经的来,为自己祈寿,他这个人活着追悼会都开了,没听说过。过了一两年,人们又说,追悼会开了,人还活得七灵八跳的,看着还年轻呢。

瓦窑村花灯迷刘凤堂(歌者)

好个刘凤堂,这个可能会令许多人疑虑、恐惧、折腾甚至折寿的噩梦,他却用小品闹剧,一笑而释之。并且,自此,他沉迷于花灯创作一发而不可收:歌舞《盘龙江情思》、表演唱《昆明老医生》、花灯剧《八斤孝母》，前后被农村从事文化产业的老板拿了去拍成影碟推向市场。

这不过就是一块数百平方公里的山间小坝子，在中国、在云南，这样的地块数不胜数。然而，对省坝之人，这是他们的唯一。他们在这块土地上生，在这块土地上死；在这块土地上笑，在这块土地上哭。这里埋着他们的先人，立着他们的祖宅；这里有他们脚印摞脚印、汗水浸汗水盘整的田地，有移山填海、建闸坝、修涵洞、岁修、赶水的江河。他们知道哪个岩子有一窝野蜂，哪个土堆有一塘鸡枞，哪个刺丛有一蓬锁莓，哪个水洞可以摸到泼剌剌作响的金线鱼。这是一块与他们生死与共的土地。

这就是省坝人称作"家乡宝"的故土情结，天下农人都有这种情结。因此，我又把省坝农民称作"恋土族"。

不会说话的伙伴

远古，牛是野生动物，它们饿了，到南山坡食草；渴了，去沟底塘饮水；痒了，在硝泥塘泡澡，滇朴树擦痒；困了，大树下草窝边随处打发。为了繁衍与生存，它们用有力的犄角与同类相争，与虎豹相斗。

考古证明，7000年前，牛结束了这种自由自在的生存状态，它被圈入人的社会，成为肉牛、斗牛及役牛。黄帝坐牛拉的车，周天子时牛耕田。群雄并起的春秋战国，牛使用铁制犁铧深耕，人才有了更多可以咀嚼的东西，因此步入了可以傲视天下的秦始皇大一统时代。

战国至西汉时，地处西南夷的滇国，牛的形象被镌刻勾画在青铜铸造的扣饰、铜鼓、储贝器上，它的作用是祭祀、食用、交换、贡品及战利品，滇地牛耕始于东汉初……

农耕时代，牛与人肩并肩，它们耕耘、拉车、碾场、制作窑泥，使尽牛马力，也得到人的喜爱、尊重以及酬谢。它是农耕社会的重要成员，农人视它为不会说话的伙伴。

老人与牛

省坝龙头街，有个老人，名尚文宽，五六十年前，他开着榨油坊，雇用了四个师傅，养两头水牛。人掌控着技术与过程，牛做着最出力的活儿。榨房内有大碾槽，碾槽上口宽60厘米，下口宽30多厘米，其中的石碾砣高2.5米，厚40厘米，重约1.6吨。人们将炒过的油菜籽均匀

江川李家山古滇国出土文物,头戴英雄结的人正在饲牛,当时,人们还未学会穿牛鼻绳,一根粗的大约是麻制缰绳系于牛角,牛乖乖地舔着一团食物,可能是盐

这头逼真的雄性铜牛,出自两千年前古滇艺术家之手,它一直孤零零地陪伴着古滇国贵族亡灵,直至21世纪初,一缕阳光射进昆明羊甫头古墓

倒入槽内，一声令下，牛拉着石碾砣绕轴心做圆周运动，一步一步，每步似有千钧之力，无数步之后，人将碾细的油面倒入甑子，直蒸至水滴下，再将蒸透的油面踩成26个油饼，装入栎木制成的榨内，逐块加入木楔，用20公斤重的雷公锤击打木楔，三楔时油滴，五六楔时，菜籽中渗出的油哗哗直淌。然后，进入第二榨，第三榨。牛拉二道油饼时，菜籽内的油多半已经被提取，油面黏稠，碾砣极为沉重，没有经验的牛会因为使猛力而摔掉牙齿。三道油饼更为沉重，牛团紧身子，攒足力气，用韧劲拉动石砣后慢慢行进，牛足的八字脚绷得很开。

两头水牛，一头碾上午，一头碾下午，一天加工四榨，每榨100多公斤的菜籽，四榨共出油132公斤。头榨称头油，质量上乘，二榨称烧油，质量稍差。菜油供给当地人，还装入羊皮口袋，由驮马拉到昆明小东门外灵光街洪发油坊，卖给城里人。

老人精心伺候为他挣钱养家的黑水牛。干完活儿的牛歇息透后，主人拉它到村后金汁河饮水，用稻草为它擦洗身子、清洗口腔。家中有人拌好半箩豆糠守候着，牛吃料时，糠的表面撒上用水发过的干蚕豆，吃完一层又撒一层，两头牛一天的精料是十多公斤干蚕豆。每月三四次给牛加餐的是鸡蛋，喂蛋时，一人将牛头轻托使其仰起，另一人一手轻拉牛舌，一手将两个鸡蛋捏碎后连壳塞入牛喉，两头牛一次喂十五六个鸡蛋。

为了防寒湿，每月喂一次姜糖，将生姜与红糖在盐碓内捣成蓉后，一手拉牛舌，一手抓姜糖塞入牛喉，每次塞上两三把。

冬腊月间，为了给牛增加热量，老人命人用腌肉熬稀饭喂牛，并烧热水为它们擦洗牛脚，用麻袋片热敷牛膝。

牛活到十五六岁后，渐入老境，胃口与体力都有衰退，尚老人安排牛减半劳动，每天还加喂两三公斤饭团。

每晚，他要照看牛几次，加料添水。有时叫孙子小寿看顾，他在屋里问，牛是站着还是睡着，说睡着；问牛鼻是干的还是湿的，说湿的有露珠；问牛嘴是不是动着，说动着（反刍），他才放心。

牛老死后，尚老人会郑重其事地埋葬它们。天将黑时，他雇来马车，请人抬出牛尸，拉到严家山，让人为牛剥皮。老话说，牛死剥皮，来世可托生为人，否则，还是牛。那次剥皮后的牛是伏着睡觉的姿态，老人在坑中垫上许多草席，挥手叫人埋土。后来的几天，他天天要去坟上瞧瞧，唯恐被贪心之人动着。有时，坐在坟边，想着牛的种种好处，伤心地落下泪来。

尚文宽在旧社会称得上楷模。他经营有道，家中除了油碾坊，还开着"新民商店"，有五辆马车，家底丰厚，人称大老板，他却自奉节俭，每次到洪发油坊公干，他穿着草鞋走五六公里路，途中在大白庙村旁水沟洗了脚，换上布鞋，周周正正去见合作伙伴罗二爷。对穷苦人，他有着深深的怜悯，每年年关，他雇马车派人到七八公里外的马街买来草席，在店堂内用大簸箕装上几口袋米，发给无家可归者一人一床席子，小二角米（1斤），两小提香油（2两）。他也热心公益，街子天，随时备着沙药、万金油、八卦丹等治疗常见病的药，以备不时之需，称"赐药"，并在店铺门前放着铜壶、木桶，备上凉白开与洁净水，旁边摆放着干干净净的瓷碗与口缸，行人可以随时免费饮用。街场心有天灯庙，内供小佛像，灯油完全由他负责，人说一月起码用三四公斤菜油。

这样的老人自然有威信，他是村中专为乡里解决民事纠纷的"老人茶铺"中的主裁。一些为琐事闹得面红耳赤的人总爱听听他的公道话。

对于不会说话的牲口，尚且有如此的爱心，何况人呢？

尚文宽殁于1980年，享年74岁。他的长孙尚友仁，小名"小寿"者，多次眷恋地回忆"老爹"（爷爷），让我记住了这个会为牛掬泪的人。

龙头街开油碾坊的老板尚文宽（坐于自鸣钟右侧者）一家，摄于民国时期。他爱人，也爱牛，会为老死的役牛举行葬礼：剥皮掩埋，祈祷它来世做人

尚文宽喜爱的长孙尚友仁，小名"小寿"。在祖父老屋回忆老爹（祖父）生前的温馨时光，百感交集，动情时声有颤音，眼有泪光

雨下到哪里　牛犁到哪里

人，一年忙到头；牛，也一年忙到头。不同的是，牛干的是农村最重的活儿。

正月十五，一阵关门鞭炮炸响，表示年过完，云南称此为"小年"，贵州称"了年"，意思是年结束了。人们将新衣折叠，放入衣柜；将闲置于墙角的犁头取出，给牛套上牛轭，省坝人称为"牛得"。牛一年的劳作开始了。正月翻犁一发田，农人称一年只能种一季的田为一发田，一般为水田。二月翻犁秧田。三四月做秧田撒秧，翻犁豆田、麦田以备栽秧，还要将新收上场的蚕豆秸碾出豆与糠。五六月耙田栽秧，此地称驶田，亦称使田。牛拉着犁耙在泥浆水面疏扒，人站在木耙上，像船只在水上行驶，称驶田倒也形象贴切。七月翻犁秧田。八月翻犁旱地种小春。九十月大田进入秋种高潮，翻犁田地更忙。冬腊两月翻犁闲山地，以备栽种洋芋，之后又要翻犁冬水田和一发田。

省坝土重，惯用双牛犁田，史称"二牛抬杠"。两头牛用一根木杠连接在一起，拉一张犁。双牛犁田又称一驾牛，操作时一人牵牛索吆牛，一人扶犁，农人说，从技术操作上，吆牛的比扶犁的要求更高。两头牛也不是平均使力，靠近吆牛者的牛称面牛，在力量与技术上均以它为主，起方向盘与定盘心的作用；另一牛称后牛，它是面牛的助手，起辅助作用。家住西山区过水洞梁梁的肖朝贵告诉我，牛成器，力大，一人使一牛；人成熟，健壮，一人使两牛。但通常，都是二人使二牛。这里，"使"是驾驭的意思。

栽秧田需要两犁两耙，犁一次，耙下去；再犁一次，再耙下去。但也因土质的不同而有变数：波罗村水冷草枯，是胶黏土，很费力，需要耙两三次；东庄是鸡粪土，松软，犁耙一次就可以。牛耕田专心致志，心无旁骛，农人吆着它们先从外围犁到中间，留沟，称开山犁，又叫内翻；再从中间犁到外面，沟合拢，分出垄，称合山犁，又叫外翻。牛老实听话,是因为主人使唤着它,换个陌生人则未必肯听,我经历过一次。20世纪70年代初,大学毕业生必须先到基层锻炼,我们北京大学五个毕业生被分配到贵州省安龙县。这个县在历史上有点名气,曾做过明末流亡的永历皇帝朱由榔的行宫,五洞桥埋葬着三个小王子的遗骸,城关镇有十八学士墓。这里是清末民初被称为"五省公"袁祖铭与辛亥革命元老王宪章的家乡。随后我们又被安排到离城不远的招提公社三洞桥生产队,与勤劳质朴的贵州农民一起"躬耕"了两年。刚到农村时,什么都新鲜,见农民耕田,我便上前去试了一把,扶着犁学着腔跨着大步跟牛走。耕牛听着我的上海腔普通话,心中一定大为诧异,它假模假式,时时勾头偷觑,劲松了步子也缓了,犁田农民见状,吆喝几声,提醒它不要耍滑,主人就在身后,旁观之人笑了起来。我暗叹牛的聪明。

耕牛的大忙季节在春耕,其他时候,劳力强、耕作细的农人会用人力挖地,每年冬播前,金刀营的人就瞧不上牛耕,认为牛耕犁不透,十犁九昂(昂,高抬,犁不透),人挖可以深至35厘米,牛犁只有25厘米,加之此地也是鸡粪土,人力挖地不是太累,一些人就抢着大板锄细心地侍弄泥土,三天挖一亩,老人说锄头口上有黄金,人工锄挖的田地收成更好。但是栽种季节就不同了,泥水混合的大田无牛力难以耕耙,节令又不等人,因此,每年农历四、五两个月,是耕牛大显身手之时。牛主将自家的田地早早犁完,吆着牛、扛着犁外出卖"牛工"。过去省坝靠山近海(滇池)的村子才养牛,因此农忙季节卖"牛工"或"换工"很普遍。岗头村养着五十多头牛,牛主吆着牛到廖家庙、张官营、大小厂村使田。远处的牛户甚至在大树三营、东庄附近安营扎寨。牛工价格因时而变。据大波村86岁的苏赵讲他年轻时的工价,当时挣的是银子小板,一人一日得一个工时,一牛一日得两个工时,一驾牛两人两牛就得六个工时,犁三至四亩田,一天挣三个小板,买得3升米,即15公斤。20世纪80年代,一驾牛耕田一亩工价十多元人民币,现在涨到100多元。西山区过水洞梁梁的肖朝贵为陡坡村的人耕田,除了报酬,主家供一日三餐,还给男人发一包烟,很是周全。东庄春耕时用亲朋好友的

桃园小村人、牛犁田。云南土重，素用双牛犁田，前人称"二牛抬杠"，此地农人称"一驾牛"，将那根两牛抬着的"杠"称"担"。图右靠近吆牛者的牛称"面牛"，是犁耕主角、出力大；左侧为"后牛"，起辅助作用

富民宽家冲农人使一驾牛翻犁山地

牛或到金汁河状元楼站工桥雇牛工。下河埂、麻线营、鲁旗营、头角营等村就近使用波罗村的牛。牛耕换工多半是栽秧工，一驾牛使一天田可以换到10个栽秧工。

省坝水田多，牛户养的都是水牛。水牛喜水，那硕大的身子，壮实的八字脚，在水田中迈步很是沉稳，只要草料营养跟上，整天干活都耐得住。如果让其在旱地里耕作，干不了多久就吭哧吭哧地喘息，舌头伸得老长，非要下水歇息不可。在路南圭山大糯黑村，没有水田，农民养的是清一色的黄牛，清晨，男人赶着牛，女人与种子在车上，来到地里。男人吆牛犁地，女人跟在后面播种，没有焦躁、没有忙乱，一种悠然的农耕生活，似乎还有当年陶渊明的"采菊东篱下，悠然见南山"的意境。这里用的也是一驾牛，户户养着两头牛。农民说，没有牛，种不成庄稼。

省坝西面有眠犬山，现称眠山，山像卧狗，头在南尾在北，山侧是昭宗村，也是彝族聚居地，过去田地不少。据村老回忆，每年大春栽插，互相换工，主家煮上一顿中午饭，一二十人在田坝忙碌，犁的犁、栽的栽，尤其在下雨天，雨下到哪里，牛就犁到哪里，手疾眼快的人也栽到哪里，十分热闹。

滇中传统以马代步及运物。省坝农民上肥、拖庄稼，百分之八十用马车拉，无马时用人挑，近水则船运。有些物件却非牛车不可。大波村曾经有几十辆牛车，用于运石料，匠人在祖山用钻子打洞，将炸药塞入石洞炸出裂缝，再用钢钎撬开，打五面石及柱蹬石，前者买个数，后者论尺寸。一张牛车拉150公斤左右，用于修河架桥建屋。东郊狗饭田村（今和平村）也有上百辆牛车，抗战时期有包工者专为昆明巫家坝飞机场运送石料。

滇南盛产甘蔗、红糖、粮食，货物体大力沉，20世纪50年代以前，盛行牛拉车。沙甸是回族村寨，农民勤于耕作，精于经商，盛时有300多辆牛车，其中黄牛占90%以上，此地距开远、个旧、蒙自三个重镇各有20多公里，滇越铁路近在村旁，是交通要道。农人以农为主，经商为辅。每至农闲，各家牛车搭帮而行，一帮多至上百辆。牛主为头牛精心

耙田在水中进行，是为了把泥块弄碎。多数稻田需双犁双耙

歇息。趴在水中的是"面牛"，它出力大、流汗多

打扮，它的头上戴着花笼头、佩着小镜子、饰着璎珞，脖子上系铜制中铃和3个"拱东"，"拱东"也是铃，稍小一些，主人吆着口令：走（走），肥（往左），拉（往右），咻（快点），站（停）。木制的车轮发出有节奏的吱呀声，牛帮延至数里长，此等情状、气势，比马帮还威风。

拉车的牛，自小开始调教，从一岁、两岁、三岁就不断训练。训练时，一个人一手拉其笼头，一手拉鼻索，另一人驾车，先拉空车，一周以后就可以试着跟趟。牛与人一样，因个体不同而有差异，有的天性聪慧，农人说它们巧，学得快，还会避开路中之石。有的性格好，五六个小时负重行走，乏味单调却有板有眼，方寸不乱，从始至终遵守交通规则顺着右侧走。有的却不甘寂寞，脾气一来就在路上横行或干脆要赖不走。但是，牛帮的头牛必定是又巧又乖的牛，它们就像人中首领一样，长得既有风度又有气质，走得快而稳，且与人配合极好，当它带领着牛们将数十吨的红糖、甘蔗运至个旧，又拉着货物回到沙甸，受到人们的赞赏、主人的爱抚时，不知它心中有无成就感。

在没有机器的时代，人们吃的粮食、油，牲口消耗的糠，大多是牛马碾。碾米、碾菜籽在碾槽内进行，由牛碾出的米称旱碾米，这是相对于水力碾米而言。碾豆、碾糠在晒场进行，叫碾场。马拉的石碾较小，长80多厘米，高50多厘米，重150公斤；牛拉的石碾较大，长约1米，高70多厘米，重300多公斤。有时为了增大附着面，用长2米、高40多厘米的木碾砣。操作方式有三种：一种是在场坝中心打桩，桩上拴着一根竹竿，竹竿另一端系在牛马笼头上，这是做相对固定的圆周运动。一种是由人牵着牲口走场。还有一种是让牲口自己走，这要听话的牲口才行。

碾场上，尘土碎屑飞扬，为了保护牲口眼睛，有时会给它们戴上眼罩。为了防止牛马乱吃粮食，以至于撑出病来，必须在嘴部套上套口。

牛活儿中最重的是踩窑泥，这是制作砖瓦、陶瓷最基础的一步，人们在泥塘中先配好泥，在上坝村，制砖的比例是黏土7成，红土1成，沙2成；制瓦为黏土8成，沙2成；制花盆为黏土6成，散黏土2成，沙2成。再配以适量的水。各地因土质不同而略有变化。两头水牛被拉

双龙乡旧关的牛车。此地原是古驿道上的关卡，距昆明二十余公里

同心协力农忙去。三人两牛，那头大牛要顶两个壮劳力，小牛大约是跟着牛妈妈"见习"

清水河村的窑场，在人的驱使下狠力踩窑泥的水牛，它的嘴、鼻、角糊了许多灰白色的土，成了"花脸猫"

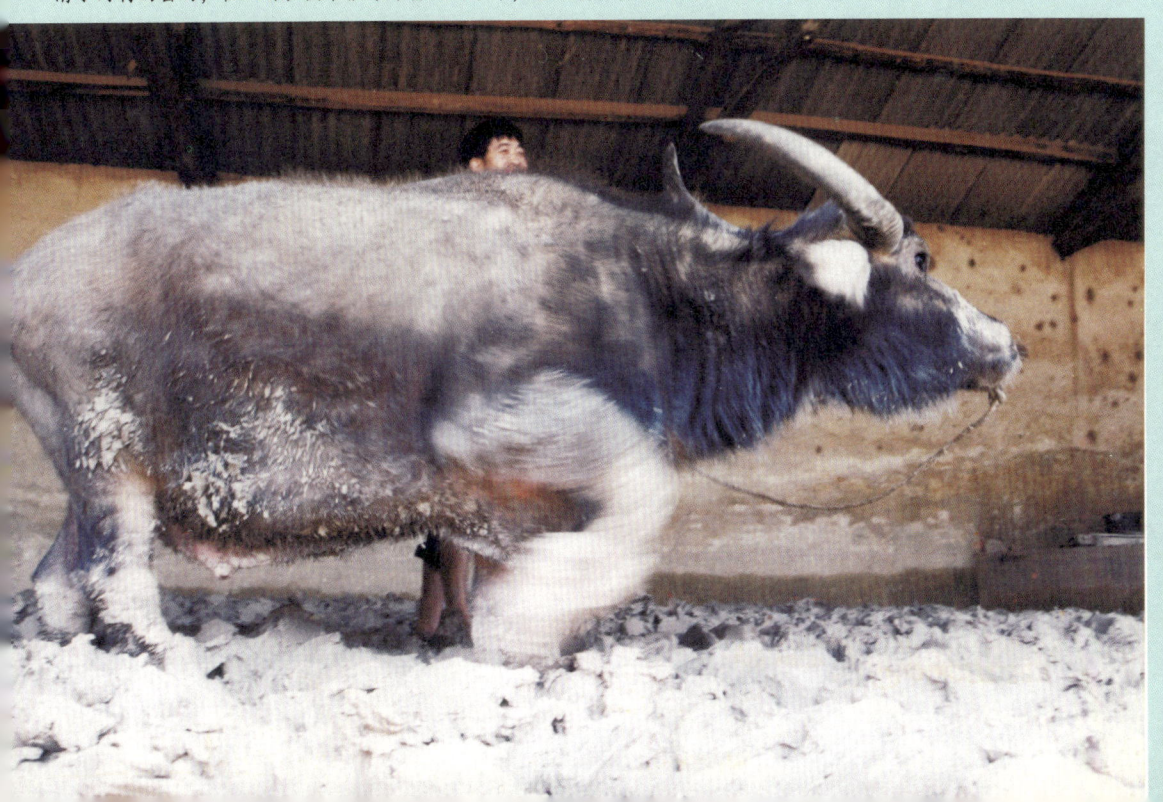

●◎ 消失的阡陌

入泥塘，在人的驱赶下开始艰难地跋涉。当窑泥混合得较均匀时，是牛最累的时候，在50厘米深的稠泥中，牛脚拔出时发出扑通的声音，农人说，牛脚上的毛被拔掉，连骨髓油都会踩出。

范品祥做过全套窑上的活儿，他说，一塘泥要踩快、踩匀，人要帮牛，踩上20多分钟后让牛休息，人拿着弓弦把突出的泥块刮了砸到牛踩过的脚印内，将泥塘大致弄平后由牛再踩，20多分钟后又搞平。牛很聪明，由着它就专踩自己的脚印，这里泥层薄，踩着轻松。人不动手，一塘泥9天都搞不熟；人动了手，3天就成。如此沉重的工作，牛一天还要劳作六七个小时。

现在，省坝周边的山地已经用机器制砖，牛踩窑泥几乎绝迹，在千方百计的打探下，我看到了踩泥的牛，那是在大波村旁的清水河村，这是一家制作腌菜坛的作坊，对泥头要求很高，最后放上泥板待造型的泥团，比人吃的面条、馒头的面团还要细腻。当我看到那头牛时，它正在泥塘拉屎，赶牛人手忙脚乱地抓起塑料桶权做便盆，事后还要将遗落在泥土上的些许牛粪清理干净，否则，烤制出的陶罐只要沾上杂质就是漏水豁风的废品。

看得出，牛很讨厌踩泥的活儿，它的脚步像绑上沙袋的少林寺武僧，是在赶牛人不断的呵斥与驱赶下迈动的，当我与它四目相对时，它的眼光是无奈的，脸上溅着点点灰白色的泥浆，像花脸猫。开始的感觉有点可笑，然而很快，心中就沉甸甸的了。生活中，我对腌菜坛并不生疏，有时兴致一来，腌青菜、萝卜条，到市场上几元钱买一个，脏了偷懒不洗，最后扔掉，毫不可惜，不就是几元钱吗。现代城里人与泥土隔绝，不知人力、畜力、地力的珍贵。所以，无论从文化还是人的自我完善，人要亲近自然，亲近农耕，那个带着粪土气息的原野可以给你真善美。

在我的相机镜头的逼视下，不好意思的人旁有一头无奈的牛

斗牛，是人的娱乐，也是牛的劳作。胜者会为主人赢来荣誉与奖金。（瞿建文供稿）

放排牛

不是所有的农民都养得起牛,它那庞大的躯体中,要塞入多少草料,才能维系生命,转换能量。老人说,牛是一个家当,是农村的主要劳力,最宝贵。20世纪50年代初,评阶级成分时,如家中养着1头牛要抵2个壮劳力。它除了出劳力还是个造肥机。养牛马的要比未养的增收三分之一以上,同样的土地,有牛马的收500斤;无牛马的,只能收300斤。有人这样形容养牛的不易:买牛,用银子买;喂牛要用金子喂。买牛不算,喂牛才算。家中要有三代人才养得住牛,老人晚上给牛添夜草和水,半大娃开春将牛赶到山上田坝吃青草催膘,壮劳力使牛耕田。

省坝牧牛,多数是集体放牧,称"放排牛",是为了节省人力。

清泉村旧时有48户人家,养着19头牛,每家轮流放牧,有1头牛轮放一天,2头牛轮放两天。早上10时左右,放牛的在村中喊"放牛了",主人将圈门打开,晚上6时,喊"关牛了",牛自己回家,门狭窄,牛会偏着头错开牛角进去,木门仍会碰得砰砰地响。岗头村上下两村共有100多头牛,北头放北山,南头放南山,早上九十时,放牛者吆喝"放牛了",各家将牛牵去,下午五六时,北头在老张破箐喊"关牛了",各家去牵牛。波罗村有两种放牛方法,一种是各家自放,一种是凑在一起放,一天放六头到八头,称一排牛,五条巷有五排牛。孩子们包着麦饼,吆着牛到万尖山、小红山、大红箐、马鞍山、小竹营山、白泥箐山放牧,俗话说"牛吃腰身草",它是用舌头卷着吃的,草要长到两寸以上的;"马啃地皮光",它是用吻部贴着地皮啃,一寸就可以。哪里草旺就将牛赶到哪里,一处草场吃完,又转去另一处草场。

牧归

棠梨坡农人放排牛归来，农人身后背着棕垫，既可当坐垫，也可挡风遮雨，防潮又保暖。

●○ 消失的阡陌

　　放惯了的牛，到时候不放，全身都会焦躁起来。刘凤堂对我说，早上主人赖床，牛就用犄角敲门，咣当咣当，催着走，主人睡不着了，心想，再不起床，门要倒了。放惯了牛的人，不得牛放时，心中也会寂寞。

　　牛在野外，不仅吃草饱肚腹，还会自己找秘方治皮肤病，驱寄生虫，那就是牛滚塘。它知道哪个泥塘内的微量元素适合自己，在大太阳天，有意无意地接近水塘，到烂泥中打几个滚，然后在阳光下将泥膜晒得待干不干时，在草皮上使劲磨蹭，身上的污垢与虫子随泥块纷纷落下，沐过泥澡的牛顿时变得鲜亮生动起来。

　　一年中，牛有一段时间过着伊甸园的生活，这是在农历正月十五至四月，这时，春草萌发，和风吹拂，山花烂漫，是农忙前健身催膘的日子，也是放牛娃与牛相伴最密切的日子。古人为此作了许多脍炙人口的牧童词，这是其中的一首：

昆明大观公园泥塑：牧牛下江曲，老水牛似乎听懂了小主人的竹笛声，人牛相得甚欢

路南大糯黑村山地多,广种苞谷,秋后,苞谷秸秆堆成高高的草垛,是牛一冬的饲料

朝牧牛,牧牛下江曲。
夜牧牛,牧牛渡村谷。
荷蓑出林春雨细,芦管卧吹莎草绿。
乱插蓬蒿箭满腰,不怕猛虎欺黄犊。

牛在野外自由自在地吃草,还会趁小主人不备,一趟消失得无影无踪,去找自己的心上牛,有的孩子眼看找不到牛,急得哭起来,过了一阵儿,它却不知道从哪里若无其事地钻出来。后来,就有了自己的牛孩子。昭宗村老人说,这种牧牛称养子母牛。

也有真走失的牛,当它独自在山野过夜时,为了保护自己,它将屁股紧贴高坡,防止狡猾的豺狗袭击,因为豺狗会从牛屁股下嘴,掏其内脏。当第二天牛主一家找到牛时,人牛双方的惊喜亲情难以形容,这时牧童抱牛痛哭，不知牛会否流泪。

牛在吃草，放牛娃也不会傻待在一边，尤其是一起放排牛的伙伴。

传说明太祖朱元璋幼年贫穷，替人牧牛时与伙伴扮过皇帝临朝的游戏，自然他当皇帝，后来不慎把他放的小花牛弄伤，干脆一不做二不休，他又指挥众孩杀牛吃肉，还编了个无赖的谎话诓骗地主老财，此事不知是真是假。不过，但凡做了皇帝的，都会生出一些奇异不凡的传闻。以朱元璋坐定皇位后对功臣的无情杀伐，他幼年的做派似有可能。

省坝孩子见识少，放牛时至多为小肚皮打点小主意。俗话说"人无头不走，鸟无头不飞"，在放牛娃中也会有孩子头，他们或是年龄大些，或是头脑灵些。当找到好草场后，牛自顾用它的长舌"嚓嚓"地卷吃嫩草，孩子头指挥张三看牛、李四挖土坑烧粑粑，他带着人去偷挖地头的洋芋回来烧吃。一次，几个孩子在金殿山坡放牛，道观后院的水果长得已近成熟，孩子们想吃又怕道士骂。孩子头想出主意。老道养的一窝猫已到了可以断奶离娘的时候，一个孩子假装买猫与道士讨价还价，另一孩子溜进果园，他将衣服系在裤内，摘了水果就往怀里揣，直塞了四五斤才跑出果园。当然老道的猫没有卖成，几个孩子在山洼大快朵颐的时候，半山传来了老道的骂声。据年幼时在龙门三清阁当过道童的张宗亮老人告诉我，金殿道观末代住持是刘理正，想来做此"山骂"的应是刘道长的弟子。这是距金殿不远的波罗村老人讲述的故事，看他神采飞扬的神态，想来是他童年的亲历：有点恶作剧，也有生命的张力。这是耄耋老人难以忘怀的记忆。

不过，这种事只能偶而为之，更多的时候，孩子们与山上的虫草玩。有一种大甲壳虫叫牛屎公公，也称屎壳郎，它是牛粪的清道夫，喜欢打洞。孩子只要找到有牛粪细粒的小洞，将洞口清理干净，往里冲泡尿，它就撅着屁股拱出来，这时，找上两只健壮的头上长角的公公（雄性），使其相对而立，顽童们捏住它们的屁股，发怒的公公便打斗起来。

头戴山花的美牛

牛与人生活了七千年，耳濡目染，沾了人气，进入了人的文化圈。

古人为我们设计十二生肖，牛是第二个属相，全国一亿多人便属了这种憨厚忠诚的动物。人们相信牛有无穷力量，让它镇水安澜是最佳选择，唐代人在山西黄河蒲津桥铸造了四尊大铁牛、四尊大铁人，牛是雄性黄牛，体长三米多，重六万市斤，合三十吨。铁人重四千市斤，合两吨。后来被淤泥掩埋。1988年，这些庞然大物被挖掘出土。清乾隆皇帝为其母皇太后钮钴禄氏祝寿，建清漪园（后改为颐和园），同时在园内昆明湖畔铸一尊铜牛，现在它还卧在十七孔桥桥头。昆明市盘龙江边也有一尊半卧铜牛，传说它可以用哞哞的叫声预警洪水。史载，同治年间，昆明大水，铜牛鸣叫八声，水涨丈余，城市一片汪洋，街上乘船往来。

昆明市中心盘龙江边的铜牛，腹空，内有孔道通江水，洪水暴涨时激起的声浪会令牛吼叫

有关牛的最富想象力的故事当数牛郎织女的传说,这是人类让一个普通的农耕家庭到太空探险的最早幻想,这个家庭的成员有夫妻孩子,还有一头耕牛。并且故事的主线是以牛来穿插衔接的,因为它是神牛,它为人(牛郎)与神(织女)牵红线做月老使之成为夫妻,因此得罪天庭,被雷击处死,临死前还为牛郎支招如何上天与织女相会。这个故事有许多版本,我曾见过一幅画,画中织女被神掳回天庭,牛郎肩挑两个箩筐大步向天上赶去,筐内一头是金哥,一头是玉妹,两个孩子小手伸向空中哭喊母亲,老牛紧跟在后面。这是对中国农业社会中人与人、人与牛的亲情最生动的描述,读来令人怦然心动。同时也不由我做此联想,人类社会发展到今天,早期的许多神话都成为现实,说不定以后真可以挈儿携女并且牵着耕牛移居太空。

上苍给牛造就了不会笑的脸,但是人的七情六欲,它几乎都有。有关牛通人性的故事,省坝人给我讲了一个又一个。

子君村的人说,本村有瞎子李任受,他与牛马是相知相识的,他骑着牛拉着马到一公里以外的地里干活,牛不会瞎跑。草场有许多牛马在吃草,盲人牵自己的牛不会摸错。

人天天牧牛,牛会生出几多感情,主人要骑而骑不上时,它扑通跪下,让主人抬胯而上。老平家的牛只要主人一拉绳子,它就跪下了。

麦冲人爱给牛起名字,有的牛性子慢,起名"大皮匠";有的牛有点惊乍,名"小惊牛";有的牛角纹清晰,叫"麻线角"。这些牛吃饱了,横卧在草地倒嚼,主人一叫名字,它们就站了起来,将身子转向主人,似乎在问:叫我做哪样。

波罗村的杨金福,服侍牛像服侍祖老爹,从不打牛。几个月的小牛,死了母牛,他喂豆浆将它养大,牛与他情深如父子。他到东,牛跟到东;他到西,牛跟到西。他到昆明正义路百货大楼,牛跟着,他去茶铺,牛也跟着。当然,这是几十年前的事了。

省坝人还说,人掼谷子脱粒不能太干净,否则牛吃稻草会哭;老牛将死,其鸣也哀,它蹬着脚望着主人,似有无限的不舍,眼中泪水大颗滚下。

路南彝族撒尼人刺绣：农家乐。男人荷锄牵牛，女人坐车吆牛，两头黄牛外加一条忠实的狗，这是当地关于三十亩地一头牛，老婆孩子热炕头的理想境界

老子出函谷关修道，骑的是一头青牛

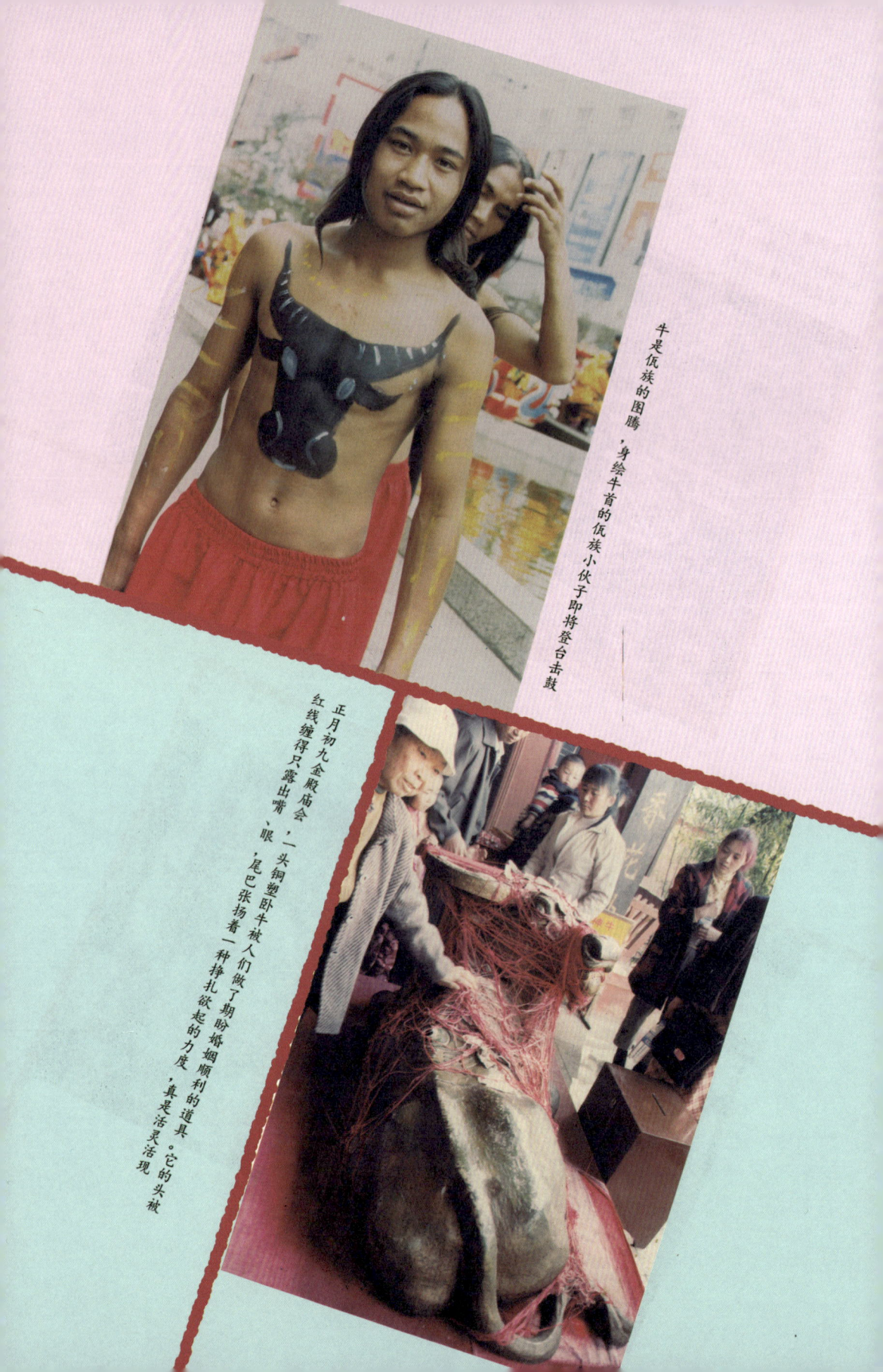

牛是佤族的图腾，身绘牛首的佤族小伙子即将登台击鼓

正月初九金殿庙会，一头铜塑卧牛被人们做了期盼婚姻顺利的道具。它的头被红线缠得只露出嘴、眼，尾巴张扬着一种挣扎欲起的力度，真是活灵活现

还有牛救主的故事。一人在山上放牛，倦卧草地，不知不觉睡着了。野狗过来欲咬人，牛一头抢上来，用四足护住主人，那双牛眼炯炯地瞪着野狗，野狗被吓跑。《呈贡县志》中还有"义牛冢"的记载。说的是明朝末年，三岔村一牧童牧牛，倦卧山麓，虎出欲食，老牛以身相护，与虎搏斗至村民赶来，虎逃，老牛喘息而死，主人痛惜，葬牛于村东，清光绪年间，村民修墓竖碑，镌"义牛冢"。

人为了爱牛、护牛，为它做节。波罗村"七·七"祭牛王，养牛人家做会，吃"牛饭"，买个猪杀了祭牛王菩萨，牛主人去吃饭，还可以把帮工带上。农历六月二十四，彝族的养牛户捐钱捐物，做"牛王会"，向"牛王爷"祈祷保佑耕牛清洁平安。六月二十五日，养牛户三家五家相约着到经常放牛的山上野餐，杀鸡买肉祭奠"山神老爷"，请他保护牲畜清洁平安。

昆明旧有习俗，冬至搓豆麦团进食，农人搓12个比酒盅略大的豆麦团喂耕牛，遇到闰月，则喂13个。这一天，孩子们从野外采来五颜六色的山花扎在牛角上，将它牵到河边照水镜子，让它看看水波粼粼中的自己是何等美丽。

龙王与谷神

人活一世，草活一秋。人的生命所依赖的五谷，都只在数月之内就匆匆完成生命历程。与人的生存相比较，草木对自然的依赖更为密切、直接。稻谷从播种到收获，人们投入的工序有四十多道，然而，要想得到预期收成，还要天公作美，即古人所说的"五风十雨三时顺"，否则，人们所有的力气都会化为乌有。稻谷抽穗后，全靠天时，如果气温太高又不下雨，只要持续半月左右，就起虫陷（方言，一种稻谷的病虫害），被钻心虫所侵害的谷都成空壳，看上去白茫茫一片如芦苇花。稻谷扬花时，如果阴雨绵绵二三十日，所有的谷子至收获季节都不会"顺埂歪"，而是直苗苗地挺着头，因为都是秕谷。

可省坝偏偏灾害多。据有关资料介绍，在1312年至1912年的600年中，省坝遭遇大水灾18次，大旱灾17次，平均每17年遭大灾一次。

康熙五十二年（1713年），癸巳秋月之交，连着几个星期下雨，逐渐上涨的湖水，将省坝的许多房屋与田地淹没。前人作诗叹道："铜（金）牛寺外溺如川，白塔街头好放船，珠（米）贵艰辛烟火寂，吞声无计问皇天。"

乾隆二十九年（1764年），滇池水干涸。气候干旱到令滇池见底了，却不见志书列陈灾情。我想，在这场大旱灾中，昆明城几乎会成为空城，因为没有了饮用水，人们都逃命去了。

发生在清末的一次水灾有了确切的灾情统计。光绪三十一年（1905年）七月初八九，大雨昼夜不止，初十午刻，盘龙江、金汁河同时漫堤，洪水顷刻过房灭顶，昆明东南、西城外十里民房、田亩水深数尺丈余不等。灾情奇重，数万户灾民仓促逃生，伏于城垣及附近高阜无食无栖，悲惨呼号，目不忍睹。金汁河决口18处，损坏工场111个、农户2000余户，淹房3055间，淹倒居民住房575间，部分倒塌933间，死5人，重伤12人，农田受灾14319亩。

在淫威的自然灾害面前，省坝人是多么脆弱。旧时，农人应对天道的不测，除了深挖堰塘高筑河堤，就是潜心敬天礼佛，期望以自己的虔诚感动上苍。我似乎听到了从岁月的老古洞中传来喃喃的诵经声，嗅到了那股若有若无的香烛味。

龙上天

那个蛇的身子，头上长角，嘴上有须，会腾云驾雾的四足动物称龙。一般来说，龙游动在神话与传说中，它不是曾经生活在地球上的活生生的动物。然而，在中国这个东方大国的国土上，它却比任何一种动物学范畴的动物活得更潇洒自在、活泼灵动，它几乎是无处不在的。因为，它曾经做了帝王的化身，农业的保护神。上下五千年，它成为凝聚中华民族精气神的图腾。

1. 龙游动在神话与传说中

龙的传说极多，在尚燕彬、张红梅著的《中国古代神话与传说》中，有三则龙的故事很有意思。第一则《二月二　龙抬头》，龙扮演的角色更像古希腊神话中拯救人类的普罗米修斯。故事说，由于天上的玉帝讨厌人类争权夺利、钩心斗角的恶习，命太白金星向四海龙王传旨：三年滴雨不降。司水的龙领旨后或酣睡于海底或遨游于仙界，天上日日艳阳高照。一批批的人因缺水乏食死去了，活着的人气息奄奄伸手向天祈求，可铁石心肠的玉帝无动于衷。这时，生活在天河中的玉龙看不下去了，它为民请命，说神仙也会犯错，何况人类。玉帝非但不听，还训斥了它。灾难仍在继续，玉龙决定舍身救人，它张开大口吸足天河之水向下界喷去，人们得救了。玉龙受到惩罚，被压在一座大山下。后来，智慧的人们设法救出玉龙，这天是二月二。剃头匠给满头杂草泥土的玉龙好好剃了个头。从此，每年的二月二，女人唱起"二月二，龙抬头，大仓满，小仓流"的歌谣，男人领着儿子去剃"龙头"。

第二则《龙王的来历》，在这个故事中，龙神与道教及人间帝王攀上了关系。传说在五代，富阳县百姓于冬闲时在麓山采石，无意中毁坏了龙居住的石室，众龙怒而发誓：一年不下滴雨。三个月过去了，没有雨露滋润的大地井枯田干，草衰苗死。这时在灵隐寺修炼得道的高人名超的决定拯救人们。他向化作人形前来旁听讲法的龙神大讲道家之法，使龙回心转意。第二天，超请县令在江中放置大船，他在船上高声诵念《海龙王经》，天降下了大雨。这年富阳县雨水充足，农业获得大丰收。自此，历代帝王都设坛祭龙，求龙降下吉雨。宋徽宗时，因天旱祭龙成功，皇帝便诏令天下，封青赤黄白黑五龙神为王爵，专司向人间行云布雨事。

第三则《孔甲的驯龙师》说的却是人们驯养龙的故事。事情发生在夏朝，夏王得到了一雄一雌两条龙，极想将它们驯养成能腾云驾雾的坐骑以便上天遨游，便向天下征召驯龙师，刘累应召而往，说自己的先祖是大名鼎鼎的尧帝，还得到过豢龙氏的真传。夏王喜出望外，封他为"御龙氏"。谁知刘累是个说大话的人，他不久便将雌龙养死，还一不做二不休，将龙肉调制成羹送给夏王吃，说这是给龙吃的"飞肉"，人吃了会增加仙气。不久，事情败露，刘累携家人逃之夭夭。在这个故事中，龙不再是子虚乌有的虚幻动物，它是可以喂养甚至食用的世俗动物。并且刘累确有其人，据 2004 年 8 月 26 日《光明日报》头版"专家找到中华刘氏起源地"一文载：

考古专家在河南鲁山境内的昭平湖景区终于发现了中华刘氏起源地"刘累故邑"。《史记》等文献记载，汉高祖刘邦的直接祖先为夏代御龙氏刘累。《左传》等文献记载，夏代刘累受命为帝王养龙，因出现意外，刘累逃离夏代都城而"潜于鲁县"，即今河南鲁山县，终老安葬于此。

自1994年开始，河南省社会科学院考古所终于在今鲁山境内的昭平湖景区发现了"刘累故邑"。专家们认为这里就是中华刘氏的起源地。张新斌研究员说，尽管中华刘氏作为中华第四大姓，其源头是多源的，但是刘累是见于史载的"中华刘氏第一名人"。

孔甲是夏王朝第十四世王，在位时间约在公元前2000年。这个时间跨度可达四千年的刘累驯龙故事为中国的"龙文化"描上了更为迷离的色彩。

2. 省坝府城的崇龙

龙神崇拜属于道教的范畴。据载，道教在云南有政府主管部门是在明代，1430年，云南府设"道纪司"，置都纪1人，副都纪1人。永乐年间，不知出于谁的创意，在昆明南门的城楼粉墙上，按照民生所需设置三大幅变动的画图：天旱时是一条口中喷水的乌龙；天涝时，抿去乌龙，代之以一轮红日；雨水均匀时，画面又是一头背驮花瓶的大象，以示吉祥如意。这是一个城市希望与天道沟通的艺术表达，这个创意被云南府历届政府所接纳，从此成为定例，直延续至500年后的清末。清朝前期，国家公布了祀龙神的礼节：行六叩礼，礼仪在当地龙王庙进行。由于云南的矿业在全国具有重要地位，部颁礼仪，对矿脉龙神行九叩礼。雍正六年（1728年），皇帝下旨，敕封"福滇""益农"龙王，令内府造两龙王像，用皇家辇车由京城送至昆明。随后，云贵总督鄂尔泰郑重其事在府城西门内的菜海子边建御龙寺，内祀五龙神。从此，这里就是云南府官员礼拜龙神之所。

3. 各色人等祭龙求雨

水利是农业的命脉，因此，农民对水神龙王的祭拜是最绵长执着的。

干旱年间，几乎所有有龙潭的村庄都会祭龙，祭龙规模以龙潭水灌溉的范围与干旱程度而定。以昆明东郊白龙潭为例，龙潭位于呼马山西侧的白龙寺村，它水源旺，水质好，潭水面积40余亩，福泽了下游十余个村庄。水潭边有寺称白龙宫，内供白龙牌位。祭龙时，距白龙潭数里地外的大树三营选出两个精灵的童子，黑夜，人们簇拥着童子到白龙宫偷龙牌，然后背到本村，安放在搭好的彩台上，端公师娘就日日念经，直念到下起大雨。农历六月二十四，当村中秧苗已经栽种完毕，人们将龙牌供在由四方桌扎起的台子上，牌位前供着猪羊，四人抬着，后面跟着村民，一帮人吹吹打打、热热闹闹将牌位送回白龙寺，然后叩六个头，还太平愿、捐功德，再回到本村，将供奉的猪羊一家一刀地分肉。

据说白龙潭的小白龙很灵验，有种种神迹。其中流传最广的说法是，小白龙是大理过来的，每年三月三与七月七是它来去的日子。有一年它变作白羊来到省坝西侧的麻园吃麻草，被该村人逮着打了一顿，白龙记恨，以后，它上天时只要见麻就下白雨，一打就是一条宽30米至100米不等的直线。

我想，这个传说一定缘起于咸丰五年（1855年）端午节前一晚的昆明大雹灾，这次冰雹颗粒大如鸡蛋，以麻园受灾为最重，据前人记载：麻园村前种植之麻，十有六七被打平，房屋打垮四五十栋，农人死于屋下三四人，受伤十余人。

七月七是白龙会，主办村为壮声色，年年都请呼马山东边的青龙村撒梅人（彝族支系）来跳神。该村的老师娘跟着村官到白龙宫烧香，杀2只白鸡上供，然后在村南祭天台，师娘敲起直径55厘米宽的扁鼓跳起舞来，嘴里不断念叨：小白龙，我们今天用白鸡来敬你，求你不要到青龙村，不要损坏我们的庄稼。

传说中，白龙潭的小白龙是位脾气暴躁的神。青龙村老人说，白龙要过来，本村的青龙不让过，两龙打架，天上响起大炸雷，把青龙潭旁的大松树打歪了。滇池边的人也说，三月三，滇池突起大风将船打翻，这是小白龙在过路。

历史上，省坝的雨季有时会出现暴雨与冰雹等于民生不利的气候，农人希望龙神播雨播得均匀平顺，此地习俗将冰雹称白雨，人们便将白雨归到白龙的法力上去，因此，白龙寺祭龙便有了这样复杂的心态与做派。

青龙村威严的青龙神像

白龙潭白龙神像，专管的，传说省坝下有一股巨大的白雨（冰雹）是它曾养育一方水土一方农民，终年长流不息，它的足下有一方水源，

清泉村的青龙神像，在成了厂矿、学校、农民，数万居民的生活，生产用水，现在，身后有一股喷涌而出的泉水，它坐落在龙潭山上，

青龙村距昆明城十余公里，龙王庙旁的龙嘴还在吐着清汪汪的泉水，不过大约好景不长

消失的阡陌

在二月二"龙抬头"的日子，各地村寨不管有无龙潭，都会做些修沟打坝、清理水沟杂物等水利事项。上坝村于当日还要祭祀滚龙坝的龙神，仪式在各个家族间进行。上午十时左右，童男童女两人拎着升斗，内装大米、猪肉、糕点、水果、香、元宝，跟着老人顺金汁河埂走漫水坝上墩台，众人将供品安放在五面石后，便对着分水龙头与滔滔江水磕起头来，老人口中念叨着：求龙神保佑，风调雨顺，闸坝平安。

省坝夏季的气温是由雨水来调节的，这里的春天极为短暂，春节一过，经过两个多月乍暖乍寒的日子，四五月就是初夏模样了，日头一天比一天长，阳光一天比一天辣。节令到了小满，雨水应时而下，气候马上变得凉爽起来，稻谷可以栽插，人也畅快了。如若不然，至芒种还不下雨，气温随之节节升高，地面发烫，热风炙人，上市的春桃只有李子般大，市面上少见鲜嫩蔬菜，物价也攀升起来，这时，城里人也会焦虑恐慌。因此，旱年求雨，城里人也是其中一分子。

当省府在南城墙画龙，发公告禁屠宰，官员自总督巡抚起挨次到御龙寺捻香，等政府行为出台后，城中百姓的求雨便铺陈开来。先是各街巷的儿童。他们或三四十一伙，或五六十一群，人人手持生香一炷，沿街高唱："小小童子哭哀哀，洒下秧苗不得栽，求祈老天下大雨，乌风暴雨一齐来。"唱罢，队中有人呼跪，一队人齐刷刷跪下，之后站起又唱。这种少儿的求雨队伍，城内外竟有一二十组。然而，这只是序幕。

汉族的求雨以街巷为单位组成坛场。清末，昆明城内外有街道七八十条，在人烟稠密处，两条街成立一会，烟户少的，三四条街成立一会，每户出一男丁，不能参加的需挂功德少许。如此这般，小的会有百余人，大的会可上三四百人。办会经费由会众凑，每人各出功德银子三五钱或五六百文铜钱，作为一日三餐的餐费。

由于街巷没有龙潭及龙王庙，人们求雨抬的是各街巷寺庙中的神像菩萨，如马市口至三牌坊一段抬的是张三丰，三牌坊至南门口一段抬的是王灵宫，土主庙街与城隍庙街一段抬的是土主，南城门外三市街及金马碧鸡两坊间抬的是羊神，东寺街抬的是李天王，大西门外抬的是雷祖。

这些神像小的有上百斤，大的有二三百斤，至少八人抬之，多的则三十六人抬之。抬神像的青年一色着白衣白裤，腰系五彩绸带，显示着庄重与美丽。神像前由仪仗开道，后有街众相随，人人手持生香三炷或绸制小伞盖，列队而行。队列中每二三十人为一段，段内有手执规板的年长者，他的职责是领诵神佛法号。每位菩萨都有自己的法号，这是一段百余字的文字，大致是说该神佛的名称、封号及所主神力，如观音号、关圣号、文昌号。诵念法号者语调抑扬顿挫，有弹洞经的音律。每诵完一遍，司礼者击铜磬一声，呼跪，众人跪下，又诵一遍，然后起立再行。如此由东而西、由南而北，白日一次，晚上一次，三日内将城内外街道游遍，才算完成名为"叩天恩"的坛场任务。

抬菩萨求雨后数日仍不下雨，又组织坛场，称"二叩天恩"，这次人人着白汗衣、短裤头及麻鞋，表示人间生活每况愈下，求老天可怜见。如再不下雨，又起"三叩天恩"，这次游行者披发跣足，诵法号用悲声发出，以示人间惨象。在祈雨中如遇大雨，游行者不可做鸟兽散，而要呈感激喜欢状，冒雨前行，诵号跪拜一式如前。

各支队伍在行进中相遇，神仙地位低的（称果位小）要让道。但抬天王与抬羊神者相遇则必须争道而行，叫抢杠。只见两边抬佛者摩肩接踵，游行者也做象征性的争斗挤碰状，队列一时纷纷扰扰，秩序混乱。其中缘由，是因为道教中有此说法，天王与羊神素来不睦，两神相遇必斗，斗则有雨。

昆明城里的回族求雨是另一番景象。当汉族二叩天恩仍未把雨求下之时，回族求雨便开始了。首先要选择属龙日，或五行属木之日，或二十八宿的亢日，据说这些日子龙容易出洞。教门好的数十上百男人集合于南城清真寺，阿訇请出祭雨铜牌，在礼拜堂上诵念《古兰经》有关"带来衣禄"的求雨经，再把铜牌交与一水性极好之人背着，同时还有数人抬着木制亭子，内置一只饰有花纹的大瓷瓶及木剑，队伍便出发了。据前人所述，这支队伍服饰统一，有时人人着白衣缠白头，有时一色黑装光头，手持香一炷，表情严肃认真，埋头疾行。他们的目标是数十公里以外的龙潭：或昆明黑龙潭，或海源寺龙潭，或墨雨龙潭，或邵甸黑龙潭。如果说，汉族求雨的核心是"抬菩萨"，回族求雨的精粹则是"插铜牌"。这铜牌却大有来历。

传说在清康熙年间，有一保姓回族在大理苍山清碧溪修炼法术，此人叫保善，回族尊称其为保老师祖，乾隆年间归真，是西北人，在大理西门清真寺做教长。有关他在苍山修炼的传说极多。他面壁三十多年，练就呼风唤雨之术，乃咒铜牌二，还在上刻以经文符箓，寄来昆明，做省坝回族祈雨之器。两块铜牌又称龙牌，原存于南城清真寺内。铜牌上的阿拉伯文，据马毅生先生在《回族研究》杂志撰文：是《古兰经》第四十二章《协商（舒拉）》第二十八节的名句："他在他们绝望之后，降下时雨，广施了他的恩惠，他确是保护者，确是可颂的。"至于龙牌为何不用苍山盛产的大理石或木材，也有讲究，以阴阳五行之说，龙属木，恶金，最讨厌铜，铜牌插于水底龙洞口，意在激动潜龙，使之腾越上天，兴云播雨。

当求雨队伍到达目的地后，阿訇又取过铜牌祷祝一番，将牌交与背负者，有人用木剑砍水，背牌者便跃入水中，向水底龙洞潜去，插牌于潭泥中，当潜游者返回时，必须在潭底捉一水生动物，以水蛇或黄鳝为上佳，传说这些动物也是龙子龙孙，出水后即将动物装入瓷瓶，众人便抬着亭子返回清真寺，瓶内动物做质押之用，只有下够了雨才会原路抬回放生并取回铜牌。

人们将异人修炼的两块铜牌极宝贵地收藏着，然而一次意外却使铜牌失落一块，人也牺牲一个，据一位回族学者所述，那次是在海源寺龙潭求雨，下水的后生姓马，他水性极好，能头顶衣服从大观楼下水仰游至十几公里外的西山脚。插牌时，因龙洞很深，为防意外，人们在他后腰系根绳做保险索，他像以往一样扎猛子钻龙洞去插牌，该出水了却不见动静，人们拉动绳索，索子轻飘飘的，大家知道事情不好，出水的是绳子的断头，齐刷刷像被利器砍断一样。当时围观的汉族百姓说，龙王留他招为女婿了。这事约发生在光绪二十年（1894年）。后来龙云执政

昆明回族曾经的求雨铜牌（原载《昆明市志》第十分册）

清末，回族马姓小伙插铜牌时牺牲的海源寺龙洞，便是这个现今插入硕大铁水管取水的水洞

云南，在海源寺旁盖灵源别墅，听说了这件事，他便每年派人拉一只羊给永宁清真寺，嘱阿訇念经追悼为插龙牌而丧生的人。

数年前我在研究滇池龙文化时听说，云南有两个龙潭的龙神被封为总督龙王，一是昆明黑龙潭，二是邵甸黑龙潭，当时纳闷，省府人间总督仅一位，比附于人的神界总督为何有两位。在收集省坝回族求雨史料时我才明白个中缘由。原来有一次回族在昆明黑龙潭求雨不见动静，为民求福祉的人们又集合几百人拉着牛羊，浩浩荡荡赶到邵甸，总算把雨求下来了。这是在岑毓英任总督的时代，岑把昆明黑龙潭龙神的总督龙王官职罢免，说它疏于职守，将邵甸黑龙潭龙神封为总督龙王。这龙神官职的一罢一任，一定令今人忍俊不禁，然而在当时，人们还真是一本正经、煞有介事的。

回族求雨脍炙人口的传说还有一个，故事发生在玉溪大营，这里是省坝南边的另一个山清水秀的坝子。一百多年前，大阿訇马连元带人去求雨求不下来，马连元火起，将他的念珠一把扯断，摔入龙潭，天马上下起雨来，龙用一个盘子将马的 99 颗念珠和盘托出。后来龙盘成了马云从家的传家宝，马云从是马连元的曾孙。

我跟随云南大学老师马利章到大营寻访龙盘，龙盘为马连元的后代马家贵所珍藏，是个大瓷盘，盘内绘有青花云纹图，主人介绍，龙盘出水时上面有一条裂纹，原来夏季肉类放入盘内七天不会变质，水倒入，有龙隐隐游动。后来找补碗匠箍过铁钉后，肉便只能放三天，盛水后也没有龙的游动了，这个神奇的龙盘在滇地回族中几乎无人不知，无人不晓。

应该说，向龙王求雨是汉文化的范畴，信奉伊斯兰教的回族为何也进行这些仪式，我迷惑不解，便向云南师范大学教授、回族学者马超群老师求教。我叙述了采集到的回族求雨故事，他说，你记的是历史事实，那些向你提供情况的人是否还在？我说，在的。他接着说，按伊斯兰原始教义不应该有这些事，但回族长期与汉族相处，生活在汉文化的汪洋大海中，肯定大量吸收了汉文化。不过，你要看到，求雨中祈求的对象

作者与龙盘主人马家贵合影

玉溪大营马连元后代保存的龙盘，传说是马连元求雨时龙王奉送的

是不同的，汉族求龙神，回族祈求真主，只崇拜真主，不崇拜龙王。伊斯兰教是一神教，唯一无二只崇拜真主安拉，所以不可能把龙作为崇拜对象。回族求雨是祈求安拉利用他的大智大能逼迫龙降雨。马老师是研究世界史的专家，他从更广阔的层面向我解释世界各民族文化互相影响、互相渗透、互相吸收的道理。讲到中国明清时，一些回族学者有意识地借用汉族通俗易懂的文化形式推广伊斯兰教，借用儒家、道家、佛家一些词语解释、宣传、弘扬伊斯兰教，甚至吸收了某些汉文化的习俗，如通过祭龙求雨来表达真主的无所不在、无所不能。中世纪阿拉伯文化的高度繁荣就是在征服波斯后，大量吸收波斯古代文明，同时大量吸纳古希腊、古罗马的西方古典文明而奠定的。

马超群老师的精辟分析，使我豁然开朗。

当百姓以各自的理念与传统求雨时，官府也不敢懈怠，只是云南府求雨的地点较远，那是在昆明城西数十里外的棋盘山。由于路途实在遥远，省府大员有时委托昆明县令前往，但县令手持的是盖有总督府与巡抚府大印的封条，因此，棋盘山求雨，是那个时代云南最高级别的祭祀。

传说棋盘山是座仙山，这是棋盘老祖以棋会友之地，那块天然的石棋盘长 2 米多，宽 1 米多，像石钻子打凿出来的。一次，南北二斗星君正在下棋，不意被一个上山打柴的小伙子撞见，小伙略通棋路，坐下观看，正看得云里雾里，老祖给他桃吃，一个桃子才落肚，小伙就沉沉进入梦乡，这一觉不知睡了多少年多少代，当他醒来时，连背柴的背板与棕绳都已经朽烂，好不容易摸下山找到村子，面前晃动的全是一张张陌生的面孔。

棋盘山除了有虚无缥缈的神话传说，还有一个眼看得见手摸得着的神奇之物——石城。90 多年前，罗养儒先生曾经摸进这个石城，用记者之笔将其记下。这是 1912 年秋七月中旬，罗与一姓刘的攀登此山，是去看看后者打算出卖的一块坟地。当他们沿着崎岖山路攀爬三座一座比一座险峻的山峰到达棋盘山顶时，罗养儒看到峰顶有一片平地，广袤不及二十丈，平地当中有一个小城，全部由石块筑成，石城矗立在蒙蒙细草中十分显眼。石城城墙的石头每块长约一尺五，宽约七寸，修削得十分整齐，城内的地上也用大石板铺着，每块石板长约二尺多，宽约一尺五六寸，顶上有似瞭望哨状的小堞口数十个。城为方形，每边长不足三丈，高不足丈。这个石城以现代计量占地约有百平方米，高约三米多，准确地说，应该是一个大石屋，它建于何年何代，据罗养儒考证：石质已高度风化，用小刀轻轻一刮，石沙纷纷而下，他的直观判断是千年以上之物，问及土人，说是上古留下的，当为几千年。后来，他查阅地方志如范志、阮志、岑志及续通志稿，均不见经传，由此推断，是蒙诏以前百濮时代的故物，当然也有可能是古滇国时期的遗留。

　　这个石城建在海拔2493米的山巅，距昆明20余公里，周围人烟稀少，当初为何而建，从顶部堞口判断，可能是个防御工事，问题是周围全是山峦，防御什么？

新修的棋盘山老祖殿坐落在海拔2500米的高山之巅，过去那个神秘的石城遗址大约就奠基在殿下

消失的阡陌

也许，棋盘山石城的秘密已永远无法破解，然而它的用途有一点可以肯定，它成了云南官府的祭雨之所。当然，这应是后来之事。

那次，罗养儒还看到石城中有两块石碑，每块长四尺宽二尺多，重约两三百斤，石碑有石座，甚巨大，三分之二或四分之三埋于地下，露出地面的仅是两三寸高的一截。这是风碑与雨碑。当县令带着若干衙役并壮丁骑马来到此处，他拈香祷告后指挥众人将雨碑竖立，风碑放倒，封条就贴在风碑上。洪涝年份，则相反。寻常年份，两碑俱竖立着，据说碑为神物，竖仆之间，大多应验。

在罗养儒下山之时，遇到一个当地挑夫，问及官府求雨之事，他说：五年前，曾见县太老爷去到小城里，不知做什么事，近数年却未见其来也。由是推之，封建时代云南府最后一次祈求风调雨顺是在公元1907年。

为了取得有关石城与官府求雨的第一手资料，我邀约海源寺村的尹吉、尹志同游棋盘山，他们是我在多次考察海源寺时结交的村民。先到棋盘山脚的花红园大村，72岁的李星光接待了我们，他与尹吉相识，过去都是农村基层干部。他说，本村原是彝族，住在五华山脚的秃杉箐，明代汉族移民将祖先驱逐，直追至西边的大山中，原来是散居的，有的住在棋盘山养羊，后来逐渐聚居。从祖坟碑知，乾隆年间老祖公李王模带着人在此定居，逐渐繁衍成村。问到官府求雨的事，他

笔者与海源寺村、花红园大村村民登棋盘山考察，图中建筑为棋盘山森林公园大门楼。（右一：李星光；右二：尹吉；右三：尹志）

说，听前人讲省老倌（即云贵总督）曾来此求雨。但他说得详细的还是本村民众在石城的求雨，因为他小时参加过几次：山上有石城，四面墙全由五面石砌成，大门朝东，南北向的两堵墙各有两个洞，北边是风洞，

南边是雨洞，求雨时村人带着供品与水到石城，将供品糕点、猪头、鸡一一供上后，由经先生念经，有人把风洞堵上雨洞打开，年轻人就爬上墙去，用茶壶在周围团转倒水，祷告老天快快下雨，否则庄稼死去，人的日子就难过了。浇完水又在城墙上撒老蚕豆。老人说，此地求雨最灵验，省府与专县的都来，他去的几次，祷告完毕，人还未到家，背后就乌云密布，下雨了。问及石城石碑是否还在，他说，1979年还在，后来石城毁了，石碑也找不到了。

眼看日头已经西斜，我们请李星光引领上山。从村庄到山顶仅3公里路程，微型面包车十多分钟就将我们送达。山顶有一片数平方公里的台地，地势呈由西向东略微倾斜，一个偌大的道观坐落在中间，看得出，建的时间不长，雕梁画栋、金碧辉煌。遇着几个小道士说他们来自四川青城山，这是一个道家文化深厚之地。道观背后的高地上有一个不小的天文台，那球形屋顶衬在蓝天与道观九霄殿之间，给人一种不伦不类的感觉。科学与宗教竟可以结合在咫尺之间，令人感慨。棋盘山的香火曾经很旺，可以与昆明南边晋宁的盘龙寺相比，因为这里曾经有石城石碑，有云南府州县及百姓的求雨，在人们心中，这里是虚幻世界的一块圣地，一个现代化的天文台镶嵌其中，是否有几分不协调？依我看，建一个棋盘书院，让有关棋盘老祖的民俗文化萦绕在现代围棋象棋高手之间倒是一件快事，君不见，象棋在云南有深厚的民众基础。在昆明街头，老叟对弈群叟围观是常见之事；在茶马古道的打尖歇哨处，石板道上刻画的棋盘经岁月风雨的剥蚀已模糊，当年马锅头马脚夫搏杀于方寸之间的身影似乎还在晃动。让他们的棋艺与精气神落脚在棋盘山吧。

回首东方，已伸展至眠山脚的大昆明城似乎近在眼前。

我们在道观中绕了一周，其间有两块石碑，一为风伯神位，上书：久涝立风碑，仆雨碑即晴；一为雨师神位，上书：久旱立雨碑，仆风碑即雨。这不是原物，是今人仿造的。还有那块石棋盘，被钢筋围着，登高一看，大则大矣，却没有楚河汉界及车马炮驰骋之地。我知道，宗教神话是不能逼近审视的，它只活跃在民俗文化的土壤中，只是，那座逾千年的石城不是很宝贵吗，人们为何要让它荡然无存？没有了物化的历史，神圣的棋盘山何以让后人凭吊？

4. 祭龙背后的人间烟火

农民是务实的，他们对龙神的崇拜有很实在的一面。在省坝，没有龙潭的地方不祭龙做会；有龙潭并且得之滋润的地方都要祭龙。也就是说，但凡有出水量较大的龙潭，祭龙做会是龙潭源流泽润的若干村寨共同的义务与责任。

昆明黑龙潭出水量大时曾至老水车的七八车，它灌溉了蒜村、落索坡、浪口、尚家营、麦溪、广南卫、沙坝营、岗头村、上马村等九个村寨的数万亩田地。每年三月三日起始的黑龙潭庙会连办三天，蒜村是会头（龙潭所在地）。会长由九村轮流担任。会期，主办村长要总结上一年龙潭用水及维修情况，重申老古规传下的规则，例如：保护水源的清洁；不得浪费，尤其在冬月间要节约用水以保证三个堰塘的积攒塘水；小满起始，栽大秧的放水顺序是由大堰塘的五个涵洞以先高后低、每个洞轮放三日的规定排放，以保证半个月内将秧苗栽插完毕。对违反水规者，或罚工挖沟，或罚米充公。

办会期间，唱花灯、演滇戏、弹洞经以及邀请各地民间杂耍戏班演出的种种花费，一由主办村公积金支付，二由信徒捐功德，三由昆明生意场中与黑龙潭佛道有缘的大老板自愿资助。

省坝白龙潭出水量也很大。"七七"白龙会由十村轮流经办，两村轮一年，五年轮一转。这十个村为白龙寺村、云溪村、何家院、沐东村、大树三营、金马寺村、赖家村、郭家凹。所不同的是十村还有一个庙会叫金马会，因为地处金马寺村的金马寺比白龙寺更古老、更有影响力，两会以金马会为主，白龙会为辅。在每年二月十五日的金马会上，主办方总结去年龙潭用水情况，布置今年水利计划，公布集体财产的预结算。到"七七"白龙会，主办村则要向与会的十村五方公布当前各项水利工作的进展情况。办会经费都有稳定的来源，这就是十村共有的呼马山收益。

每年农历三月至三月九日是昆明黑龙潭庙会。过去上马村、下马村、大蒜村、岗头村等村庄在龙神庙祭龙神。

源源不断的龙潭清泉养育着陈家村五八村的村民们。现在他们在潭下五米深的地下打井取水，已被自来水管龙神所替代，千潭龙泉。

海源寺村的龙潭有三四车水，每年正月十五，八村做会，这八村是海源寺村、龙院村、班庄村、团山、洪家营、黄土坡、麻园、梁家河。从海源龙潭流出的海源河由八村轮排分放。为了体现龙洞所在村的优先权，龙潭近处特开了一个直径15厘米的柳树洞专放海源寺村。据说柳树洞的大小是由该村各户凑出的一根柳枝经捆扎后的直径决定的。并且做会的费用由海源寺村以外的村子轮摊。

地处乌龟山的清泉村村北有青龙潭，潭水居高临下，水量很大。不过，周围的波罗村、老李山村与清泉村共享龙潭水源后，余水直泻金汁河。也许是约定俗成的习惯，这些村各自做自己的水节。清泉村二月初六祭龙做会，各家拿出一只碗摆放在草地上，保长与由村民选出的六人一起办会，他们负责购买一头重八九十公斤的生猪，再屠宰平分，做完祭祀仪式后，全村46户家家抬着一碗肉欢欢喜喜回家与亲人共享。

在祭龙做会香烟缭绕的背后，我看到的是村管说事百姓叙情龙神立品牌（一方乡土知名度）的实实在在人间烟火。

5. 龙的异象

省坝龙神如白龙、黑龙、海源寺龙，它们虽然神秘，但大多居有定所——择"龙宫"于青山绿水之间，心情平和，与人为善，掌控的水源隽永清亮，人与龙神相伴甚欢。

但是，还有一些龙或栖息于奇山危岩，或游弋于荒郊野外。它们行为怪异、性情乖张、行踪无常。人们又是怎样与这些龙相处的呢？

在松华石峡中，众山都呈南北走向，唯独处于南头的三尖山却是东西走向，它那海拔2500米的山体绵亘数里，将北山来水齐齐堵在石箐中，只在凤岭与莲峰两山间留一口子，让峡中之水奔涌而出。三尖山又称莲峰山、松华山，十几个山峰像倒扣的金钟。有人说，莲峰山由南观之有六峰，由北观之有另六峰，加起来十二峰。这等不凡之山自有神奇故事。山之东头有岭称两担石，是古驿道蜀滇之路的必经之地，雍正十三年（1735年）在此设两担石哨。山上有五块大石或正或斜随意立着，每块石有房屋般大，重约数十万吨，传说这是张果老干

龙王与谷神

的好事。不知邵甸地方是如何惹恼这位神仙老头的,他要用这五块大石去堵夹河(在松花箐中),意欲水淹邵甸坝子,他用手帕包石,两手各拎一块,毛驴两侧各驮一块,老伴背负一块,于黑夜中行色匆匆赶到此地,稍事休息,正欲赶路,观音老母洞悉其奸,拍着簸箕学鸡叫,引得周围村子群鸡齐鸣,张果老知难而退,留下这五块大石礅在半山腰。农民在此建庙做会。

三尖山两担石,有五个大石孤悬山野,传说是张果老干的"好事"。清雍正年间,山脚驿道建两担石哨,可知此地荒僻、险要

三尖山九龙湾有九龙壁,传说有九十九条龙隐匿其间,人们曾在此打石龙求雨。笔者于2004年3月于此处留得最后一景,不久,便被挖山取沙石的人弄得面目全非。老妪告诉我,挖山之人炸出两条大麻蛇,不久,炸石之人接连死于非命,言下之意是报应

  两担石西侧的山岭有老金殿。传说金殿铜钟本来要安放在此地的,人们才将七星旗插上山峦,山就叫了起来,道士说,这是母山,整不起,才将金殿搬至6华里外的伍家村鸣凤山。农民言之凿凿地说,山头还有建筑遗迹,我细辨岭头,果然有石砌基脚,垒在人难以立足的悬崖上。

  在老金殿近旁有九龙湾,湾中有大石壁,石壁上怪石嶙峋,许多石峦头虬结得像一个个伸出山体的龙头,这是九龙壁,龙头挂着墨绿的青苔,龙嘴常年滴水,壁下有大水塘,深约6米,从不干涸,人说有99条龙躲在其中。石洼中有庙称九龙湾寺,每年二月三日在此做会迎龙。老人说,此地平日里荒无人烟,做会时忽地冒出成千上万之人在此朝山进香。

此地最奇的习俗是枪打龙头，俗称打龙头。干旱年间，周围旱马罩、大波村、龙头街等数十村村民邀约着抬枪打龙头，意思是老龙睡着了，打醒了让它吐点水出来。据说，铜炮枪一枪打中龙头，雨当日就下，两枪打中明日下，三枪打中后日下。有一年一枪中的，天很快阴了下来，因为四周没有避雨处，人们急急往回赶。路途中，大雨倾盆而来，满山满坡冲下的急雨竟将路旁直立的汽油桶放倒，场上数百公斤重的石碾砣冲至地里，房子冲垮，连埋在山脚的老棺材都冲了出来。这场雨发生在民国某年，以汽油桶推断，大约在抗日战争时期，让亲历者记忆一辈子。至今，龙头街、大波村等地七十多岁的老人只要说起枪打龙头便啧啧称奇。

在九龙湾所对应的三尖山北坡，有村名三潮水，它得名于村旁龙潭。2004年3月25日，我慕名前往，是大波村的联防队员金成富、孙玉陪同我去的。我们请该村村干部张良学介绍情况，他说，龙潭水大时有三四车水量，潭水一天潮六次，当水要潮时（即往上冒水），水洞颜色由深绿变粉白。潮水极有规律：早上八时太阳出潮一次，中午一时至二时潮一次，下午太阳落又潮一次，至于夜里三次不知潮于何时。

时间已至下午四五时，我们请老张带路来到龙潭边，龙潭距村不远，仅百多米，因时值旱季，水流极小，目测水塘长11米余，宽4米余，其中的冒水洞呈方形，直径约2米，深不可测。此地距松花水库仅数公里，潭水高于水库约200米。此水曾是三潮水村与菜角村的人畜饮用及田地灌溉水源。如今，为着保护昆明城市的饮用水源，地处松花水库近旁的菜角村已搬迁至他处。

龙潭靠山一面的大树脚原有龙王庙，庙有名联曰："朝朝朝朝朝朝朝　长长长长长长长。"读作："朝潮　朝潮　朝朝潮　长涨　长涨　长长涨。"

古人云"山不在高，有仙则名；水不在深，有龙则灵"。三潮水也是个极有名气之地，两年前，我就听上坝村老说，早年水盛时洞中传来的潮声像飞机起飞一样震耳欲聋，有人说洞中有金河马，引得贪心之人围着水潭直转悠，只是无从下手。

三潮水庙会会期在三月三，庙中神仙是老倌、老奶与女儿，这些神仙的来历也有说法。本来，此地没有水源，有一次，老两口带着女儿途经此地，不识路途，便问近旁放牛娃，过了这个村是哪里。放牛娃指指山那边说，是九龙湾。老两口说，过去无安身处。后来，哨上放牛娃来此放牛，发现山洼会出水，便撬开石头，有一铁锅倒扣着，将锅拿掉，清水汩汩而出，从此有了三潮水龙潭。人们便塑了这龙神一家子。只是女儿塑像平日放在菜角村，老两口的像安放在龙王庙。做会时，菜角村人将女儿像抬过来。但是，这里的龙神享祠与众不同。村人说，第一年建庙塑像祭龙时，人们正儿八经供上猪头，天却下起暴雨夹带冰雹，将猪头与案板冲得干干净净。于是有人说：这么怪，怕是回族龙。第二年，人们宰牛羊祭龙神，水洞中的水潮得很欢。在后来的一百多年中，人们都按回族的饮食习惯祭祀龙神一家，人神相安无事。为了感谢放牛娃发现水源，办会期间的客饭向他们免费提供，只要手上拿着放牛棍。

还有一处龙的异象在省坝西北方向的大小墨雨龙潭一带，称龙打坝。花红园大村的李星光老人告诉我们，传说古代有龙在此打架斗殴堵水，从此有了龙打坝。六七月，只要雨水多，十天二十天久雨不晴，空中打几个大雷，一片乌云随之压下，山岩上的石老鸦一叫，马上就打坝。小坝子中有个落水洞本来是排水的，洞边有副水碾，这时地下水却狂喷出来，水柱高达六七尺，几十分钟就将坝子淹掉。水深时达两三米，一些与滇池内相仿的鱼如鲤鱼、白鱼、鲇鱼、鲫鱼从水洞中游出来。水淹龙打坝短时一两天，长时一周甚至数月。落水时也快，半天大水就消完。

生活在附近的农民深知龙打坝的威力，他们在坝子中吆牛犁田时只要看到乌云，听到炸雷及石老鸦的叫声，立马就将牛秧把绳（系在牛脖子上的绳）割断，赶着牛快速向附近山上跑去，连犁头、牛绳都来不及拿，跑慢了人与牛都会淹死其中。

那天，我实地考察龙打坝，是个大晴天。我站在公路上，这是乡上拉沙石的路，通向团结乡，路基很高，六七米。原来的老路路基矮，有

龙王与谷神

三潮水龙潭，水洞一天有规律地往外喷涌六次水，白日三次，晚上三次。此地也有庙会，办会的饮食却一如回族的清真，当地人说它是回族龙

时会被打坝的龙淹翻。一块标有"龙打坝"的路标高高耸立在路肩。公路两侧的田约有七八十亩，四周是高矮不等的山包，乍看实在是一个极普通的山间小坝子。同行的尹吉、尹志告诉我，龙打坝的地下大约是一个众水汇集的筲箕塘，下大雨时，从附近茨沟、汗尼豆、大小墨雨过来的地表水来不及泄走，地河中的水反撞出来，形成龙打坝。此地的地河与海源寺龙潭相通，1997年8月发生龙打坝时，海源龙洞涌出的浑水像老牛滚塘一样。这些地河的水都通滇池。龙打坝淹水时间长了会给农民带来极大损失，稻谷淹死，连生命力顽强的刺柴都会泡死。但也带来一个副产品：碾槽拿鱼。因落水洞的口子较小，水落时，许多鱼被搁浅在水碾的石槽内，农民背着背箩去拿鱼，这些鱼大的尺把长，小的三四寸，多时可背六七背箩。

龙打坝，传说古时有群龙在此斗殴堵坝，于是，大水年份，时有龙打坝

　　我极想看看石老鸦，问及老尹，说大约是一处山石形似老鸦，龙打坝时冲出的气浪将其激出响声。因为还要赶往棋盘山考察，来不及找当地农民细究，只好带着遗憾上路，这个曾经的石老鸦为龙打坝蒙上了一层神秘的色彩。

　　偶然，在昆明坝子的龙也会有异态。蒜村近旁有黑龙潭，农民耙田栽秧都用龙潭水。1948年农历五月，家家户户正在田头忙着栽插，龙潭水却越流越小，农民急急上堤观看，发现水在倒流，最后河床见底，龙潭水竭，许多鱼被搁浅在沟底，人们拿着桶、背箩拾了不少鱼。农民心慌起来，一些老奶赶紧烧香磕头口念"阿弥陀佛"。一个多小时后，龙洞口才汨汨冒出水来，人们悬着的心总算放下。我问蒜村78岁的讲述者李全如何看待这种现象，他不假思索地冒出一句："改朝换代。"因为当时昆明正值中华人民共和国成立前夕，中华人民共和国行将取代民国政府。确实，农人们想不出龙潭还有什么其他断水原因。

在漫长的农耕时代，农民以天人感应、人神相通的观念塑造龙神，龙王成为省坝农人的兄弟姐妹、前辈祖宗。有时龙王似乎又是农人的挚友，手持香火的人们对龙神可以呼之即来，挥之即去。

省坝龙神崇拜还有一奇特现象，即龙神如人一样有家族、血亲，有温情脉脉。白龙寺内供奉的小白龙的夫人白龙娘娘居然是从龙潭下游阮家村嫁过来的，白龙寺村与阮家村因此互称亲家。昆明西山龙门下的山邑村龙王庙供奉的龙王姓段，是村中白族段姓的祖宗，段氏龙王有四兄弟，驻守山邑村神界的是老二，其他三个龙王分封于滇池四周为官做神。

三尖山北坡的三潮水龙王庙内是龙的老倌、老奶及女儿相依为命的一家。最奇的是龙神还会闹分家，在阿拉彝族乡有七家村、西邑村、小羊圈，三村相邻、地河相通，三村龙神为三姊妹。人们说，人间弟兄多了要分家，龙界姊妹多了也要分家，因为分家不均，三龙女在山坡扳跤（即打架摔跤），一龙女被打伤，血滴泥土变成殷红的龙须菌，村民说，此菌只长在那一带，可以食用。龙扳跤的地点在七家村后山，彝语称此山为"龙给角扳山"。

6. 上龙

我爱看省坝上空的云，它们飘逸诡秘、变幻莫测，有时像鼠兔，有时似鱼龟，有时大片絮状白云排列有序，真如一只巨大的白孔雀开屏的羽翼。

云南，意为彩云之南，它是以云命名的省份，史册上，自汉以降，记载滇地云的奇异祥瑞，时有所见。著名作家沈从文认为云南的云是喜马拉雅山与印度洋孕育的结晶。我却以为云南的云是龙的侍女仆男，它们是从一个个蛇窝蟒洞龙穴中乘着洞主打鼾时溜达出来的，受主人熏陶，也会兴风作浪、呼风唤雨。我真想从它们背后看到龙腾云驾雾的身影，可能因为机缘不深，从未如愿。

省坝农人看到过龙上天，他们又称上龙。

东庄87岁的李顺珍看到的是白龙寺的龙上天。她说，龙从洞中出来，盘在洞边的弯腰树上，这是棵柳树，又称龙爬树、接引树。是条蟒

绚丽的朝霞像一只涅槃的火凤凰

此景为笔者旅游云南红河州哈尼梯田于清晨摄得

传说一龙女穿着小红袄到九龙湾去找九十九条龙,他们一旦相会,大水便会淹没省坝。道教仙人张三丰将其骗至一地,用这座古幢把龙女镇在古井,使省坝逃过了一劫

衣龙，它的尾巴翘着，云来裹，就上去一截。太阳出着，雨下着，上了好一阵儿才上去。这应是她出嫁以前的事，后来，她嫁到交三桥夫家，从地势上就看不到这种景象了。

青龙村的毕明说，小时候放牛，有一次看到在滇池上方靠近西山的天上，云彩齐齐的，下面是乌云，三条龙的尾巴一摆一摆，一齐上天。

普照村老龚回忆母亲生前讲过的龙上天，天上乌风暴雨、电闪雷鸣。大风把门吹开，她过去关门，一眼见到龙上天，乌云护着龙，龙张开须，一摇一摇上天，像黄鳝瞄水一样（瞄水，方言，即像蛇一样扭曲身子游动），这次上龙在西邑村方向。

顺城街清真寺的纳连宗阿訇，年已84岁。他说起一段奇遇，那次天先下冰雹后下大雨，他们家住在清真寺旁的院落内，几条大鱼飞来，在天井中啪啪直跳，家家出来看鱼，正在这时，外面有人叫："龙上天了！龙上天了！"出门一看，白云裹着黑云，龙在其中一滚一滚的，有人说是海源寺的龙上天。

老人们说的一个个龙上天的故事，令人沉浸在扑朔迷离、亦真亦幻的意境中。

中国自红山文化考古发现玉龙起，驯养了五千年的龙，艺人画龙雕龙塑龙，农人祭龙打龙看龙上天，帝王干脆将自己比附于龙，称真龙天子。龙活跃在中国人精神的屏幕上。

省坝特殊的地形、水文、气象以及民俗文化造就的龙神比他处更鲜活亮丽。古老的昆明为中国的龙文化添上了浓重的一笔。

五谷庙迎春

1. 官府的祭祀

雍正皇帝与他的前后两任皇帝康熙、乾隆相比，在位时间很短，仅13年，然而政绩卓著，他的风格是一竿子到底：亲民。且看他于登基四年后的一次《上谕》：

国以民为本，民以食为天，朕即位以来，念切民依，举行耕耤之礼，殚极精诚，为民祈谷于上帝。乃雍正二年三年，耤田叠产嘉禾，有至一茎九穗者，朕心亦以为偶然之事。今据顺天府尹进呈，今岁耤田所产，自一茎双穗、三穗、四穗，以至五穗六穗，皆硕大坚好，异于常谷。朕见之，心甚慰悦。时令宣示廷臣，并非以此为瑞而夸耀于民众也。盖实有鉴于天人感召之理，捷于影响，无丝毫之或爽。朕以至诚肫恳之心，每岁躬耕耤田，以重农事，即蒙上帝降鉴，以昭休应。以七穗八穗之数，岂人力之所能为，亦岂人君强之使有乎，人天感应之理，朕见之最深最切，但恐此心不诚耳。诚则未有不动者。

讲完这番天子躬耕为民祈谷之理念后，《上谕》转而对各省督抚大员提出要求：

　　督抚朕委任之重，为国育养万民，必视百姓之疾苦，如痛痒之在己身。遇到水旱饥馑，必思所以致此为由，或因本省之政事吏治有阙，即思速为改易之，或因本地人心风俗之不端，即思速为化导之。兢兢业业，修省祈祷，一如朕之朝乾夕惕，断无不可以挽回天意者。假若闻朕之政治，稍由厥失，即直言陈奏，不必谄讳。如此，则官与民联为一体，臣与君又联为一体。太和翔洽，实意交孚。天听虽高，诚呼吸可通矣。朕每岁躬耕耤田，并非崇尚虚文，以为观美。实是敬天勤民之至意。

雍正的这篇《上谕》，实是封建时代一份重农的"中央一号文件"，撇开其中皇帝躬耕的耤田中"叠产嘉禾"以及"天听虽高，诚呼吸可通"不论，其希望农业丰产官吏勤政民风淳厚的殷殷之心，是历朝历代有作为的统治者都必定具有的。

雍正五年，云南府便奉旨在府城东门外建先农坛以行督抚的耕耤之仪。先农，即神农炎帝。这天子行耕耤礼，自汉代即有，称"春始东耕于耤田"。这是皇帝劝农耕稼的演义。雍正十三年（1735年）编的《云南通志》载，先农坛高二尺一寸，方广二丈五尺。有正房三间，左右斋房各二，左储农具耕谷，右为办祭所，耤田四亩九分，有两名免役农人，在坛看守，在钦定日期，云南府督抚率司道各官遵照省祭社稷之礼致祭，奏乐歌乐章，祭毕行耕耤之礼。

先农坛后称五谷庙，地点在省府之东、东庄之西。1921年9月，这里建起了无线电台发射塔。现在为昆明电信局宿舍。

封建时代云南官府在东庄上演"春牛迎春"寓言剧的五谷庙，现在是云南省电信局职工宿舍

这耕耤之礼恰似一幕话剧生动而有趣，据前人记载，各官都穿上蟒袍，因为这是代天子行仪。再将衣襟曳起一角扎在腰间，表示是在农田劳作。督抚手持农具耒，昆明县知县背青箱，云南府知府播种。州县则由正印官持耒，佐贰执青箱播种，耕作时用耆老一人牵牛，农夫两人扶

犁，俱照九卿之例，九推九返。农夫将剩余田亩耕完，之后督抚率耆老农夫，一同望阙行礼。行耕耤礼中的农具颜色都有定规，农具用红色，牛用黑色，箱用青色。平时耤田由看守的农人灌溉管理，地方官时常跑去巡查。

立春日，在五谷庙有另一次隆重的官祭：塑春牛。如果说，先农坛躬耕表示的是皇帝与地方官的示范作用，这塑春牛却是教农耕稼与民同乐了，它的表现形式更像寓言剧。

春牛，即土牛，按《礼记·月令》称，"出土牛以送寒风"，周代至秦汉在冬季出土牛，唐宋以后，出土牛都在立春日，故称春牛。迎春牛活动中的另一个造像为芒神，又名勾芒神，是司春的神，即滇人称之为傲玛者。

俗话说"一年之计在于春"，历代封建国家都十分重视立春日的东郊迎春，据《清会典》载，顺天府尹，在头年六月即送文件给钦天监，这掌管天文的部门就从历法天文气象确定第二年土牛芒神的形制服色，并绘制成图，以为立春日所用。土牛根据天干地支与太岁星像每年有牛头青色、牛身黑色、牛腹白色、牛角黄色、牛尾白色、牛膝红色、牛蹄黄色等色泽的差别，还有牛嘴张开牛尾左撇，牛嘴闭合牛尾右撇等形制的不同。芒神的服色也根据太岁甲子的变化而取蓝衣黑裤、腰缠黄带脚着白鞋，以及扮相或为后生或为老倌，芒神在牛前、牛后、牛左、牛右等位置变化。芒神的着鞋也有讲究，或两只鞋均在足上，或一只在足一只在腰，或两只都在腰。农民凭经验认为两鞋在足为本年雨水少，两只在腰是雨水多，一只在足一只在腰是雨水均匀。这芒神土牛还有气象预测的学问在其中。

春场设在五谷庙，故这制作芒神春牛之活计便让擅长技巧的东庄人来做。春牛身高三尺六寸，身长由头至尾为七尺二寸，用竹篾捆扎，外面糊泥，中空，内装几只五寸长的小土牛。芒神身高三尺六寸，是实心的。制作完毕，便停放在春场。

立春日，云南府守、昆明县令与南关水利府官三人同往五谷庙，府

消失的阡陌

守借用制台的全副仪仗，县令用抚台的仪仗，水利府则用学台仪仗，这是当时府城三组最高官阶出行的行头，不是为了摆谱，而是定例。府官乘八人抬的明轿，另两人乘四人抬的明轿，先集合在巡抚衙门前，向巡抚禀告后，三人依次出城。因是国家制定的典礼，一应人于服饰也极尽奢华。府官头戴貂皮帽褂、翎顶挂珠，身着蟒袍官靴，昆明县令与水利府官各着一套极讲究的皮袍皮褂。三人手上各执一支竹签上粘着彩花的春花，轿前差役也手持春花，由两名差役手捧一对火签筒。三位官员的轿前还各有两部鼓乐，吹打着喜庆的《大开门》《万年欢》《太平春》等鼓乐排子，且奏且行。队伍中还有旗锣伞盖及一对对的高脚牌。官员轿后分别跟着四六八个仆从骑马相随以壮行色，他们各穿一件皮大褂，材质极好，是紫猫、灰鼠、狐狸脊、猞猁狲、麻貂等，但都反穿着，皮衣呈成双成对的，大约是取庄重之中的诙谐。衣服是借凑来的，是为迎合所谓"闹阔"的习俗。

府县官前往迎春，称为春官。春官到了春场，便下轿入场，第一件事是用手持的春花鞭牛三下，称鞭春，寓意是请春神快马加鞭来到人间。这时，抬牛的人将牛抬起，春官便登轿出行，后面跟着春牛与芒神，春牛由16人抬，芒神由4人抬。有一农民扮作农妇，手挽一筐，内盛草料豆粒，表示她是饲牛者，跟在春牛一侧。队列入城，在几条主街上游走一遍。这时，有三五个少年手拎提篮，内装一些杂豆，高呼"卖春豆、卖春豆"，奔走于牛前，围观妇女便以三五文铜钱，买豆二三捧，随手撒在春牛身上。习俗称，撒豆后自家孩子将来出痧子痘症较稀，危险性小。

游完街，迎春队伍进入制台衙门，将春牛芒神放置在大堂的月台上，称宣春。这时总督坐在大堂迎春并犒赏众人予银牌。接着，队伍又到抚台衙门、学台衙门、藩臬两司、粮盐两署宣春，最后将春牛芒神抬回春场。

昆明东郊彝族撒梅人祭虫山庙会

祭虫山小庙供奉的虫王老爷。人们向他进香贡小费，是拜托他管好自己的族民：各种害虫。同时进行的是将装在小红袋中的害虫扔入香火焚毁

◉○ 消失的阡陌

立春日如在正月初，则府县两官带着府经历、县典史同去春场，与场中人一起将春牛芒神打碎，是为打春。打碎春牛后，从牛腹取出几只小春牛，再同事先做好的小芒神搭配，分别送到各大小衙门。

云南府最后一次的迎春在民国元年（1912年），这一年岁在壬子，正月立春。总督巡抚一应大清官员已经倒台，活动搞得不伦不类，有逢场作戏之感。时任云南警察局长吴世是湖北人，他在日本留学归来到昆明任职，他代表省府与昆明县的行政官员去迎春，只见他骑着马，怀中还抱着一孩子，到春场迎春，被记者罗养儒称作"狂妄人"。

2. 农人祭大白青天

上行下效，历代使然。官府祭神农塑春牛不亦乐乎，百姓敬天地拜神灵也热闹非凡。

青龙村有庙称慈悯庵，九月九有会为五谷会，会中有仪式称转五谷。那天，西波摇着铃念着经，人们抬着金晃晃的轿子将庙内卯酉二公即公鸡与猴子的塑像并三个神仙请入轿内，用红布将其一一固定，抬着出行。西波是彝族经师，除了主持本民族的宗教仪式，还掌握着彝族文字西波文，他们是彝族文化的传承者。在轿子后面跟着村长和村民，村长肩挑农具连枷子、笤帚、抓耙，众人并神仙来到村东数里地外的九连山迎香。来到山坡，两个青年抬着一根竹竿扮作一驾牛，另一人在后面做扶犁状。这时，村长的祝词开始，他喊道："嫂嫂们、姐姐们，请你们来插一日秧；伙子们，来给我犁犁田。"西波苍老的声音也响起："犁呵犁呵，耙呵耙呵。田已经耙好了，请你们给我家栽一日秧。"接着，村长从人们抬的大饭甑内取出蒸熟的荞粑粑、麦粑粑、糯米粑粑敬神，口中念叨着："姐姐们，伙子们，给你们吃晌午了。"队列中的年轻人接过粑粑享用起来，其他人一拥而上，笑着闹着，将余下的粑粑抢完。

当晚，在庙中，全村人聚餐吃八大碗，老人坐"上八座"。

普照村每年六月十三日在祭天山举行祭天仪式，彝族的天神称大白青天或大白天地。祭天山山坡平缓，山顶有大片平地，便于群体祭祀，场地上有一只高1.2米，直径1米的石香炉，这时香烟缭绕，师娘敲着

远处的山是普照村祭天山，彝族村民曾郑重其事地在山顶祭大白青天

扁鼓跳起舞来，口中念念有词，她喊着金殿的披发祖师，棋盘山的棋盘老祖，铁峰庵的准提菩萨，还有龙门三清阁、晋宁盘龙寺、昆明圆通寺等省坝有名望的寺庙的当家菩萨的名字，说今天来祭祀你们，来这里领香火，我们不去你们那儿了，今天你们来此赴宴，骑马来的骑马去，坐轿来的坐轿去，坐船来的坐船去。我们都安顿好了，请你们来保佑老农民五谷丰登，保佑百姓岁岁平安。跳完神，村长杀五六只鸡敬神。

青龙村过完正月十五、十六日，要出门干活了，便在家神神位前插三炷香，烧黄钱、红纸包，再朝着太岁方向磕三个头，口中念道：今天是又一年了，我们开始出门了，给（我们）顺顺利利的，使镰刀不要割着手，上昆明不要有岚事（不要遇上贼），上山不要遇着老虎豹子。人们将心中所有的担忧与期望都向神告白，希望得到神助。

省坝妇女有"喊伴"习俗，此地习俗认为，人有三魂七魄，健康的人，神形相随体魄相依，当人们外出遇到岁事（不好的事），或惊吓或跌倒，归家就得病，经打针吃药仍不见好，心中便疑惑病人是否被不洁之物"撞磕"（方言，干扰侵害之意）致使魂魄迷失或被羁绊在外，只有将其魂灵招回才能痊愈。这三魂七魄就是人的伴，故称"喊伴"。

江南也有类似习俗称"喊魂"。省坝的不同在于为死人招魂才叫"喊魂"，为生者招魂是"喊伴"。

据上坝村王珍凤讲述："当病者因惊吓而得病，母亲拿着一碗米一个鸡蛋及孩子的衣服，点着草火（用当地稻草制成的火把），来到孩子受惊之地，她用钉耙刨刨地以引起响动，口中喊着病人的名字，说：×××，赶快回来，要回来穿衣吃饭，要回来管儿管女，要回来管老管小，不要在外面受冷受冻。连喊数遍，再折头往回走，途中过水沟桥梁都要喊，到自家大门还要拍着门喊。进了家门，将衣服给病人穿上，接着把煮熟温热的鸡蛋一手在孩子胸前滚，一手拍其后腰，说：三魂七魄咯归身了？（"咯"，方言，"是否"之意）病者答：归身了，归身了，归身了；又说，三魂七魄咯回来了？答：回来了，回来了，回来了。"

"喊伴"需早上五时以前，那时路上没有行人，不受干扰，连喊三早上，据说病人大多会痊愈。有人受惊吓之地离家很远，甚至隔山隔水，这时只要认准方向并且由母亲出面，农人说，再远的路其魂都喊得回来。

为常年生病的人"喊伴"，就在自家灶房点锅灯，即在锅内放上菜油点亮的灯，再用筷子在旁横横竖竖搭成桥状，口中念道："隔山喊了隔山来，隔海喊了隔海来，你要嚓嚓嚓地来。"

昔日，"喊伴"在此地很普遍。一位妇女说，喊着魂回来，就圆圆满满。

远处人怕水，因不熟水情；近处人怕鬼，因太熟人情。就因为对死亡的恐惧，人们演绎出多少形形色色的驱鬼招魂的文化来。

人们说，"喊伴"以母亲之喊最为有效。荒诞迷离的习俗背后，我分明看到了一颗母亲的心。她们像母鸡护小鸡一样，抵挡着那个叫"厄运"的恶老鹰，以保护自己的孩子。

3. 为动物做节

云南红河的哈尼族于每年六月举行的一种仪式称"苦扎扎"，就是秋千节。人们坐着木制秋千在梯田与森林的方向之间来回摆动，越摆越高，年轻人的叫喊声说笑声打破了山野的寂静。

然而，这个看似游戏的节日却流传着故事，包含着人与自然关系的哲理。

传说哈尼人在哀牢山垒梯田几乎将大山翻遍，那些世居泥土的动物如蚯蚓、蟋蟀、蚂蚁等被搞得妻离子散、家破人亡，于是它们向天神告状。虫们展示自己的残臂断腿和同伴的尸骨，要求天神主持公道惩罚人类，说，如果你不管，我们会让人的孩子不能长大，庄稼不能收获。天神偏爱人类，他怕小动物们真的实施报复。便说，你们不要加害于人，由我做主惩罚人类，每年六月田秧栽完，你们到田地去看我如何惩罚人。天神暗中派两个小神叫"威嘴""石批"，向哈尼人传达天的旨意：你们在栽完秧种完苞谷后，在村庄周围支起磨秋，尽情玩乐，好像在受罪一样。

虫们看到人在空中上下折腾，鬼喊辣叫的样子，便信了天神的话，不再报复人类。

故事中，天神与人共同欺骗了小动物，然而也同样反映出哈尼先人已经有人与动物共同拥有世界的朴素观念，他们用秋千向动物象征性地表示道歉与赎罪。

有这种观念的民族一定不会漫无节制地享用土地与一切资源。

4. 男人的节日

中国的大多数宗教，只要庙宇落成菩萨坐定，日常的信奉崇拜者大多为女性，磕头的、拈香的、求签的，十之八九为妇女。究其原因，我以为其一是性别使然，男性刚强，女性阴柔，阴柔者更易坠入神秘。其二是家庭角色使然，女性的母亲情怀，使其对丈夫、父母、儿女的护佑关爱常显力不从心，因而祈望神助。其三是社会习惯使然。

吹起公羊、母羊的号角，牵上即将作为"牺牲"的绵羊，路南大糯黑村"密枝节"拉开了序幕

在密枝林，毕摩（蹲踞者）焚香念经，清一色的撒尼（彝族一支系）汉子伫立一旁。只是人人燃吸的香烟使祭祀的肃穆减少了几分。
（瞿建文供稿）

但也有例外，昆明石林县奎山大糯黑村的"密枝节"与江南无锡老家的"拜香节"是两个只为男人设定的宗教节日。

大糯黑村是彝族撒尼人，"密枝节"在农历十月十五日举行，据说是为了纪念五六百年前的祖先密枝思毛。那一次天降大冰雹，许多人与羊被打死了，密枝思毛与他放牧的羊群躲在一片松林中得以保全，后来才有了这些过密枝节的后代。

2003年12月5日，我应邀参加密枝节。

密枝节在村庄水潭上方的密枝林进行。这一天，按习俗村中女人不能出门，更不能到林中祭祀。8户轮办做节的8个男人与毕摩（经师）牵着一只羊，吹着羊角号，挑着食物及香进入密枝林。在树林中，男人们要祭祀神石、宰羊并为全村人做一顿饭。这顿饭名"密枝思毛造歇错"，是彝语，意思是为密枝思毛祭祀而凑的饭，做饭的材料是由全村246户人家凑出的246碗米、246个鸡蛋、246碗苞谷酒以及祭祀用的每户4支香共984支香。

由于性别原因，我不能进密枝林。我与村民王菊英聊天，看她喂牛；到织麻场拍照；还观看了彝族舞蹈大小三弦、霸王鞭、织麻舞、月琴舞。天黑时，有人送来了从密枝林送来的饭食，很粗放。正吃着饭，隐隐传来一声炮仗声，王菊英说，有人打着鸟了，在给大家报信。

在传统节日中，这一晚男人们在山上狩猎。打着的野物全村共享，女人于次日清晨上山去喝酒，全村还要宰两头牛。

纪念密枝思毛的饭，有两重含义：一是保护水源林，这片山林被视作神圣的禁地，平日里不准放牧、不准砍柴、不准女人进入。二是让每个家庭成员重温父系社会早期男人弯弓搭箭奔走山林的乐趣与艰辛，有回归祖先之意。

无锡老家的"拜香节"，是从母亲记忆深处挤榨出来的。在石埭桥的东北方向有山名吼山，它得名于传说：山中有神牛，它的头在居家弄，尾在九里桥，身长约数千米，平日，人们不见其踪影，只有在阴雨天才能隐隐闻其吼声。吼山顶有庙称山茅殿，殿中的菩萨为山茅老爷，估计

○ 消失的阡陌

这是位土主神。每年三月十八有拜香节，这是男人感谢母亲的节日，是男人为女人做的节。三月十七日晚，要拜香的男人香汤沐浴后住进本村香堂（寺庙），第二天一早，人们集合起来，由管事召集众人讲讲注意事项便出发了，每村都有一个香班，每班二三十人，近的步行，远的则乘船，来到石埭桥，这里是朝拜的起始地。人们整理好衣裳物件，然后排着队鱼贯而行，手中敲着小木鱼，口中唱道：痴心朝里，痴心朝里，十月怀胎娘辛苦……报娘恩。唱毕，朝拜者站住鞠躬，又唱着朝前走，又鞠躬，如此步行一里多地，再攀登数里山路来到山茅殿，然后进香跪拜叩头。

三步一拜的男子上妙高寺进香，这是昆明西郊三华山上有名的寺庙，始建于唐朝

母爱，是世上最伟大的情感，母亲用自己的血肉孕育人的胚胎。孩子诞生后，母亲又将自己的心血、智慧一点一点转移到孩子身上。当后代长成健康美丽的个体时，自己却已熬白了头、累弯了腰，从青春少妇变成了干瘪的老太婆。"拜香节"是我所知的最富人情味的宗教节日。

这一天，吼山上人山人海，都是游玩与做生意的人。在石埭桥桥头，我的爷爷钱云亭的面馆开张了，称"做节"，只开庙会那几天。

悦神娱己

你以为，人们费尽心力操办的庙会，仅仅是献给神祇的祭品吗？

1. 庙会节日，忘情欢乐的日子

正月初九是金殿庙会，省坝从四面八方来的人不仅要朝山进香，还要到这个有着铜铸金屋、明永乐大钟、雷震子壁画与满山大树风景秀丽之地耍耍。庙会主日在初九，实际从初八至初十前后延续三日。这三日，昆明人向披发祖师、张三丰等道教神仙磕头作揖进香捐功德。宗教讲个心诚则灵，香客们自以为诚心诚意功夫到家，敬完香，便将满腹心事的担子撂到神仙肩上，乐颠颠满山坡瞧热闹去了。

金殿庙会的玩场不少，有唱的跳的颠的崴的，其中有一台戏不可不看，这就是从海坝过来的老鸦营的狮子，这台狮舞称"庆丰"，因为该村寺庙名"庆丰庵"，农民最喜欢的也莫过于庆祝丰收。耍狮队伍五六十人，一色的青壮年汉子。排头奏乐的是锣鼓过山号，后面跟着由六至八人组成的秧佬鼓。再后是刀枪棍棒每样四人共十六人组成的劈挑腾挪武术，直看得人眼花缭乱。接着，四只大狮与四只小狮出来，大狮由二人扮演，小狮由一人扮演，它们在舞动小红拳的逗狮者指挥下摇头摆尾，一脸憨相，表现出的情感有如宠物对主人的依恋与邀宠。狮子后面是三个香亭，里面端坐着披发祖师、文财神、武财神。最后是舞蹈角色歪歪精（歪歪，土话，即蚌蛤）、大头和尚与细柳翠等。

金殿供奉的张三丰画像，这位道教中人在昆明留下许多历史印痕：正义路旁的三丰寺塑过其神像，莲花池村土主庙供奉其土锅，连黑龙潭上观的大朴树树疙瘩都被说成是他用过后摔出去的土锅

昆明东郊跑马山庙会盛况

庙会中人。没有评奖、没有补贴,只为自得其乐、只为放浪形骸

狮子从山脚迎仙桥直耍到山顶祖师殿，数百级的台阶，将耍狮的小伙累得皮塌嘴歪，观狮的直喜欢得合不拢嘴。

每年七月半祭祖后于晚间进行的"漂河灯"却是孩子们的最爱。是夜，金汁河庄子桥处，人们在一个个土陶制作的小碟中倒入香油或放置一根小蜡烛，点燃后放入河中，几千支烛火漂在水中长达数里，河边站着许多孩子，他们专注地看烛光在流水中漂荡摇曳、朦朦胧胧，越漂越远，想着火光熄灭的地方不知是何处，不由生出几许神秘与恐惧。因为老人说，七月半的河灯碰不得，这是放给孤魂野鬼的，谁抢得了第一盏灯，谁就可以投生去了。

福海、官庄，人称海坝一带的河灯又有些不同，河灯灯座是用六七厘米见方的小木板制作，底部涂以松香使之不浸水，表面粘上四五瓣锡箔纸制作的粉色或白色荷花瓣，花蕊处却是根小蜡烛，人们点燃蜡烛，放入水流中，口中念道："老祖，今年怠慢你了，你家慢走，明年早请。"（"你家"为方言，即"您"之意）放一盏灯，泼一瓢浆水饭。荷花灯很美，孩子喜欢，然而谁都不敢乱碰。大人说，河灯是老祖公的船，他们来过节后乘船返回，谁动着就会把鬼魂引上身，这时，眼前的那条河仿佛真成了阴阳之界。

滇池上也在进行放河灯仪式，这大约是一些有钱人家，家中有人罹难于水，他们雇了船请了端公师娘，这些巫婆神汉手敲木鱼引磬，口念往生咒，往水中放下一盏盏河灯，这是超度水鬼的。

旧时，没有专题的旅游交易会，一班看客吃客极留意各处的庙会，那是他们呼朋唤友、纵情享乐而不用忌惮老人责骂的时光。九月二十八日，是地处佴家湾的南天台会期，演戏三日热闹异常。这些人在戏台前看了一回白戏后，就三五成群散坐于草地，拿出一包包的美食如瓜子花生松子、凉拌豆腐丝、卤鸡卤牛肉等，因是席地而坐故称吃席子酒。据说凡大型庙会与传统节日，游客都会多至五六千人以上。

一些奇花异草也会使寺庙蓬荜生辉，令游客蜂拥而至。金殿曾有一棵五六百年树龄的茶花称照殿红，花开千朵，看着像一片红云。黑龙潭黑水神祠内一棵茶花为一品红，树身粗至四围。晋宁盘龙寺茶花为九蕊十八瓣，花朵大过饭碗，树龄亦在三百年以上。这些不凡的花映衬出寺庙的不凡，它们都是有悠久历史的古寺，其中黑龙潭寺庙据古籍记载已有两千年。

没有名花名树的寺庙也会制作稀罕物以招徕游客。正月十五是鱼街子（今马街）正觉寺的会，会间，佛殿上三四对其大无比的蜡烛令人拍案叫绝，蜡烛的直径有七八寸，长及一丈，烛芯是用两三寸粗的松树桩做的，再裹以麻片层层烧蜡。其粗可达人臂四围。一对大烛，须油百斤，蜡二十斤，银硃一斤。点燃时火焰有两三尺高，可燃三日。这些大蜡烛是周围村子一村一对凑的。

昆明的庙会多得数也数不清，择其要而列之：

正月初九，金殿庙会。

正月十三，海源寺庙会。

正月十四，正觉寺会。

正月十五，玉皇阁会。

二月初三，文昌阁会。

二月十九，翠湖海心亭、大土主庙、官渡土主庙均有会。

三月三，西山与黑龙潭有会。

三月十五，铁峰庵会。

三月二十三，白马庙会。

六月十九，观音山会。

八月十八，古幢庵会。

九月初九，圆通山登高会。

九月二十八，南天台会。

有如此众多的大大小小的庙会，省坝之人还会寂寞吗？

祭虫山庙会期间在山野搭建的饭店别有情趣，游玩的人们要上二两小酒，就着牛羊肉汤锅与卤菜，吃得有滋有味。但更有味的是朋友聚会

庙会中的大香有一人多高

庙会创造商机，农妇的小葫芦吸引得孩子流连忘返

巧手缝制的虎头童鞋人见人爱

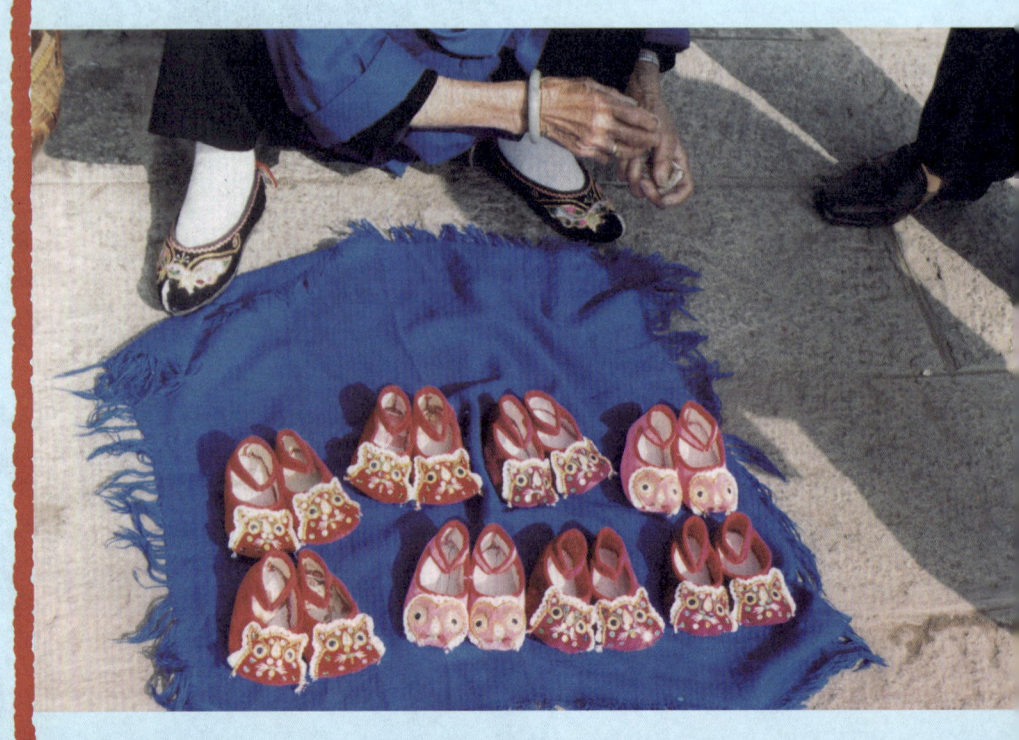

2. 庙会经济

庙会期间，除了人与神的交流，人与人的交往，还有商品与商品的交换。大凡规模大场地宽的庙会都是一个商品交易会。据前人记载，昆明七月二十七东岳庙会，其主要特色是小商品交易。除了正殿之前的戏台在上演戏文，配殿有道士和尚斋婆诵经礼佛以营造宗教氛围外，其他地方都是交易者的世界，整整一条三元街上，支满了各种货摊，有卖鞋帽、针线、尺头、花样、杂货。光绪辛卯年（1891 年）罗养儒曾逛过此会，他见到的摊贩由南头万寿宫直摆到三元宫，估算摊位有五六百个之多，三天的会，昆明城大约有一半之人到过这里。

近年，我先后考察过二月十九官渡土主庙会，三月三耍西山庙会，六月十九观音山庙会，六月二十四跑马山庙会和七月七祭虫山庙会。与古人相比较，今人更寄情于山水文化与娱乐。那数万人簇拥的庙会涌动着多少商机。聪明的昆明人让神佛搭台，唱戏的却是自己。

高傲的物种

在田野考察中，我很留意人与神的关系。人，这个地球上高傲的物种是如何为自己创造一个顶礼膜拜的神界。

1. 赵师塑佛

我有幸结识几个塑佛者，其中以小赵最善言谈。那天，在一个农村寺庙的偏殿中，他正在即兴创作，我向他请教塑佛知识，他说，塑佛者，要有点菩萨心胸，否则塑不出。塑佛，首先用松树桩立佛骨，以钢筋扎形体四肢，将稻草和绳子包裹在木桩上，做成佛的身坯。再把胶泥、沙、麻绒经砍、砸、揉等工艺做成佛泥在佛身进行泥塑，塑佛水平的高下，以此道工序最为关键，尤其制作面部表情，做得好的，佛的面相慈祥端庄，有灵性。做得差的，滞重木讷呆板，缺少生气。佛像塑好后，经一段时间的补缀、阴干、再着色。我问其不同佛像的色泽是否有规则，他说，总的讲，农村寺庙以大红大绿为好，因为欣赏的主体是农民。但是不同身份的佛像也有不同的色调讲究，如皇帝贵人，以黄色为主；一般神以平实的灰调子为主；武将以花色为主，金盔金甲艳丽夺目；文官要以品行职务的高低来区分，职务越高，色泽越华贵并且还配以不同品级的动物图像。听下来，与舞台艺术形象差不多，我想，这天上人间其实是一样的道理。

从交谈中，我了解到赵师爱好美术，从事民间工艺十多年。为从业塑佛，在大理拜师学艺，自己独立塑佛也已有三四个年头。曾在富民、玉门等地为灵芝寺、高峰寺、罗隐寺塑佛。他引领我观看其作品，有弥勒佛、土主、文武财神、地藏菩萨、牛头马面，还有龙王庙的龙王、雨师、风婆、雷公、闪电娘娘等，几十个佛教和本土宗教人物将不大的寺庙装点得熙熙攘攘、十分热闹。省坝农民凡神仙菩萨，均同寺拜之，并不管什么佛教道教，这是向来的格局。小赵塑佛，除了有点菩萨心胸与艺术功底，还掌握了传统宗教的基本知识。以塑佛为生，应是三百六十行中的一行，塑一个寺庙的菩萨要花费半年一年的时间，也属不易。

清泉村建龙王庙，将五尊佛承包给塑佛师价格为3600元，其中裹佛骨用的稻草索子由六七个吃斋老奶搓了三个来月，她们参与塑佛的动力，恐怕主要是做善事积功德。

曾经，省坝有大小佛寺数百上千，村村有寺，大村甚至有两寺。这些寺庙的菩萨神仙叠加起来何止万数，它们主要出自本土民间塑佛师之手，这样，费用低廉，农民能够承受。只有少数名贯西南的寺庙，才会花费数十上百万元，从全国请来名师圣手，以做堂皇之佛殿，如华亭寺在虚云方丈住持期间，由宁波请来匠人塑佛，历时24年，耗资120万元（老滇币）。筇竹寺的五百罗汉是在光绪年间由住持梦佛禅师延请成都巨匠黎广修及其弟子所塑，造诣精湛，冠盖中华。至于昆明地藏寺的古幢，据刻石纪事的《造幢记》称，是宋时大理国佛弟子议事布燮（即清平官，相当于中原王朝的宰相）袁豆光为鄯善城长官高明生亡灵祈福所建。石幢共7层，刻佛像300尊，仿须弥山制，层层上升，由大海达天宫，以"南无尊胜大佛母"为最高佛，有浓郁的西南夷本土风格。石幢

神之间，近在咫尺。塑佛师为大理剑川人，赵姓

形的雷公，手中作业的法器竟是铁锤与钻子，身发达的腱子肉直如美国演员施瓦辛格

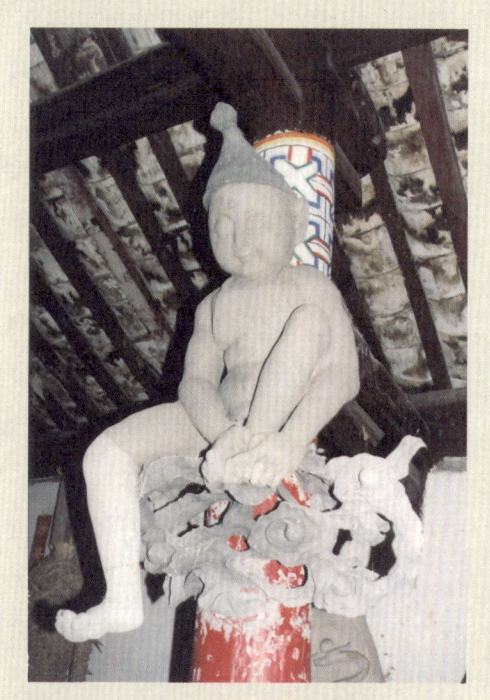

主掌人间痘症的痘官，竟如小儿般顽皮，他手抠脚趾，大约象征着出痘时的狼狈，长痂的表皮会层层脱落

距今已达 900 年历史，1982 年由国务院公布列为国家重点保护文物。

我巡游着一个个寺庙，从白邑的青龙宫、黑龙宫到省坝波罗村双龙寺、清泉村青龙庙、黑龙潭龙泉佛道两观、金殿祖师殿、棋盘山道观、海源寺佛殿、西山龙门三清阁、观音山观音寺、圆通寺、官渡土主庙、呈贡宝乐庵。我知道人们将这形而上的宗教称作上层建筑，这个建筑形似宝塔，塔底是广大民众为生老病死而祈福的诵佛声声、香烟缭绕，其高处却已进入哲学艺术的殿堂，它们都是昆明历史文化的重要组成部分。

2. 由人至佛

省坝寺庙所塑之神佛，大宗来自佛道经典，如观音、如来、玉皇、文昌等；其次为本土的英雄豪杰，如宜良、汤池传为老爷山土主与民女交合而孕的粗糠宝。还有一些却是村中有名有姓的前辈，他们为本乡百姓谋生计出大力，解决的问题往往与水利有关，百姓感激，在其身后为之塑佛置龛供奉。

昆明官渡晓东村有大寺，寺内曾有一尊泥塑高六尺阔三尺，旁塑二侍童捧笔墨伫立左右，神龛前有一楹联为"开渠引水救万民，立学训蒙培仕风"。佛像祀的是咸丰年间本村文人李孔仁号广惠者。其时他在云南府任稿公。稿公相当于现政府部门的文字秘书。没有官阶，但通文墨精典籍，府台衙门对上禀报往下布达诸事也都少不了他。因此，稿公在官府内是说得上话的人。家乡地处高亢山区，灌溉困难，生活艰辛，父老乡亲便呈书官府，要求在宝象河老崔桥下端建漾水坝，并挖一条麻线粗的引水沟以资灌溉，李孔仁代为辗转，呈请得以批准。开工那天，沿线七村数千村民每人凑一根麻线扎成一捆，水沟便以此捆麻线的直径开挖，遂起名麻线沟。沟长 7 公里，流经小喜、竹园、新治、陈祺、鸣泉、晓东等村，灌溉 6000 余亩。乡民为管好沟水，制定乡规民约刻于石碑，规定各村每年选派水长 6 人，轮流管理各乡村堰塘蓄水和小春豆麦用水。同时李孔仁还倡导办村学于寺庙。李孔仁亡故后，村人便在寺内塑稿公像，年年祭祀，村学新生也于开学之际向稿公行拜谒礼。

子君村正月十六举办庙会，白天迎佛，晚间开展"跑佛"娱乐，也是在纪念一位帮助过村民的官员。据村老介绍，民国时，本村与羊甫争水，子君地处河沟下游，因水流分界处的涵洞筑底过高，子君村得水甚少，要求对方将涵洞修低，不允，遂扯起官司。昆明县县长是板桥镇人，他出面调解无效，便悄悄支招，叫子君村晚上去修涵洞，筑洞的麻袋里装老蚕豆，豆经水泡发胀，麻袋看着鼓鼓实实，但经事不长，第二年，麻袋缩小涵洞底下降，水就汪起来，后来年年丰收。为感谢县长，子君村村保长召开会议，大家决定用香木雕一尊面容仿似县长的神像，称水官，列寺供奉。

正月十六日晚，开道的铜锣、大鼓敲击发出哐、轰的声响，一些青壮年抬着水官等佛像，从村头李家大巷出发，沿途经过13条巷口的13个公房，直跑到村尾，在30米的距离中有人阻拦，这时围观的上百村民同声吼叫："佛喂吉沙！佛喂吉沙！"（彝语：跑佛）抬佛者拼全力冲击，堵截之人从正面、左右使劲拦阻，双方人数都有规定。如果跑佛一方被截住，要罚酒4亚（约30公斤）。

3. 鳝王现世

2004年农历四月初九，普照村的几个青年在邻近的七家村龙扳跤箐堰塘设网捕鱼，就是那个传说三龙女闹分家摔跤的山箐。水塘并不大，只是三四亩光景，开始几网只是小鱼小鳝，正自失望，后来的一网手拉时有点分量，起水一看，网底卧着一条大黄鳝，心喜，匆匆招呼伙伴返家，计量一番：长98厘米，重1.3公斤，粗处达人小臂，不由咋舌。消息传开，一些念佛的老奶连呼阿弥陀佛，说这怕不是普通黄鳝。捕鱼者也自有点心虚，他们先将几条小鱼小鳝杀杀煮吃，再磨刀准备拾掇大鳝，回头一看，黄鳝鼻子红红的，头像马头，身子似乎在长大，赶紧罢手。大家商量先把黄鳝养起来供人参观，下步再做打算。于是搞来鱼缸放水养鳝，怕它受惊，以筜草覆身，每日捉些青蛙、小鱼虾、泥鳅喂之。

自黄鳝被捕走，周围民众都不平静起来，东边山坡的冰箱厂职工说，七家村的宝被人拿走了。小板桥和昆明城一些信奉佛道的老人赶去跟养鳝人讲价，要买来放生，据说价开至千元，养鳝人没有同意。七家村人

这条大黄鳝长近一米，重1.3公斤，粗如人臂，这种稀罕之物使农民举行一系列宗教的崇拜活动：放生、塑庙、开光。(王海涛 供稿)

有阿拉乡七星村的龙潭，在龙潭出水孔处挖土盖村子后，就在此处发现了一条"龙"，后来那条一公斤多重的"龙"（娃娃鱼）被村民放生成为龙子龙孙的祖宗。张影 摄

唯恐黄鳝被害，要求对方送回，说，不然，村里人没水喝了。周围团转的村民职工几千人坐着中巴、拖拉机来看稀奇，场面热闹得像赶街一样。各种说法纷纭而起，有的说，自拿走黄鳝，堰塘水浑得像锈水，连邻村西邑的井水也浑了。有的说，看到黄鳝仰起身子时，头上有一对分叉的角。有的说，看到了龙须。

这个奇事惊动了昆明的千年道观——黑龙潭的龙泉道观，道士们过来看看黄鳝，听七家村老讲要放生，便算算卦说，以放原处为好。

一周后的农历四月十六日，放生仪式正式举行，道观免费为村子作法事。黄鳝被放置于一个大红盆中，上面蒙以红布，送入村中老寺，道士为它念经，然后敲锣打鼓吹动唢呐将它送到后山箐沟。村中抬红盆的主事老人告诉我，一走近堰塘，天就唰唰下起一阵小雨，水塘边围观的人数百，到达水边，她将盖头揭起，黄鳝抬起身子，东面看看，西面看看，一头纵入水中，游到水塘中央，还回头又看了看。

这条被大家钟爱的大黄鳝似乎沾了人气，有了人情味。人们意犹未尽，决定为它建庙立祀。

一年后的2005年6月25日，是农历五月十九，龙日，属金，七家村鳝王宫开光。因有普照村龚从仁帮助，我得以观看全过程。好像上苍也要促成这件好事，气象台也失了灵，预报暴雨的天却朗朗地晴。七家村人将一口村民饮用了数百年的古井淘洗干净。自从通了自来水，这口古井被遗弃数年，半年前我看到的古井是浑浊不堪的。但是它的质地好，水是从藏着大鳝的山箐深处流来的，人们将脏水掏干，在井底施以暴石灰消毒，只一晚，长方形水潭便注满清水，周边植被很好，人们借势在井壁靠山处建半厦式小庙，神像却是井壁上的一块大理石浮雕，图中两龙一鳝，栩栩如生，这便是鳝王宫，构思极好。水清冽甘甜，我用井边水瓢舀上喝了两口，口感不错。开光时，五六个道士各司其职，有的奏乐，有的用道家术语当主持人，一个手转令牌之人在小圆镜反射的日光下用朱笔为两龙点睛，周边的彝族老妇手举经符香烛、顶礼肃立。

鳏王高升光之理念高升光之现代"古人与自然与现代"相道"人与自然与现代"相道

受过训练并且有一定文化层次的现代道士手举令牌，主持鳏王宫的开光仪式，场面肃穆

戴眼镜的年轻道士为两龙镂雕点睛。石雕士右下角有像，在法镂的反光下它没有点睛。右雕士右下角有像，在法镂视龙神的大鳏

鳝王宫有联帖，额书："宝泉"两字。右联为：龙因鳝化呈祥瑞；左联为：潭以鱼跃护乡邦。为书法家杨向阳先生书。旁立饮水思源碑，点名主旨：太上设教。谕曰：道法自然。究之不外与自然和谐，与人相亲，与万物相善，故立忠孝于天地间，颐养浩然正气。设方便门以度人，彰仁义以显其性。

为这项福泽乡邦的善举，七家村村委会捐资28000元，七家村、普照村、南窑村、昆明、四川民众共71人捐资，一个公司也捐了资。

村人建鳝王宫以示施爱于人，也施爱于鳝、施爱于万物，这是一种很好的情愫。这一次的宗教崇拜，我以为明朗多于神秘。

宗教这种由人创造的奇妙文化，它伴随了省坝人数千年，在宗教被视为国之神器的封建时代，人们崇拜之；在宗教被斥之为迷信的时代，人们亦崇拜之。现在，智慧的人们还宗教以本来面目，叫作宗教信仰自由，我在乡间却不止一次听到乡人将自己膜拜神灵之举依然称作"搞搞迷信"，这里的迷信两字似乎是宗教的代名词，却又不尽然，它寓意复杂，流露出崇拜者的一种诙谐与无奈。何也？

世界总有隐秘的一角对人类保留，造化造人时就不让人洞察一切。有未知就有神秘，有神秘就有宗教。

宗教是人区别于动物的一大特征，迄今为止，尚未发现其他动物有主观上的宗教崇拜。宗教是人的一种精神能力与精神可能，因为从人的整体上看，他不能坦然面对一切。

宗教是一种生存的需要，有时是为了逃离苦难，有时是为了慰藉心灵。其实，它只是人在不可抗命运中期望寻找的避风港。

宗教，是人们在困顿危难、欢乐感恩时对上苍的希冀与诠释，是人们对上苍的一种解读方式。宗教，也必定是人们对人与自然和谐发展的祈祷。

人的文化，几多璀璨，几多诡秘。

七家村宝丰老寺门前的龙柱石，现在做了香炉墩台

人们将最丰富的想象献给神祇，这只栩栩如生的石青蛙，是个香炉

六百年前是一家

滇地移民图

云南地处云贵高原，这里是连接世界屋脊青藏高原与东亚丘陵平原的重要地理单元，也是贯通欧亚的行旅通道。云南古称西南夷或南蛮，起初，它更多是一个人文地理名称，起源于周朝以王都为中心对天下九畿的划分，先秦古籍《周礼》载：按照九畿规定的册籍，对诸侯邦国施贡分职，地方千里是王国的国畿，国畿外面方五百里是侯畿，侯畿外面方五百里是甸畿，甸畿外面方五百里是男畿，男畿外面方五百里是采畿，采畿外面方五百里是卫畿，卫畿外面方五百里是蛮畿，蛮畿外面方五百里是夷畿，夷畿外面方五百里是镇畿，镇畿外面方五百里是番畿。

因此，云南属蛮夷，是距都城4000里以外的地方，它的土地边远贫瘠，人口稀少，在王国征收邦国的赋税中，它是少之又少的。后来，随着封建体系的日臻完善，蛮夷称谓中就有了越来越多的不开化、落后野蛮的贬义。在周天子对这块土地界定为蛮夷之地时，这里应该生存着"元谋人"与"昆明人"的后裔，前者是以1965年从楚雄州元谋县上那蚌村发现的两颗古猿人牙齿化石命名的，"元谋人"距今170万年左右，较"北京人"早100万年。后者是以1977年与1982年两次在昆明市呈贡县龙潭山发现的古滇人牙化石命名的，"昆明人"距今3万年左右，为人类的旧石器时代。他们是云南最早的土著。

云南除了有土著，还有移民，因为这里曾经是逃亡者的家园。在蛮

消失的阡陌

荒时代，当人的生存主要依靠人力时，这里的逶迤群山、层峦叠嶂绝对使人望而生畏。但是对于逃亡者来说，何尝不是庇护。因为，高山巅有清泉，河谷间有大湖，泉边湖畔有可供人开垦立足的土地，还有少被外人窥视打扰的宁静。大山是慷慨的，当人们因种种不得已的原因迁移流落至此，大山河谷便收留了他们，从古之氐、羌、百濮、九隆到后来的汉满蒙回藏，莫不如此。而且一旦生根，人与山便生死相依再不分离，只留下那个祖先来自某地的流传口碑在山峦间漂移。

我游走省坝周遭，聆听着那个流传口碑。

位于省坝东北方向的东川驿道关卡兔儿关老人说，兔儿关取名于三国时期蜀国丞相孔明征南时。驿道南头的大波村村老说，本村刘姓是随孔明南进时落户此地的。

昆明席子营骆姓老人说，他们是唐朝武则天时骆宾王的后裔。骆写了才华横溢的《讨武曌檄》，被则天女皇叹为"有这样的人才，怎么让他做了叛逆，这是宰相的过错啊"。正史说，骆宾王在乱军中不知所终，村老却说，骆宾王被杀，家人逃亡。宋时，骆姓与杨姓一起来到云南。另一种说法是明初从应天府高石坎柳坝弯弯树流

八十多岁的大波村老人苏赵哑着烟锅说，本村刘姓是随孔明征南时落户此地的

落过来。

波罗村完姓与富民县完家冲完姓同出一源，完家冲马王山神庙前有立于 2001 年 7 月 29 日的完家村史志，上载：据考，明兴元灭，梁

富民完家冲马王庙神像，是村人为纪念祖先完都者的一次脱险，也是为感谢枯马的救命之恩而塑的

元代完颜氏后裔在富民完家冲落户已有六百余年。完家村胖小子以及藏在他背后的弟弟自得地骑在毛驴背上，令我惊讶的是小毛驴竟有此等驮力

王臣子完都者（另一说为完颜氏，蒙古族）逃离昆明，被明军追赶至富民三家大箐，完都藏身于箐内石洞中，追兵至洞口，看到洞中布满蛛网，路旁大树下有一死马骨架，遂离去。完都在该处二依冲上门就亲，后代有完者金花、完者银花、完者鲜花三子。为感谢枯马救命之恩，村人立马王庙祭祀至今。

元代，云南首次以行省建制纳入朝廷管辖，朝廷任命的首任省长为回族人赛典赤·赡思丁，其后裔姓从汉俗，分别以纳、马、撒、哈、赛、速、忽、闪、合为姓氏，他们大多数居住于云南，聚居在通海纳家营及滇池周遭，祖居昆明晋宁名贯海内外的中国大航海家郑和（原名马和），就是其后裔。

纵观滇地移民轨迹，两千余年不绝于史册。摘其要者有战国时随楚将庄蹻入滇的楚人；西汉时随郭昌及其他将领而来的秦晋豫陇人；三国时从诸葛武侯南征、部分滞留的川陕与西凉人；唐时被南诏国掳掠的巴蜀人，以及唐玄宗对南诏国主阁罗凤多次用兵均遭败北将士流离的中原人；元世祖忽必烈平滇时派驻的蒙古人、色目人、南人；明代征调的中原、江南人；清代由平西王吴三桂率至的北方人以及随后康熙削藩平吴派出的满汉大军驻守者等。

在历次移民入滇中，对云南疆域河山人口与民族分布起决定作用的是明代的移民实滇。明史记载，洪武十四年（1381年）九月，朱元璋命付友德为征南将军，兰玉、沐英为左右副将军，率师征云南，四个月后败元军主力于曲靖白石江。壬申，元梁王走普宁（今晋宁）自杀。洪武十六年（1383年）三月，明太祖召征南师还，留沐英镇滇。

从此，云南广布城乡的"随沐国公充军云南"的大移民拉开了序幕。洪武十九年（1386年）屯田云南。二十年（1387年），朱元璋命四川选精兵两万五千人镇滇，并以白银两万两千两购耕牛万头前往云南。从湖广征四万五千人来云南听征，同时带来耕牛两万头。洪武二十六年（1393年）二月，诏天下卫所军以十之七屯田。在明初的实滇中，有数十万户长江南北的壮丁百姓迁移至滇，还有前朝遗孽与犯罪生事者则是整族整族由兵丁押解称"有罪窜戍"。

这些移民大多被安置在平原坝子，这里是府州县治所在，是各地区的政治军事经济中心，如昆明坝子是云南省府治所在。明正德《云南志》载，昆明军屯有松华坝屯、黄土坡屯、岗头村屯、莲花池屯、白庙屯、波罗村屯等。所有军屯，后来成为移民新村，他们大多是汉人村落。云南的诸多城市如昆明、建水、石屏、曲靖、昭通、腾冲、丽江、大理等自此成为一个个移民城市。部分军屯设置于驿道的重要哨卡如驿、堡、铺、哨等处，屯民有事则军无事则屯。明代移民屯田以昆明规模最大，据李元阳《云南通志》载，昆明地区所设前、后、中、左、右、广南等六卫的军屯共计三十万二千零五十九亩，占全省军屯总面积的27.3%。前人形容明代的屯田是：诸卫错布于州县，千屯遍列于原野。自此，兵无更调之劳。粮无飞挽之苦，屯法一兴，边檄遂定。

明朝大规模的移民屯田，改变了云南人口的民族分布，从这时起，汉族人口跃居首位。这个重大变化产生的影响迅速深入至社会经济各方面。从此，这个西南偏僻省份与中原王朝息息相关了。

四年前，当我开始涉足省坝，听到一个个村寨的老农用浓重的昆明方言叙述祖先来自应天府（南京）柳树湾高石坎，是随明初沐英充军而来。从东面金马山旁的十里铺、小偏桥到西面玉案山脚的海源寺村，从北面松华箐侧的上坝村、长虫山腹桃园村，到南面濒临滇池的官渡镇，十之八九的农民众口一词，令我顿生惊奇与迷惑，这是真的吗？中原距昆明数千公里的关山，而且是在六百年前的明初。如果是真的，又是一个怎样艰难的过程。逐渐，我从农民与市民、汉族与少数民族处知道了那段不可思议的过去，这是一个充满搏杀与流血、颠沛与痛苦的过程。

松包麦芽一块瓦

明朝开国皇帝朱元璋出身贫寒，为了逃生当过乞丐、做过和尚，然而他天生俊雄。在元末政治腐败、灾害频发、天下大乱、群雄并起时，脱颖而出，十七年的逐鹿征战，胸有韬略，知人善任，终于削平群雄，推翻元朝统治者，夺得天下。可当他于洪武元年（1368年）君临天下时，面对的却是河山破败、灾民流离、田园荒芜，而且天灾还一个接一个袭击中原大地，人民怨声载道。当时，有一个江南小调是这样咏唱的："说凤阳道凤阳（安徽凤阳，朱元璋的出生地），凤阳是个好地方，自从出了个朱太祖，十年倒有九年荒。"民间还有这样一个传说：明初，在京城的一次元宵灯节，有人以竹篾与纸扎了一只数尺长的大红鞋，又扎了四个和尚，坐在鞋内，牵之以线，和尚点头，见者无不哗笑。这是公然讽刺朱太祖与马皇后，因为朱元璋困厄时当过和尚，马皇后是义军首领郭子兴的养女，跟着郭子兴戎马倥偬，未缠足，是一双天足。可见当时朱姓王朝多么脆弱。如果朱元璋没有有效的治国之策，他可能会如后来的太平天国洪秀全一样的命运。

朱元璋是这样应对危局的，他以全国性的大规模移民使劳动力与土地结合起来，并且用军事的力量进行统领、调配、管理。洪武三年（1370年），他下令徙苏州、松江、嘉兴、湖州、杭州等地无业者到临濠去开荒种地，并连续3年给予粮种耕牛。洪武四年，又徙山后民一万七千户及沙漠遗民三万二千户屯田北平。在之后的洪武八年、九年、十三年、十九年、二十年、二十二年、二十三年、二十五年、二十八年、三十年10次诏发屯田。其中有将官民犯罪者"输作屯田赎罪"的，有徙无产者屯田的；有以皇子带队率卫军出塞外筑城屯田的；有以军防为主兼顾屯田的；更多的是将普通百姓编军、立卫屯田。无疑，这种移民屯田是以军力做后盾，是强制的。屯所的管理置卫设营，有严格的户籍归属，因此少有屯民逃散者。清张廷玉撰《明史》记载，只有两次发生意外。其一是洪武十三年（1380年），雷击震动了皇宫的谨身殿，笃信天人感应的皇帝决定以施仁政、少杀戮的传统方式处理政务，他随后颁布大赦令，并释放在京与临濠的屯田输作者。其二是洪武二十年（1387年），营阳侯杨璟的儿子杨通续父职，他带领一支降军戍云南，途中多逃亡，被降职，从侯爵贬为普定指挥使。

其实，这种移民就田从周代就开始了，称作"遂师之礼"，以后各朝代都有施行，然而规模之大、人数之多，却以明朝为最。无疑，明初的移民屯田发展了经济，巩固了政权，加强了中央对边疆地区的控制，促进了边疆的繁荣与稳定。

但是移民的过程是痛苦的。无论是充军的、谪戍的，还是从江南鱼米之乡一个村一个村迁徙的，移民使他们抛却祖宗之地、离别热炕熟土，走向不可知的生僻之地、不可知的他乡族群、不可知的命运。尤其对于边疆地区的少数民族，即当时称作蛮夷与他们的首领土酋者，移民使他们从相对条件较好的坝区流离到山区、半山区。因此，移民激起少数民族的反抗是必然的，这种状况也同样见诸史册。

洪武十四年（1381年），明军攻下昆明，进而拔大理，平乌撒、东川、建昌、芒部。立乌撒、毕节二卫。洪武十六年，"土酋杨苴等复煽诸蛮20余万围云南府城"。沐英率军驰救，分兵剿灭，斩级6万。洪武十八年，麓川百夷思伦发叛，诱群蛮入寇摩沙勒寨，沐英派都督宁正击败之。洪武二十二年，思伦发复寇定边，众号30万。这次发生了象战，思伦发以百骑大象冲锋陷阵，沐英选骑兵3万驰救，用火炮劲弩破象阵，斩4万余人，生获37头大象。后来，又有麓川刀干孟、越州阿资一次次的反抗，都被武力平复。

随着岁月的流逝，矛盾减缓、冲突减少了，封建统治者逐渐以招抚与绥靖为主处理西南边疆民族问题。清代云南抚台衙门的东西两辕门上，横额书有"抚绥六诏　安揖百蛮"八字。安抚与和平成为云南巡抚的工作方针。云南在各族人民的艰苦创业中发展起来。

明初那段血雨腥风的历史还留有印痕吗？答案是肯定的，因为我触摸到了它的疤痕。

在昆明东郊的彝族村民中流传着一个神话故事。撒梅王是彝族首领，他率领部属与皇帝派来的将军打仗，战争进行得十分激烈，双方都有很大伤亡。但撒梅王是打不死的，王有绝技，他的头被砍掉后又会长出新头，将军总是不能取胜，便施美人计。后来，撒梅王讨了个绝色女子。

消失的阡陌

每次王要出去征战，女子就拉着王依依不舍，王安慰她说不用怕，他们杀不完我的头，只要脖腔上的疤不被筍帚扫着就会长出新头。在随后的一次战争中，王的头被利器砍下，一把筍帚覆盖其上，撒梅王死了，将军为防他死而复生，命人将其五马分尸，葬头的地方称关上，葬肚的地方称关渡，九门溪原称脚门溪葬脚，五里多葬耳朵。后来撒梅人从坝子撤到了省坝周边的地区。

长虫山西侧的桃园小村，流传着明代王氏一门九位将军的故事。村北有古坟称大坟上，葬着一世祖王彦忠，他官授武略将军，随沐英征南而来，镇守永平府，在与南蛮的一次激战中，头被打掉，其弟王彦泉为他收尸，弄了个羊头塞入腔内埋葬。

我从村民王正罗出示的家谱手抄本，后来又从王勤处看到原本，上面载着这个贯穿于明王朝始终的王氏将军世系：

始祖原乡籍南京省城内大阳沟人氏，特授武略将军。

一世祖王彦忠（黄氏），授武略将军，镇守永平府，因云南蛮夷叛乱，提调征伐，到此存住，生子王玉。

二世祖王玉（牛氏），世袭武德将军职，生子王宣。

三世祖王宣（谢氏），袭武德将军职，生子王英。

四世祖王英（申氏），袭武德将军职，生子王昇。

五世祖王昇（熊氏），原袭武德将军，因筹滇有功，加一级。后平夷有功，加两级升明威将军，新君即位，加一级升怀远将军，生二子，长子王甲，次子王科。

六世祖王甲（马氏），世袭怀远将军，新君即位加一级。因征战陇川，败阵回营，罢为民，生子王朝用。

六世祖王科（魏氏），宪追授，复征陇川有功，升授明威将军，生子王应元。

七世祖王应元（罗氏），袭明威将军职，掌前卫印。生子王镗。

八世祖王镗，世袭指挥职，生三捷，寿八十另，孙运昌袭祖职掌过三卫印。

（王三捷未授职，生运昌，指挥职）

祖父有寿，在任，三捷生运昌、运吉后，孙受祖职，接得诰封。

九世祖王三捷（牛氏），赠明威将军之职，佰祖运昌（马氏）袭指挥职，生长至、长仲。

十世祖王运吉，招勇将军，恭人山氏，大明甲科武举丑进士第十六名，初任云南楚姚守备转授武甸副将，生弼、鼎、彝。

待明亡清兴、改朝换代后，王氏"只得弃武执文，以诵读为事"，再没有出过将军。

从王氏家谱"始祖原乡籍南京省城内大阳沟人氏"句看，王彦忠不是随沐英而来，因为沐英死于洪武二十五年（1392年），当时南京是京城所在。王氏至早也在十年后的永乐年间随沐英后代戍滇，那时，京城迁至北京，南京遂成省城。口传"随沐英征南"，不确。

我到过大坟上，看那个装着羊头埋葬的王彦忠坟，想象着当年那些血腥的战争，有一种寒风掠过心头的感觉。

昆明桃园小村王氏家谱，上面记载着明代九门将军的世系

省坝民俗七月半祭祖，汉族、彝族给老祖宗供水果、肉鱼、糕点、酒、茶水，还要进香烧包，挂彩色纸灯笼，称轿子，外加两根芋头花称抬轿的滑竿。七月十一接新亡、七月十二接老亡，七月十五统一送祖，从程式到内容都相近，只有一丛麦芽与三个松包却另有讲究。我曾在龙头街仔细观看尚家祭祖，看到有两丛麦芽摆放于祭台上，问及女主人个

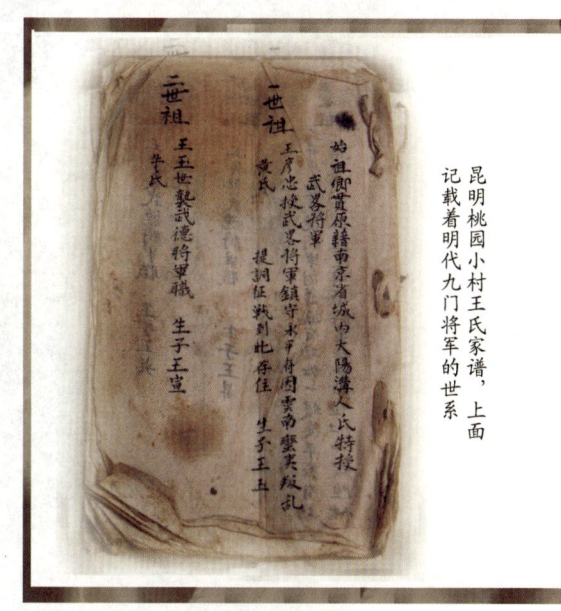

左页照片上为成大正、李春花夫妇二人。成大正今年五十三岁,李春花今年五十二岁。中年丧子,近年生活愈加艰难。

右页照片为成家七月十五为夭亡儿子烧纸钱的场景和成家十多年未曾改变的堂屋。(右)

中缘由，她说前人传下来，这是给老祖公藏身的。后来，到青龙村与毕明老人侃古，说起七月半麦芽祭祖之事，他正色地说，彝族不祭这两样东西（麦芽与松球）。他说起了在民族中流传的故事：以前，彝族住在昆明五华山南的正义路拓东路一带，明代被汉族移民赶出。有一次彝族打了回来，汉族死伤众多，只有两人逃出，一人躲在松棵（松树林），一人躲在麦棵（麦田）。汉族为感谢松棵、麦棵的救命之恩，所以就供这两样东西。后来，在普照村、大板桥的采访中，我又听到彝族李凤英、汉族李兰仙讲起这个传说。我把自己的不解告诉她们：彝族少数人也供这两样东西。她们说，这是因为有的人不知道，跟汉族学的。

阿拉乡彝族老妇头戴的帽子称"一块瓦"，它状如一块板瓦，用纱帕固定在额前遮风御寒。一位彝族老人给我讲一块瓦的故事，她说到撒梅王中计和彝族的败退。最后说，我们传下来的只有这块瓦。由此我知道了，彝族老妇头上的民族帽是七八百年以前的传统饰物。

我从麦芽、松包及"一块瓦"的传说故事中听到了六百年前移民的脚步声。

走到一起来

学者说，云南是民族迁移的走廊，这是真的。一拨拨的族群因战争、离乱、开拓，从西北、东北、东南而来。最早甚至可以追溯至华夏族的老祖宗黄帝与蚩尤时代，蚩尤被黄帝打败，他的族民向西南逃亡，后来就成为祖国多民族大家庭中的一员——苗族。这是苗族世代相传的歌舞与服饰上讲述的故事。

云南的山好，它如此宽厚博大，将外来谋生的人们一族族收容进它的褶皱中，让他们独立稳定地自成一体，在其中男婚女嫁或女婚男嫁，生儿育女，按照自己的习俗与爱好选择生老病死的各种方式。于是，在这块土地上，就有了众多民族和多姿多彩的民俗文化。

江南移民从吴侬软语的故乡来到这山高水寒的异地，他们面临洪涝

笔者与云南省文史馆员李瑞。李瑞先祖李凤章于明初随沐英征战云南曲靖白石江，因受重伤被彝族草医救治，从此成为彝族上门女婿，代代落籍马龙。李瑞曾祖将发展重点移至昆明，后来，就有了经营官家衣帽店"京都·仪鸿斋"的祖父，在民国昆明市政府工作的父亲。至李瑞却成了文人

笔者与云南省心脑血管研究中心专家徐章的母亲胡沅秋聊天，老人九十高龄，话锋仍健。她是昆明合香楼老板胡云峰的曾孙女，满族。胡云峰是清末宫廷御膳房厨师，跟随总督穆占阿来昆

彝家虎虎小儿郎。普照村男孩龚继宏，他的曾祖龚树恩，江川三家村人，明代移民后裔、汉族。民国七年（1918年），龚树恩到昆明大、小石坝彝族聚居地贩布，人称"布老龚"。子龚从仁讨彝家女李凤英为妻，后来的两代，便都成了彝族

灾害、瘴疠瘟疫、豺狼虎豹侵袭时的感受与当地土著是一样的，生存的压力使他们尽快地摒弃前嫌，融入当地的耕作与生存状态之中。在省坝立定脚跟的移民首先要向比他们早来此地几百甚至上千年的各民族学习谋生之道，学会在什么田种什么稻，在什么山砍什么柴，在什么水打什么鱼，哪种野生菌没有毒，哪种野果能度荒，哪种草药能治病，哪种土法能防瘟。云南的少数民族，是热情好客豪爽的，当他们抚平伤痛，在新的居住地扎下根来，同时也从新移民那里得到外来的籽种畜种和新花样的农具、学到更为先进的耕作方式，感受到另一种博大精深的文化魅力时，他们接纳了外来者。再后来，不同民族的小儿郎坐在一个学堂拜师学艺，成为师兄弟；两情相悦的异族男女结为夫妻，一群群人因此而成为姑老表亲。人们同治山同修河，向同一个龙王祈祷风调雨顺，向同一个土主老爷祈求清洁平安。面对月有阴晴圆缺，人有旦夕祸福，大家感受着共同的欢乐，领略着相同的痛。于是，不同的民族就走到了一起。

我知道汉族与少数民族之间最早的交融是通婚。省文史馆员李瑞的先祖李凤章是武将。他跟随付友德、沐英、兰玉大军征南，在曲靖白石江与梁王军大战时，他的腿被元大将砍断，只得留下疗伤，一个彝族草医为他补胯接骨，医好刀伤，他上门做了老草医的女婿，在马龙落户，功授千户。后世几乎代代与彝族通婚，并潜心学习医术，留下医书《彝本草》，惜乎在20世纪的"文化大革命"内乱中遗失。

车家壁毕政顺说本村先人是南京三兄弟中最小的一个充军而来。该村世居彝族，想必本村毕姓先祖也是汉族青年招赘上门的。

省坝东南阿拉彝族乡有村名河岸，坐落于宝象河河湾处。一百多年前，这里是一个无人立足的乱石河滩，从巧家、宣威等贫困地区和官渡义路等地因躲兵（逃避抽壮丁）、逃荒而来的杨姓、李姓等汉族，在河滩搭起窝棚住下，为人打工盘田。当地彝族好客，只要外来者与之相处好，要田，给点盘盘；有瓜头菜脑，就送一点。这些穷苦人就在此落下脚跟，子女婚姻大多与周围彝族通婚。20世纪二三十年代，这些外来人利用三十多亩的闲置河滩，搞成了马帮驿道上的歇脚处。从宜良、陆良、路南挑着鸡蛋赶着驮马上昆明的人晚上在此歇脚。马帮住河滩，人们将马驮子围成圆圈，马在外面，马锅头搭起小帐篷住在中间。全村十多户人家围着商道做起小生意，其中：开饭馆3家、住店与茶铺4家、烟馆1家、摇宝1家、豆腐坊2家、碾房3家，生意直做到公路开通马帮歇业为止。现在河岸村已繁衍至54户人家，两百多口人，其中彝族50户，汉族4户。少数民族语言的传承做得比有些彝族老村还要好。

人在感怀、悲伤、欢乐时会长吟、放歌、动舞，各民族都不例外，尤其是少数民族，这大约是他们的生存环境过于寂寞所致。优秀的歌舞娱乐即人们所称文艺者，它像风一样会无胫而走。特别是在平原坝子，简直没有什么可以阻挡它四散的脚步。

省坝人都知道，六月二十四的火把节是彝族、白族、纳西族一年一度最隆重的节日。火把节的原意是这样的：农历六月下旬是稻谷、玉米等大田作物扬花授粉、接近成熟的季节，也是各种病虫危害最烈的时节，人们在夜里点燃青松火把祈祷丰收，也用这熊熊的烈焰祭祖驱邪以保清洁平安。这天晚上，地处省坝东南的阿拉乡、西北的沙朗乡等彝族白族村寨燃起一堆堆篝火，人们纵情歌舞、通宵达旦。

长虫山西侧的汉族村寨桃园小村，也在进行着火把节的狂欢。天擦黑，人们燃起火把从屋里经灶房来到户外，然后举着火把周游村中街道、场坝，总要让烈烈炬火把人们日常聚会行走之地照个遍。在村寨土路上，一溜耍动的火把像金蛇狂舞，时时可见火把被松脂激出的火星四溅的光焰，这是持火把者撒出的松香。一些老人跟随在一支支火把的后面，对举火把者说："来敬我！来敬我！"小伙子将火把朝向老人身旁，随手从挎包中抓起一把掺了糠的松香粉末投向火中，只听嘭的一声，火花与热浪撩向老人，老人摸摸热和的衣裳与发热的脸庞，满意地笑了。年轻人则你敬我，我敬你，互用火把逗乐。那些于此日赶回娘家过节的女人与她的丈夫是火把特别关顾的对象。人们笑着闹着，直玩到半夜才歇手，据说过去省坝不少汉族村寨都举办这样的火把节，后来因人口密集居住拥挤，为防火险而逐渐废止。长虫山西侧农家居住分散，该节得以保留。

老人说，六月二十四的火把吉利平顺，人被照撩不易得病，庄稼也一样，过去还有举着火把绕稻田的习俗。

这起源于少数民族节日的火把何时跑到汉族手上，而且保存得更原汁原味，不得而知。

花灯是汉族的娱乐。据前人考证，它的渊源是明初移民从江南带来的小曲花鼓，这种小曲一般倾诉的是穷人的心酸苦楚，观众也以下层人民居多，因此台上台下极易产生共鸣。花灯曾遍布昆明城郊。村村寨寨几乎没有不唱花灯的地方，年节里庙会上一台台火红的花灯，抚慰了多少寂寞饥渴的心。

彝族古有"颠歌"，颠歌者，颠也，那喝酒喝得微醺的男女跳舞时拍手跌脚，如痴如醉。颠歌，真是名实相符。彝族舞蹈，最有名的是五跳和烟盒舞，五跳为跳月、跳乐、跳脚、跳歌、跳霸王鞭。记得那次我在路南圭山大糯黑村过密枝节，观看以弹三弦与月琴为伴奏的"跳舞"，一群男女乡人把日常生活的男耕女织、男欢女悦都跳了进去，直看得我如坠云雾，不知所以，凭直觉，那其中一定有这五跳。

彝族视歌舞为生命的一部分，他们说：有嘴不会唱，白活在世上。有脚不会跳，俏也没人要。一年苦四季，歇上几天气，走拢唱跳玩，才算合谱气（方言，意思是道理）。彝族民歌是这样形容他们的歌舞的：

"听见弦子响，脚底板就痒。"

"太阳出山来打歌，跳平草地跳平坡，汗水不湿羊皮褂，阿哥阿妹莫歇脚。"

"阿哥跳断千层底，阿妹跳烂绣花鞋；跳起黄灰做得药，跳到天亮才快活。"

不知从什么时候起，汉族的这盏花灯递到了彝族手中，而且原本动作不大以小调为主兼以击打竹板花鼓小碟的民间小曲，糅入了彝族烟盒舞、霸王鞭。道具多至十四五种，有彩扇、烟盒、竹板、彩板、花环、花铃鼓、小彩棒、桨片（船家的划桨）、彩绸、绣球、灯笼、花棍（霸王鞭），连彝家年节时师娘祭神的扁鼓都进入了花灯。在历年阿拉彝族

彝族歌舞：跳三弦

官渡汉族的花灯，其民族服饰与江南传统服装一模一样

阿拉彝族乡花灯队表演扁鼓舞《青龙灯》，前排第一人为姜凤英鼓舞《青龙

乡的文艺会演中，花灯是一个主要剧种，那需要唱、念、做、打全套科班功底，唱腔有着二百多个调门的汉族花灯剧如《柳荫记》《白蛇记》《卖水记》《蟒蛇记》《莫愁女》，彝家男女演得那么认真。河岸村的李树仁、阿拉村的李泽甚至创作了彝族花灯剧《边寨女民兵》《上好第一课》。用汉家酒瓶装彝家土酒，看各族人民在精神世界中有如此丰富的融通变异，不亦乐乎。

六百年前是一家

唐天宝年间，云南是一个令中原百姓谈之色变之地。在天宝十年（751年）与十三年（754年），唐与洱海边的南诏发生了两次大规模的战争：一次是鲜于仲通统兵8万，一次是李宓将兵10万，均以失败告终，前者损失6万人，后者全军覆没，连元帅李宓都沉江而死。这是那个宠幸杨贵妃的皇帝李隆基政治失度，对地方民族关系处理失当而一手造成的。两次战争加速了唐玄宗李隆基的垮台。

16万精壮男子毁灭（或流落）于云南叶榆（今大理）西洱河边，这让中原多少家庭沦于丧子（夫、父）之痛，我们已难想象。但是唐代著名诗人白居易却在战后六十年以一个通过自残因而躲过战争保住性命的老翁之口叙述这天下之痛，这首诗名《新丰折臂翁》：

　　无何天宝大征兵，户有三丁点一丁。
　　点得驱将何处去，五月万里云南行。
　　闻道云南有泸水，椒花落时瘴烟起。
　　大军徒涉水如汤，未过十人二三死。
　　村南村北哭声哀，儿别爷娘夫别妻。
　　皆云前后征蛮者，千万人行无一回。
　　是时翁年二十四，兵部牒中有名字。
　　夜深不敢使人知，偷将大石捶折臂。

张弓簸旗俱不堪，从兹始免征云南。
骨碎筋伤非不苦，且图拣退归乡土。
此臂折来六十年，一肢虽残一身全。
……

这真是，亡者已了，伤者抚痛。天宝战争的结果是在云南洱海边留下了"万人冢"，即"大唐天宝战士冢"。

天宝战争也是少有的一次由云南而影响中原政局的历史事件。其时，唐深受吐蕃侵扰边关之苦，却轻易与南诏开战，将南诏推向吐蕃。而南诏国主阁罗凤在其妻被唐派驻云南（今姚安）的太守张虔陀侮辱，愤而向大唐上表控告张的六条罪状，不理，遂起兵问罪，杀张虔陀，取"姚州及小夷州三十二"。在鲜于仲通率 8 万军进讨时，阁罗凤差人带着状纸去辩冤，使者切陈丹款，至于再三，并愿再置府城，归还俘虏。但遭到严词。于是，阁罗凤与吐蕃联合，前后两次大败唐军。当此时，深谋远虑的阁罗凤令人撰文刻碑，将天宝战争的近因和经过载于其上，于 766 年立于王都太和城国门外，是为《南诏德化碑》，并交代后人："我上世世奉中国累封赏，后嗣容归之。若唐使者至，可指碑澡祓吾罪也。"为二十八年后的贞元十年（794 年）其孙异牟寻归唐留下伏笔。在历来被中原中心论者斥之为"南蛮"的西洱河边，有这等雄才大略的政治家，当其时也，真可谓"长安"不大，"太和"不小。

明朝，人们却是唱着"人人都说云南好"的歌来到云南。尽管，迁徙的三四百万人中的罪犯、降卒与洪武皇帝的政敌是被武装押解至此，移民中作为平民的农民市民大多亦非自愿远戍，但这时的云南肯定不是唐天宝年间被中原人视作的死地，滇池周遭的富庶、高原风光的旖旎、气候的宜人，被先至的付友德、沐英及将士们大加渲染，否则，以朱元璋初定天下的国力，如何能以武力押解数十上百万人入滇。当时的情状，应该是素来富饶的江南被战争与天灾弄得田园破碎，人力凋疲，洪武朝根据其屯垦戍边的国策，一面加强宣传云南之富美，一面将江南数省人

笔者与老鸦营老人孙正清、毕全款古（款古，方言，指摆谈过去的事情。）

老鸦营移民的先祖从江南带来鱼鹰蛋，孵出水老鸦，从此载舟滇池、打鱼为生。后代在村中老寺"庆丰庵"山墙绘上它的形象以做本村村徽

口密集地方的民众以村族、街巷成建制地组织起来、立伍设长,一批批集中至应天府(南京)柳树湾高石坎宽阔的营地进行训练,晓之以义,动之以利,并且还有对如若逃亡将会受到严惩的警戒,然后这些既无奈又希冀的人就一批批踏上征程。数千里的驿路,近半年的跋涉,途中肯定设立了官家的支供站。当他们到达云南,便被安置于各山间坝子,安营扎寨,分与耕地种子,根据当地治安之需,或三分屯而七分守,或七分屯而三分守。数户一村,官家鼓励屯民与当地少数民族女子通婚。经数十上百年的劳作繁衍生息,这些脸颊刻满滇地风霜的农民,却牢记先祖来自应天府柳树湾高石坎的遗训,在滇池、阳宗海、抚仙湖、星云湖等湖畔平坝以及迪东、迪南、迪西,在云南39万平方公里的土地上,几乎到处都可以听到这种说法,真是一种奇特的人文景观。

这些落籍云南的江南人曾经寻过根访过祖吗?老鸦营的老人李春吉、孙正清、毕全告诉我,老祖宗传下来,本村是南京柳树湾高石坎雷家寨人(老鸦营以雷姓居多),随沐英充军而来,安居乐业后,有人返回江南寻亲,把家乡的水老鸦蛋带回来孵化,从此在滇池边以渔业为生。大约是为了铭记这段历史,在该村老寺庆丰庵大殿山墙画着一只大大的水老鸦。

20世纪90年代,时任省坝龙泉镇干部刘建昌出差到南京,有意寻根,可城市车水马龙、行人匆匆,何处去寻这个高石坎柳树湾。只得怅然而归。

江南寻根不着,云南确有浓厚的江南情韵。20世纪40年代,从北方迁过来的西南联大知识精英,惊诧于昆明周遭农村村姑的服饰恰如江南采桑女,云南白族有着大照壁的民居很像江南住宅。

在21世纪开始的时候,我带着对省坝移民文化的浓厚兴趣,一头扎进这些满口昆明土话的江南人后裔中,我听到他们的语言中有我熟识的乡音:女儿叫囡,摔跤叫攒跤、跌跤,竹制的滤器叫筲箕,扫把叫筲帚,酒杯叫酒盅,打谷器叫连枷,做买卖叫做生意,不洁叫邋遢、龌龊,东西重叫重掂掂……

笔者与江南移民后裔王珍凤（右），笔者小心翼翼地拥着她，就像拥着失散六百年的姐妹

大波村村民蒙绍兵（左一）、刘裕（左二）、金成富（右一）陪同笔者寻访江南钱姓移民

笔者与双龙乡老蜜蜂窝村江南钱姓移民后裔合影留念

●◎ 消失的阡陌

还有在往昔长长的岁月中，我幼时在无锡泥泞地穿过的钉靴，那铁钉击石的嗒嗒声，也在昆明大街小巷的石板路上回响。

那次，与王珍凤在沙朗的田埂行走，她说，老人讲，小脚趾的指甲外侧有一个小小分叉的，就是南京来的印记，她有，桃园小村王姓后裔都有。我心头一热，我也有，不过母亲说，江南钱姓小脚趾的小叉是祖宗由乌龟投生的印记。后来，在省坝我一次次又听到这小脚趾分叉的故事，不知为什么，我有一种要流泪的感觉，有一种江南人要与他们认亲的强烈冲动，这是一种失散了六百年的兄弟姐妹父老乡亲相认的情感，是一种文化的认同。云南，你有多么奇妙的人文内涵啊。

我仿佛看到，在漆黑之夜，金汁河旁盘龙江边，在现今叫金刀营、罗丈村、上坝、羊肠村、麻线营等村落的地盘上，燃烧着一堆堆篝火，光着脚板、穿着褴褛衣的屯戍之人在唱歌：

自从呀哈那年生下个朱太祖，我们十年天干九年荒。
天干十年不下雨，井底开裂树头干。
三月清明下大雪，七月秋风下早霜。
蚕豆穿成素珠卖，灯盏打米过日光。
大户人家有米卖，小户人家卖儿郎。
只有夫妻无有卖，身背花鼓上云南。
人人都说云南好，手中无钱到处难。

——云南农村戏曲"打花鼓"

这真是：江南好，风景旧曾谙。日出江花红胜火，春来江水绿如蓝。能不忆江南？　　　　　　　　　　　　（白居易《忆江南》）

四通八达的马道

路，是人走出来的。云南的路，是人与马踩出来的，故而以往滇人常常将路称作马道、马路。滇地马路曾经是世界上最艰难的路，沿途有数不清的崇山峻岭、急流险滩，随时会遇到虫豸虎豹与贼人强盗，还有看不见的杀手烟瘴瘟疫，单人独马行走其间简直是找死，途中行走的都是结帮的人与马，尤其是长途跋涉，必是数十甚至数百匹马还有领头的称马锅头，牵马的称马脚夫及护卫的好汉豪杰，一干人马浩浩荡荡，因此旧时云南的商旅直称马帮。

商旅古道默默存在了两千余年，到了20世纪90年代以后，它突然成为一个文化与商品品牌。对云南古道最先进行较系统的文化历史考察的是云南省社会科学院的学者徐冶、王清华和昆明市科协段鼎周，他们将西南古道与北方丝绸之路、南方海上丝绸之路进行比较，并为之命名"南方陆上丝绸之路"，他们的西南文化初探之一的书就是以此命名的。以中国古代对外大通道视角而言，这个命名是十分准确的，作为首次对古道文化进行研究，这种宏观思路也是十分有益的，故而，人们现在也常用"南方丝绸之路"来表述云南古道。

但是，如果要对古道进行个性化审视，丝路之称却并不达意，因为云南古道几乎不运载这种来自中原的薄如蝉翼的高级奢侈品，这里驮载的主要是茶、盐这些高原生存必不可少的食品。于是，就有了云南大学木霁弘教授与一批志同道合者对古道的生死追寻，有了《茶马古道考察纪事》一书，有了电视纪录片《茶马古道》和一系列以古道为背景的影视作品。后来，就有了将马帮文化、茶文化与茶叶商品相结合的云南马帮进京与进藏的运作。世世代代只是为有钱人提供更多有钱机会——向来只会输出原材料的淳厚云南人，终于开了一次窍。只是让马帮行走在现代繁忙的公路却显得过于沉重。

其实，历史上的茶马古道称五尺道、灵光道、永昌道等。并且各个地方的人由于不同的视角对古道有不同称谓，当年的昆明人将身边的马路称为通京大道又名北京路，这是从云南经贵州或广西到北京的两条路；称之为迤西大道，这是经楚雄、大理、腾冲至缅甸走夷方的路；称之为西北大马路，这是经川西、大小凉山进藏的路；称之为东川大道，这是经兔儿关、东川、昭通至四川宜宾的路。据说在省城内曾有指路的木牌，上面赫然大书着这些路名。

通京大道据《元史》载，它建于至元五年（1268年），是宣慰都元帅宝合丁设立的，途中驿站，时称站赤，这是元朝设立的驿传之称。当时这条通元大都（北京）的驿道，应该是由滇东曲靖经贵州普安北上的路。后来在明史中，时见云南省府大吏们叨叨着，只有独一条赴京城之路是多么困难。至清雍正十三年纂的《云南通志》"驿传"条目中，有自云南府东南呈贡、宜良至广西田州上京的驿路，称新建驿站，由此可以推断，这条新的北京路成于康熙雍正年间。

西北大马路，在三国孔明征南时就有此道，其中一段叫建新道。后来因战乱而荒弃，明天启三年（1623年），官府以白银六万两复开此道。

至于那条迤西大道，它应是汉代蜀身毒道的一部分，加上东川大道，就是蜀身毒道全部。迤西大道，它是连接云南滇池经济圈与洱海经济圈的重要通道，在云南南诏国与大理国时肯定得到了重点经营。

对于中央朝廷与云南府来说，营建与维护古路驿道是十分重要的，它关乎边疆的稳定、政令的通畅、商旅的往还，还有与中南半岛藩邦外交关系的实施，可以说，古道驮载着现今国家交通部、商业部、外交部的某些重要职能。因此，历朝历代对路政建设都不敢掉以轻心。

2004年跟着马帮，对马帮与茶文化嘉谋益后的马锅头合影，走了一公里路，并且在昆明北市区马市场当当，藏族，是大型纪录片《茶马古道》女主角。她叫格当柳，人们重新吆马进京，老者

小伙子搂着心爱的马，眉眼中流露出些许担忧，似乎在叮嘱它：伙计，前面有八千里路，你要努力啊

马帮行进在悬崖峭壁间。(木霁弘 供稿)

赶马人们在山野牧场打尖歇马的时候,要清点马驮,理舒鬃毛,也要整理行装。(木霁弘 供稿)

四通八达的马道

元朝，云南通省设驿传站赤78处，其中马站74处，马2345匹、牛30只；水站4处，船24只。中庆府相当于现昆明市辖的马站6处，马311匹，其中在城站马150匹，嵩明府杨林站马30匹，晋宁州站马20匹，安宁州站马37匹，路品站马37匹，禄丰站马37匹。

明朝《明会典》载，自京师达于四方，设有驿传，在京曰会同馆，在外曰水马驿，并递运所，以便公差人员往来。云南全省设驿站73处。

清代，云南置驿81处，设铺24处。其中云南府昆明县设7铺，为县前铺、金马铺、板桥铺、赤水鹏铺、黑林铺、碧鸡关铺、清水铺、配备铺司32名。最大一个驿站在省城，称滇阳驿，设马60匹，马夫30名；同时云南府的在城堡也附设在滇阳驿，设堡夫100名。这些马匹马夫吃的是皇粮，滇阳驿马夫30名，每名每日工食钱5分4厘，年共银583两2钱；马60匹，每匹每日草料银7分2厘，年共银1555两2钱。可见，于全国驿站配置的马与马夫开支的工食银是一笔不小的款项。

当驿道传递军务机密时，朝廷专设押密的"驿传符信"。元朝对最急的驿传授以金字圆符，其次为银字圆符。明永乐二年（公元1404年），朝廷专为云南极边的"缴外土官"，如车里、木邦、缅甸、老挝六宣慰司等18个土官衙署设置"信符金牌"。所谓金牌，是铜铸信符共五面，一面铸"文行忠信"阴文四字，另四面各编某字一号至一百号的阳文，某字以18个土官辖区的第一字标识，如车里以"车"字号，缅甸以"缅"字号，同时设有批文、堪合、底簿。阴文信符与堪合给土官，底簿给云南布政司，阳文信符与批文执掌于朝廷内府。当朝廷向某个土官发号施令时，廷使必须持阳文信符及批文各一，至云南布政司与底簿相合，省府派出的使者至土官衙署与阴文信符及堪合相符，才付诸实施，否则，就是作伪造假。对作伪者，押运京城处死。

驿程配置马匹之数量及驰行之速度，是以官阶职务的高低与驿传信件的重要等级相区分的。

●○ **消失的阡陌**

云南马道对朝廷而言除了政治军事所需，还要通过它运送特殊物品，如珍宝奇玩、贡茶、贡象等，既是满足皇室与京城所需，也是显示国家的强盛与富庶。其中云南普洱茶上贡朝廷始于清康熙朝，某一年皇帝下旨给云南总督，要他支库银采买普洱茶5担，派员运送京城供内廷使用。后来年年进贡成为定例。到嘉庆年间，皇贡翻倍为10担，再加10担为付贡，是送给内务府的大小官员和六部堂官的，装成40箱，外加鹿筋、熊掌、虫草、黄木耳等名贵土产，一共有五十多口箱子。贡物由督辕、抚署各派戈什哈二人，承差二人，再雇马锅头、马脚夫，每口箱子都插有奉旨进贡的黄旗，从府城出凉亭十里铺，经沾益平彝至贵州，再经湖南、湖北、河南入直隶省而达北京，沿途地方官都会派兵丁差役护送。

云南马道对于百姓而言，那真是家家户户的生活依靠。一个个马帮像大篷车、汽车甚至火车，将甲地的糖、乙地的粮、丙地的果木，将全省各地以至邻省、邻国的商品融通交流，规模之大，令人咋舌。清末，

晚归
21世纪初，笔者在云南怒江丙中洛抓拍的从藏区返回的大马帮

省府有关部门对全省每年骡运牛运人运数进行统计，据各关卡报告，共有骡（马）数八万七千匹、牛数二万六千头，人数六万三千人，而且私运之数还不包括在内。同时，还统计了进出口货物。进口货为棉布、洋油、自来火、洋伞、洋灯、玻璃、肥皂、香料、手巾、纸烟、信纸、珐琅、首饰。出口货物为四川的黄丝、大理的硫黄、羊毛毡毯、皮货、胡桃、黄牛水牛皮、蹄角、骡马、大理府的茶叶、云南火腿、西藏里塘的兽皮麝香。云南马帮，蕴含着中国最早的商品经济与对外贸易的酵母。

马道上的动物

不言而喻，云南马道上行走最多的动物是骡马，但还有其他动物，它们有的凝重，有的却令人忍俊不禁。

马道上行走过大象。它们是贡品，来自邻国缅甸、老挝、泰国。当那些缴外番臣想要亲近一下中国皇帝，顺便观赏大国京城的繁华与领受皇帝赏赐的不菲财物，他们便雇了象蛮子吆着几头大象过来了，可以说，数千年朝贡的大象不计其数，现今留下印痕的唯有皇家典籍的记载与一些地方的地名。

昆明正义路东侧有象眼街，据说是为了纪念一头贡象。某次，几头贡象走到此地，其中的一头前腿一屈，跪了下来，围观者甚众。有好事者便设计了一个象头，经主管同意，在当街用彩石镶嵌，起名象眼街。直到20世纪70年代修水泥路才将象形掩去，真是可惜。其实，这个创意极好，它反映的是昆明的地缘特色与历史文化内涵。

无独有偶，在距昆明百余公里的玉溪新平漠沙镇，有漠沙江，这是红河的支流，江边有大象渡口，传说元朝时，缅甸番人赶着十多头大象上昆明，以便赴京朝贡，当时正是雨季，江水暴涨，番人赶着象强渡百米宽的水域，两岸观者如潮，景象蔚为壮观，从此便称大象渡口。两年前，我参加漠沙镇大沐浴村的花腰傣花街节，乘便来到大象渡口，看着开阔的江面与亘古流动的江水，想象着当年象群泅渡的情景，不由生出

东川大道21世纪初兔耳夹老村。曾经，猪倌必着大群胖猪走过此地，猪倌用早就准备好的牛皮猪鞋套在它们的脚上，磨出了血。

自昆明至缅甸的古驿道。明崇祯年间设立的马喇利哨卡就在图左的山坡上。

许多感慨,大象渡口,还有昆明象眼街,都可以做证,当年那些体重沉如坦克的庞然大物曾步行一万余里,为的是表达中南半岛国家对华夏民族友好的情谊。我好像听到象群在马道上踩响的咚咚脚步声。

马道上行走过猪群。有商贩在东川、寻甸收购了大量活猪,便雇两个猪倌叱猪,他们一人在前引路,一人在后面用砍破的竹子敲打地面,几十上百头猪便哼哼唧唧地慢慢前行。兔儿关的老人曾亲眼见过,行走了数十里的猪,蹄子磨出了血,叱猪人将随身携带的用牛皮制作的猪鞋套在它们脚上,有的则将烂草鞋包裹猪脚。71岁的刘友林说,叱猪如混日子,一天行走二三里。叱猪三年,抵得地理先生。意思是猪倌叱猪三年,对沿途地形十分熟悉,就像风水阴阳家对地形了然于胸一样。

马道上行走过狗与猴,它们还演绎了一次特别的场景,在昆明阿拉乡河岸村,村旁宝象河河滩上的马与人歇息了一晚,第二天一早,马帮开拔了,河滩上只有马帮的狗还在吃着主人为它盛在罗锅盖中的饭,猴子蹲在一旁守候着。罗锅是铜制的,村人以为可以捡个锅盖的便宜了,待狗吃饱,正要动手,猴子手疾眼快,抢了锅盖往头上一合,纵上狗背,一手抓紧狗毛,一手护住锅盖,一溜烟尾随马帮去了。村人笑了起来,说这狗猴原来是训练好的呵。

望城坡

省坝有望城坡,在昆明城南的前卫村,这是《官渡区地名志》载的。所谓望城坡,是站在土坡能望见昆明城。这种土坡都在驿道马路上,当叱马的、挑担的、背背箩的各色人等通过漫长的马路走向昆明,正走得口干舌燥、浑身难耐,这时一个土坡横在眼前,跋涉者攒足劲头,走到坡顶,抬眼一望,那个城墙壁立的昆明城就在前面,叹一声总算到了,便满心喜欢起来,这地方便是望城坡。昆明有数条驿道马路通向四面八方,有这种意境的坡应该不止一处,果然,在行走省坝中,我访到了六个望城坡，它们在关上、小窑村、松华坝副坝、羊仙坡、磨刀箐以及前卫村，分别是由广西经呈贡而来的通京道、东川道、白邑道、西北大马路、筇竹寺道以及自滇池水路与四河六坝过来的六条马路上的望城坡。但是，据我推测，这不是全部，应该还有几个望城坡，自东面大板桥凉亭过来的通京道，自北面马劳力哨经黑林铺过来的淌甸道，自碧鸡关来的迤西道，在这些重要马道上都有遥望昆明城的极理想山坡。而且是在省坝的金马、长虫、碧鸡等名山上。

这些横陈省坝八方高坡上的望城坡，它们多数有村落有歇脚待客的地方，也有少数却是必须迅速通过的风险之地，例如苏家塘的羊仙坡，这里林壑错综、地形复杂，常有强人出没。

望城坡，它是属于古城、马帮、驿道的，记载的是古道上行人对前方的城市与身后马道的视觉感受，它曾经有怎样的风景，我专程拜访地处前卫的望城坡，这是个唯一还在地名志与公交车站留有其名的地方。经村干部介绍，我找到了平桥村72岁的王家喜，他说，望城坡又叫车闸，以前有座石拱桥名三节桥，后来称车闸桥，这是盘龙江支流杨干河上的一座桥，大致为南北走向。杨干河河堤很高，约高出地面四五米，桥北的河堤上有一棵大朴树，有两抱多粗，树下有小庙，称车闸小庙。从河南来的人登上河堤高坡，就可以看到方方正正的昆明南城门。渡过桥便是大道、朴树与小庙，路旁有馆子茶铺，还有莲德镇镇公所。从四面八方来办事的人有的会在馆子吃吃饭，茶铺喝盅茶，有的径直走豆腐营、黄瓜营、玉皇阁、螺蛳湾村，从东寺街进大南门。老人还陪我去看杨干河，当然现在它只是一个排污大沟，大朴树也早已砍掉了。但是，我知道，这里作为一个重要村镇已有六百余年历史，前卫，它是明初屯田建立的六卫之一，曾是昆明城最重要的护卫与屏障。望城坡那棵大朴树下，一定歇息过许多挑脚的汉子、背孩子的村妇，还有银发飘飘的老人给人们讲述前辈随着沐英充军的故事。

马劳力

马劳力原名马喇唎，是明代一个哨的名字，在昆明城北90公里，它曾是云南府至淌甸马道上的重要哨卡。在昆明周遭数十个哨卡中，马劳力引起我的注意并千方百计考察之，是因为一块古碑与一种历史的情愫。

明崇祯年间，因淌甸道狮子丫口至落木哨之间十余里的驿道上经常发生强人剪径杀人事件，云南府决定于其间设立哨卡，称马喇唎哨，但设哨处周围荒无人烟，便在昆明招募哨兵，一个有胆识有武艺的彝人李召庆应召，官府经考察任命他为哨头，又选配24人做哨兵。然后，官府又是培训人员又是建房盖屋，一切就绪，便将这一行人马送至驿道驻守。果然，李召庆等人不负众望，淌甸道令马帮心惊官府头痛的事少了许多。随后，府院派出一姓杨的至哨卡检查，认为运作正常。大约李召庆与众哨兵商议后向官府提出了在哨卡工作的条件，官府做出相应的承诺，便按当时规矩，行文刻碑。一秦姓官员负责制作碑文，文中，李召庆已被任命为把总，仍然照常负责管理哨事：把隘、防守。同时明令：该哨一应杂派差事俱优免。石碑运送至马喇唎，立在哨所旁的山神庙处。这二十四个哨兵为：阿补、李□伏、阿白、小乞、老二、四斤、阿老、阿朱、买成、至保、阿者、阿弟、罗兔、阿九、老飞、杨四、一十九、小妹、阿科、小八、阿怒、五十七、者元、张义恩。其中称阿某的九人加上哨头至少十人为彝族。淌甸道自昆明小东门起经小哨、大哨、双哨、大湾、羊街、狮子丫口、新街、马喇唎、落木哨、察尔寺至猴街分两条道，一条转西北经落郎、鸡街、狗街至淌甸，另一条转东北经柯渡、先锋至寻甸。驮运的大宗货物自昆明运出的是盐巴、洋布等，返回的是木炭、土布、农副产品。

2005年1月27日，我走访了马劳力所属的哨新街村委会，在乡、村干部王松友、李松陪同下考察马劳力村。昔日的淌甸道大部分已成为柏油马路，从哨新到马劳力还是老路，哨卡曾设在村南山冈丫口，登上

● ◎ **消失的阡陌**

马劳力村。在哨头李召庆的后代屋前,村干张头(中间穿黑衣者)召唤村民若干合影,妇女怀抱的孩子是李召庆最小的后代

丫口,那条宽宽的黄土路在太阳下泛着光向北延伸开去,路两旁有一些耕地,村子呈带状坐落在西侧的山坡上,此山叫祭天山,上有祖公洞,是村民祭祀祖先的地方。马劳力自然村现有 44 户农家,147 口人,由于远离城市,农舍几乎还是过去的模样:土基墙、灰土瓦。我要寻访的那块古碑,现保存在当年哨头李召庆的后代那里,不巧的是这位后人赶街去了,一把老式的铁绊锁锁住了木门。现在哨头姓张,应是当年哨兵张义恩之后。他告诉我,李召庆的后代在本村有 6 户。由于土地少,马劳力的人口曾经分流至富民款庄、禄劝则于。应我所请,村主任就近召唤了老老少少部分村民合了个影。

哨新街村委会现有七个自然村,分别为新街、小烂田、那古箐、双山、石耳朵、撒脚地、马劳力,它地处嵩明辖区,可都一直归属昆明县,成为一块"飞地"。据说,当年李召庆与官府有约定,要"永久保留他们的原籍"即昆明户籍。中华人民共和国成立后,为便于管理,政府曾两次计划调整其行政隶属关系,取消"飞地",归属嵩明县,消息传出,当地群众写了"万民折",扶老携幼,长途跋涉赶到昆明,要求继续留归昆明管辖。由于"飞地"距昆明官渡区双哨乡仅20余公里,出于尊重历史、尊重群众的习惯与愿望,政府同意了哨新村委会群众要求。现在,随着昆明四区辖地的重新调整,哨新、马劳力应归属昆明市盘龙区。

马劳力世代相守的是一种古道、马帮、哨卡情结。

消失的阡陌

省坝的中心卧着一个城，它就是云南省府昆明。省城周围的原野过去是昆明县，比较起省内其他县，昆明县的分量要重得多，过去人们称它是全省第一等的附廓县、首善之区。为了保护城池，人们筑以高大的城墙，墙外掘壕沟灌水，是为护城河。在很长时间里，这城墙城河就是城市与农村之间的篱绊，也是城里人与乡下人的分野，这种状态大约持续了数百年。后来，有一种叫商业的东西在其间蔓延，城乡界限便逐渐淡化模糊。再后来，城墙终于成了碍事的东西而轰然坍塌，这仅是数十年前的事。

在有城墙城河的日子里，城市与农村、市民与乡人是怎样互相守望又互相审视的？

城乡之间

1. 呕心沥血的母亲

人离不开阳光、雨露、泥土，那将太阳、月亮、和风、细雨、肥田、沃土编织出人们衣食住行所需的农耕，便是人类的母亲。在农业社会中，全部国家机器与城市堡垒都是蹲坐在农耕之上的。

清代，每年农历十月一日，当大田收割完毕，在府州县近旁的农家，便将晒干簸净的谷子，肩挑牛拉马驮运至官家纳粮处，边远山区则坐待粮差上门纳粮，在迤南的思茅、普洱、澜沧、威远、元江等地的粮差甚至骑高头大马，并有仆役打着旗帜敲着铓锣出门收粮，用官家声势督促夷民纳皇粮。

云南田亩以水土泥质气候的不同分九等纳粮，一属上上等，每亩纳粮谷三升；二属上中等，每亩纳二升七合五勺；三属上下等，每亩二升五合；四中上等，每亩二升二合五勺；五中中等，每亩二升；六中下等，每亩一升七合五勺；七下上等，每亩一升五合；八下中等，每亩一升二合五勺；九下下等，每亩一升。据前人记载，如此九等纳粮，以中中等为平均值计算，每亩纳米四合多，是为收成的千分之十五。自康熙雍正而后，全省年征粮米二十八万九千余京石，每一京石合140斤，共为4046万斤。又征条丁银四十二万五千余两。税种包括民粮、秋粮、军粮、屯粮及地税，外加为数不多的夫马积谷。税种杂沓，繁则繁矣，然而据行家评估，田赋不重，较江苏、浙江等鱼米之乡的粮税，云南与贵州、四川都是轻的。

当田赋粮税条分缕析成皇家的进账、官员的俸禄、军队的粮饷以及驿道夫马的粮秣后，剩下的粮食，便进了县仓、社仓、太平仓、义仓，如昆明贡院西头有西仓、盘龙江雨树林村附近有北仓，这些粮仓之米，是古人的"备战备荒为人民"。据乾隆时的《东华录》记载，乾隆三十年（1765年），中华十八省的人口为二亿五千五百六十余万，各省存仓之谷合二千九百八十余京石，人均积谷一斗二升。云南略高于此，人均积谷一斗三升。

这些积谷粮仓是社会的安全阀，它们的盈虚直接反映出时势的稳定与社会的升平。关键时候，它可以挽救万千黎民百姓的性命。前人一首《食粥叹》描述的是其中一种场景："厂门开，食粥来，千万人，呼声哀。"在一次灾荒中许多人家断炊断顿了，官府开仓赐粥，饥肠辘辘的人手捧饭碗，列成长队在赈济点领取薄粥以资活命，哀叫声叹息声响成一片，这是何等凄凉的景象。

对地处省坝的昆明来说，云南一山分四季，十里不同天的立体气候使许多天灾成为插花型灾难，当平坝洪涝时雷响田是丰收的，谷子歉收豆麦却有盈余。一些短暂性的灾害只是使城里人勒勒渐宽的衣带而已。可是，有两次灾难却令昆明人刻骨铭心，城市元气大伤。一次是清康熙年间滇省藩镇吴三桂叛乱，一次是咸丰同治年间因官吏昏聩腐败而激起的以杜文秀为首的回民起义。

第一次灾难据平乱后上任的云南巡抚王继文向皇帝呈报："皇恩浩荡，抚恤被胁难民。但向因城粮久匮，饥民相食。今见饥莩载道，枯骨盈衢，群逆凶残，一至于此。"昆明呈现亡者的尸骨充塞大街，饥饿的人瞪着发绿的眼睛，寻机对更羸弱的人下手，这不啻是一个人间地狱。

第二次灾难据罗养儒于光绪十一二年（1885—1886年）闻其外太祖母所述，极为详尽。围城于咸丰七年（1857年）闰五月十四日起始，先是六个城门紧闭，一些想进城避难的由守城营兵从鼓楼前、小东门外一窝羊、北门外狗头坡吊人吊物进城，人是二百文一个，物是八百文一件，其他城门外是护城河吊不成东西。昆明城内突然增加了一万多人口，各条街巷的大小房屋住满了，连庵寺庙宇内都住得满当当，和尚道士济济一堂。城里有十多家米粮店，每家至少存米三五市石，存豆一二市石，不到三五天，米铺全空了，官府只得开官仓社仓以救急。其时，城内设有一府仓，存米五六千京石，原是为云南省府十一属所设；有一县仓，存米三四千京石，是为昆明地方所设。这时都开始动用，但仓米不是人人有份的，官府派出公正人士逐户调查，家有存粮的富户不发购米证，只有瓮无颗粒又无亲友照应的避难者才发给购米证。城门一关几个月，农民的菜篮子进不来，市民先是用存豆做豆腐、豆芽，接着吃黑芥、冬菜、卤腐、酱，两三个月后豆制品、咸菜吃光，只好吃白粥白饭。没有烧柴，先将公家私人的旧木料劈成大小柴块，由绅士出面分给急需者，旧木料用完，就拆木结构房屋的板壁、床板、旧桌凳，最后连床上铺的草垫都扯来烧火做饭。围城刚两个月，昆明就成黑城，晚上户户黑灯瞎火。八月，城郊谷子黄熟，官府出面叫近海、城南及城东一带的农家将刚割下的谷子连稻草一起作价，从城的四周吊入城中卖给官家，再分配到售仓米处，按户人口酌量售卖。

没有了农村的滋养，没有了各族人民的悉心呵护，大城狼狈不堪，窘态毕露。咸丰八年（1858年）四月间，围城结束，云津铺一带，一片瓦砾，一间完整的房子都未留下；太和街烧去十之八九；头道巷与东寺街烧去十之六七；三市街铺面因燃烧时遇到骤雨，间间铺面只剩半耷。连咸阳王的德政牌坊"忠爱"都毁于一旦。城市人口锐减。

2. "乡巴佬"与"城壁虱"

其实，城市与农村、市民与农民向来是息息相关，密不可分的。

在农民眼里，城市有省老倌（农民对省府督抚大员的称谓，属调侃），有城墙街巷，有拿枪捏棒的守城兵，还有不用日晒雨淋养尊处优的富人。可是，城市也有很多农民感兴趣离不开的东西，城里人不种田地有米吃，不事纺织有衣穿，聪明勤快的农民也可以在这里用劳力技艺讨生活，省坝老农至今记得数十年前到昆明收集城市粪草与动物饲料的情景，他们将此称作找城粪与驮泔水。

青龙村距大东门15里地，毕明于冬季农闲时拉城粪拉了十多年，那情景至今历历在目。每天半夜一两点就要起床，先喂喂牛，再驱车赶往大东门。牛是慢性子，它脖摇铃铛，脚迈方步，沿着呼马山侧的驿道，沉稳前行，途经的村落还在沉沉梦乡中，只有忠诚的看家狗履行公务似的吠叫几声。赶到昆明大约是早上六七点光景，城门未开，毕明将牛吆到一旁，自己蹲在城墙脚烧柴烤火，周围有一些做小粑粑面食的人在生火。不一会儿，又有一些牛车陆续赶到。找粪的人很多，仅青龙村就有几十驾牛车出来拉粪。毕明候着有利地势，待大城门一开，就吆着牛急急向熟悉的粪堆赶去，城粪装在用砖围着的坑内，是城市清道夫与各家各户堆积灶灰与瓜果菜皮的地方，一堆大约有两牛车，先到的用粪箕、铁耙赶紧装，慢一点，后面的车就上来了。

关上、关坡一带的菜农，用马驮着一对粪桶，天天进城喊"倒粪了"，家家户户将便盆抬出，找粪人是要付钱的，一瓦盆两角，订好的大厕所，一挑50公斤的粪便要五六角钱。

清泉村李桂枝老人回忆，旧时赶着小毛驴到大鼓楼驮泔水养猪，三天驮一次，四角钱一驮。

城市还是农村人卖劳力的地方，一根扁担两股绳，四川人称挑棒棒，云南人却叫逛扁担、散扁担，3角2角一挑，南坝一带农民在塘子巷站工，罗丈村等北地农民多半在五轩公（交三桥）站工以待雇主。

东庄老人说，本村曾名东砖，为昆明建城烧过大城砖。传说，此地还是一片荒地时，皇帝在图中画个圈，说此地要出一个"将"，人们原以为是出一个官，却原来是一个"匠"，世代东庄男人就以自己精湛的泥瓦匠手艺在昆明争得一方天地，哪家建新房哪家拣瓦补漏，都说：找东庄匠人。据东庄李和平、李政、李润等老人说，当年昆明城许多老屋是东庄三村匠人盖的，这些老屋大多仿北京四合院，称"一颗印"，有明三暗五、走马转角、三间四耳等格局，特别讲究的人家住四合五天井。盖三间四耳的土基房先下石脚，深约半米，再支木架竖柱上梁，上梁时按规矩要往下丢包子，包子里裹着钱。还要杀公鸡用冠血点梁，匠老师傅口中念叨着吉利话。然后筑土基墙、盖瓦、粉墙，最后用土灰、烂瓦渣砍三合土垫地。土基房墙厚达五六十厘米，冬暖夏凉好住。房屋整体架构在互相连接的木头柱子上，耐震。只要保护得法，可以住子子孙孙一两百年。但瓦房容易漏雨，老人说：上辈人要盖得起，下辈人要修得起。可见这修房也是笔不小的开支。东庄人修过龙门三清阁、圆通寺，建过东寺塔、西寺塔。那些手艺高强的匠师傅如孙凯、李国斌、李春是东庄人的骄傲。

城市人对农村翘首以盼的是背着背箩、挑着担、吆着牛车的村妇农夫，他们会将各种山货时鲜适时地送到各条街巷。

女人们爱蹲着选购用竹木野草编织的日用品，如马街的草锅盖与席子、玉溪河西的土布、晋宁杨柳河的铁锅、筇竹寺磨刀箐的小磨与磨刀石，还有不知产于何处的草墩、筲箕、簸箕、筛子、竹篮，琐碎的家务需要各种器物打理，才能将家庭经营得井井有条、舒适体面。

2003年的东庄，猫冬晌日头的老人。这个为昆明烧过大城砖，为城市拣瓦补漏的村庄终于走到尽头，一个现代化的高楼群即将矗立其间

    男人们钟情于竹烟筒与雀笼，那吸着咕噜噜作响的烟筒水与随即吸入口中的清醇土烟味让他们安逸满足。劳作后的间歇拎着鸟笼到河边草地树丛，听雀鸟唱歌是最能解乏的事情。

    很长时间里，城市的时尚是由农村引领的，二三月间，回荡在石板路土基房之间的声声"卖豆"，引得家家户户吃蚕豆，时人称"吃青"，什么肉炒蚕豆、素炒蚕豆、豆腐烩豆米以及豆焖饭，令整个昆明城好像都浸润在蚕豆味中。冬腊月，官渡子君人的"饵块"吆喝声，又使餐馆饭店的汤锅嗞嗞作响，甜酒饵块、卤饵块、清汤饵块、粑肉饵块，令人大快朵颐。端仕街、青云街几家品牌煮饵块店，甚至指定官渡一李姓人家每天吆着几头毛驴，为店家送来最好的冬吊米饵块。

    昆明人与田野村舍难分解的最亮丽风景还有两道。

    春天，是百花齐放人心躁动的季节，草绿了花开了，满街缩头勾脑猫了一冬的人们换上轻装绽开了笑脸。这时，关不住的春色一头撞进城

氏祠堂现砖坝上维摩的山茶花
不堂此来，因此是游暑最有以
李春现砌的恭华一次这所
启的仍花一迎种花根
蒙，山把它迪民初起
、上椎恭国巧都
电钱它起名倾者
视备峨出品，色
划斯园走合碑虚母
作些冒 兀十

1661年，21岁同纪初，用弓术坡
花条"路世挂末明
卖石同纪命流亡遣
、迹被车昆
束三明五
小似初人用的
块"回弩势市近
小闯我弩"起剪金
卖村稀井上巷
唐素户碑
"墙又牢

来，她们躲在文人称作卖花娘子的村姑手携的竹篮里，忽闪着笑靥，村姑来到热闹的街巷，找一个干净地将花篮顿下，只几声"卖花啦"就引得新媳妇小姑娘围了上来，很快，一朵朵飘着淡雅清香的茶花、梅花、碧桃花、迎春柳、木香、茉莉、丁香、珠兰、玉簪、栀子、海棠、粉团、素馨、金银花，跳动在女人的发髻上。

春天，是百鸟鸣唱万物苏醒的季节，草丛山野传来各种禽鸟求偶的声音，男人们设置了鸟笼备齐了一应饲鸟的家什，等待那期盼了一年的机缘：买一只称心如意的鸟儿。鸟是大山的精灵，它们被捕鸟者用机巧与野蛮捉入笼中，随人行马驰来到昆明，画眉来自广西与云南的思茅、文山；桑扶又称"老馆好过"或"李贵阳"，来自元江、思茅、凤庆、景东；斑鸠又叫"成都都"，各地都有；会说话的鹦鹉产于迪庆、景东；鹩哥主产于广西、越南。

昆明人玩鸟最推崇的是"栀子花酒"，此鸟又名"偷仓"，产于东川、会泽等地大山，个头比麻雀大不了多少，可叫出的声音婉转嘹亮动听，调教好的鸟会唱出字正腔圆的"栀子花酒""栀子一杯酒""贵妃醉酒""新媳妇请杯酒"，并且其顶尖的可持续鸣唱两三百声以上。"偷仓"修炼到这种地步，便可以当"鸟教师"了。曾经，在四牌坊有一个大茶铺，是"鸟教师"培训学生的地方，称"培鸟"。"培鸟"过程极有韵味，先是茶客携鸟学生入场，一鸟一笼，有的提着两三个雀笼，茶铺伙计为每人斟上一碗盖碗茶，接着，那个培养出教师爷的主儿出场了，他站在茶铺正中环视众人，然后不慌不忙揭开雀笼布帏，再左手举笼，右手叉腰，一副傲然自得的样子。"偷仓"便像今日歌唱明星一样一声声啼唱起来，几十个稚嫩的学生在帏布蒙着的笼中声息全无地聆听。当教师唱到原先议定的一百或两百声时，主人马上将布帏放下，"教师"的歌声戛然而止。接着是收学费：按桌上茶碗数每碗加收一铜圆或二铜圆，多时可至一二百碗茶，便有一二百元的收入，因此，"鸟教师"身价极高，有的能值黄金十两、八两，甚至有以一所大房子换一只鸟教师的。如此昂贵，是因为物以稀为贵。培养一只鸟"教师"，首先要有天赋，其

质朴的土基墙因为有了工艺精美的鸟笼，变得生动起来了

东巴式的养鸟人眼前这只养鸟的竹笼由一松毛老人提起，这是昆明

次是精心护理调教，据说昆明人蓄养"栀子花酒"的认真细致，超过对祖宗父辈的关爱，一早一晚，要将雀笼置于草地，使雀呼吸新鲜空气，天冷时要下笼帏以御寒，天热时要启笼帏以透风。雀的唱腔不爽，要喂紫苏子，用嗓过度，要饮以洋参水……

昆明人至今仍爱鸟，玩鸟之人不下数万，在东庄李和平的老屋，我看到了一群"偷仓"，他提着一只雀笼说，此鸟有5岁，买来时才几个月大，30元，大约是孩子幼儿园光景，现在已到大学一二年级水平，每年春天都到栗树头找雀老师上课，老师唱两个多小时，它可以唱个把小时。李和平在自家贴着红红春联的门口一脸喜悦地说着话，让我也感受到了喜悦、欢乐。

昆明人将春天品在嘴里含在心头，将春天簪在发际鸣唱于耳畔，于是，城市与农村都笼罩在暖暖的春意中。

城市人与农村人相互守望、互为依靠地生活着，可有时也会互不服气地相骂斗嘴，这时城里人骂农民为"乡巴佬"，农村人反讥市民为"城壁虱""街子猴"。然而，面对有许多官员富人与读书人的城市，农民毕竟底气不足，一句口头语在省坝流传：下辈子变狗都要变城市狗。

古城深深

1. 回望古城

滇池北岸有名为昆明的城池始于元代，1255年忽必烈在鄯阐府设昆明千户所，这是蒙哥据汗位的宪宗五年，其时元朝还称蒙古。二十一年后的至元十三年（1276年），元世祖忽必烈正式授命赛典赤·赡思丁建云南行省，城昆明，昆明千户所遂成昆明县。

在建昆明城之前，滇池北岸还有几个城，追溯上去，是宋时云南大理国东京鄯阐，时为937—1253年共316年；唐时云南南诏国上都拓东，时为765—936年共168年；晋汉时的苴兰、谷昌。前两城建在五华山南、盘龙江东西两岸的缓坡上，后两城城址不详，但大体方位仍有蛛丝

●◎ 消失的阡陌

可循。汉时滇池水势浩渺，湖水几乎直逼长虫、龙潭、莲华、金马山脚。在与长虫山相连的龙潭山上有古寺，寺名黑水神祠，据清代阮元考证，寺为汉时所建，即今龙泉观上观。在长虫山东南余脉的商山上，曾有古寺名商山，亦有古籍称其为汉时所建。两寺相隔十余公里，途中有村名下马，发源于龙潭山的银汁河萦绕村旁，有大涵洞分流灌溉，下马旧称大涵洞村。在涵洞西侧的石埂上，曾有古石竖立，上书"古城堰"，"堰"是挡水的堤坝，"古城堰"就是古城旁挡水的堤坝。堰旁有长宽各百余米的石埂，埂高两三米，石缝砌得均匀整齐。民国时有考古学家到此考察，认为它不是民家豪宅的墙脚，推测是古苴兰或谷昌城遗址。我想，如果把距"古城堰"南北数公里外的两古寺联系起来考证，此说可能极大。寺依城而立，城以寺生辉，名城古寺相得益彰，这是古代中国向来之格局。何况长虫山及其余脉一带古寺极多，如圆通寺、铁峰庵、虚凝庵、涌泉寺、永丰寺，还有省坝西边与长虫山并行的三华山、玉案山、棋盘山上的古寺及古遗址：筇竹寺、妙高寺、棋盘石城等，说明这一带开发极早，是一块古文化瑰集之地。此为古城西说。

20世纪30年代金碧路。路宽五丈五尺，车行道为石块路面，两旁人行道是三合土路，街两侧有法式铺面百余间，种植不久的法国梧桐还未成气候，金马碧鸡牌坊高耸其间。这是当时昆明最现代、繁华的城市道路

昆明东南十余公里的山峦中，有一湖名水海子，海子北头有山名古城山，据山名推断，此处曾有一古城池。古城山距现呈贡、官渡挖掘出的古滇国文化遗址不远，不知是苴兰、谷昌还是古滇国某城池。此为古城东说。

遗失的古城址还有一说，清雍正十三年（1735年），由尹继善、张允随总持，鄂尔泰、高其倬总裁编纂的《云南通志》载：云南府城旧有故址，云创自庄蹻至唐蒙氏，改筑拓东城，明洪武十五年重筑砖城。按此说，古滇国城池、谷昌、苴兰、拓东、鄯阐等相以沿袭的古城都已奠基在明代砖城以下了。总揽通志的尹、张、鄂、高为何许人也，尹继善时任云贵广西总督。张允随为云南巡抚。鄂尔泰为雍正六年（728年）的云贵广西总督，其时已升迁至京，任保和殿大学士兼兵部尚书。高其倬为雍正八年（1730年）署云贵广西总督，十一年（1733年）调任福建浙江总督，适逢云南普洱府属思茅土把总刁国兴之乱，高滞留云南进剿。以此四任的行政能力与才干识见，以雍正朝的政风严谨勤勉，府城说当不会是毫无根据的凭空杜撰。此为中说。

不管西说、东说、中说各有什么依据，明代以前的古城都已灰飞烟灭，它们的城基石脚可能还隐匿在省坝一角，等待后人去发现。由明延续至近代的五百年砖城仍可触摸，圆通山动物园内还保留着一段明代城墙，怀旧者随时可于此处抚摸缅怀。

昆明老人曾用浓重的昆明腔对我说：九里三分围城阁，三里三分冲城过。这是民间形容昆明砖城的大小，它的周长是九里三分，由大东门至小西门东西长三里三分。雍正志载，府城周长九里三分，（城墙）高二丈九尺二寸，设六门，上皆有楼。大东门曰咸和，楼曰殷春；小东门曰敷泽，楼曰璧光；南门曰丽正，楼曰近日；大西门曰宝成，楼曰拓边；小西门曰威远，楼曰康阜；北门曰拱辰，楼曰眺京；居南门西偏者，为钟楼。后来，六城门名称又有改变：大东门称威化，小东门称永清，南门称崇正，大西门称广威，小西门称洪闰，北门称保顺。

2. 皇帝与边臣

在城门之内，清代有若干行政机关，即总督府、巡抚府、藩台衙门、学台衙门、粮储道、盐法道及云南府、昆明县、水利府等。全省官员自总督的从一品至知县的正七品。其间有巡抚为正二品，布政使为从二品，按察使为正三品，道员为正四品，知府为从四品。还有直隶州同知、知州，非直隶州同知为正五品；非直隶州知州为从五品；通判为正六品。层层叠叠，组成一个行省封建官吏的网络。

云南众官之中，职位之高，以总督与巡抚为最。前者统领文武，节制各镇，总督全省军务粮饷，在朝廷例兼都察院右都御史衔，经吏部请旨亦可兼兵部尚书，执掌的是长方形胭脂红印章，称紫印。后者抚绥百姓，治民兼治官，是全省民政方面的最高长官，兼理军务粮饷，在朝廷

昆明总督衙门旧址，清乾隆帝时，云贵总督张允随曾在此办公数年。20世纪40年代，抗战胜利后，胜利堂竖立其上，近旁云瑞东路八十余岁老人还依稀记得荒废的衙门后院，荒草与石柱同在。现在，位于南边的"甬道街""巷洞东巷""巷洞西巷"等路名是总督府留下的唯一印迹

例兼都察院右副都御史衔，经吏部请旨亦可兼兵部侍郎，用的也是长方形胭脂印章。此两职官员，即俗称封疆大吏也。

封建时代，没有现代通信与交通手段，最有效的联络工具，唯马腿而已。云南府距京城近万里之遥，以一天六百里加急的鸡毛文书传递也需十五六日抵京，途中还要不断换好马并且累死马匹若干，这种等级的驿传因成本太高，很少使用，大约传递滇省藩镇吴三桂叛乱的信息是用这种方式传递的。日常，省府大吏是怎样秉承皇帝意志行政，皇帝又如何掌握边疆社情民意并且对大吏恩威并施洞察一切的？我从方国瑜先生主编的《云南史料丛刊》中看到了生动的个案。其收录了云南若干大吏给皇帝的奏稿，其中以张允随为最多。张允随，字觐臣，汉军镶黄旗人，他于康乾盛世在云南当了近30年的官，留下奏稿十册，内容自雍正八年（1730年）任巡抚起，至乾隆十六年（1751年）病逝止，共262篇，极详尽地记载了一个勤勉官员与精明皇帝之间虽远隔万里却声息相通上下有序的施政过程。奏稿有事便报，一事一报，无事间隔一两月报，事务繁多时一天便有三四篇报。每次奏稿前段必有谢恩折以表示对皇帝的忠心与感恩，这是定例，但张的文笔极好，情感抒发自然流畅，一定令皇帝阅来赏心悦目。奏稿正文所涉内容均为重大政务的请示汇报或总结检讨，如兴修水利、赈恤饥民、年成预测、筑城备边、修盐井铜矿、规定耗羡等，其中大部分为有关开凿金沙江河道、开采解运铜斤矿银以及镇压某次大乘教教徒作乱等。勤政的雍正乾隆对张允随的请示汇报必有回应，一般用朱笔批以"览奏俱悉""知道了"；当张允随奏稿汇报自己患病及治愈情况，朱批为"览奏欣慰，善为调剂，勿过劳以伤精神，毋致朕悬念也"。张允随主政云南期间于劝课农桑、安靖地方，诸事处理得体干练，其突出的政绩是开采运输滇铜以供国家铸币。

张奏稿载：惟是汤丹等厂，自雍正五年开采，计至乾隆十一年，共办获铜一万零五百一十余万斤。自乾隆四年至十四年办滇铜以替代价格更高的进口洋钢，节省国币不下五百万两。乾隆阅报欣喜非常，夸奖他"先事之良图，经邦之远猷，封疆大臣，可谓无忝"，意思是为国事深谋远虑，做得这么好，在封疆大臣中是少有的。乾隆欣喜之余又说，铜矿是不是可以少开采一些，留点给子孙后代。张允随是个急功近利的官员，他于随后的奏稿中对皇帝说，矿脉长在地下说不清楚，倒不如多采多炼，储存在皇上您的国库中。所以，在后来的奏稿朱批中，乾隆告诫张允随：不要心存好大喜功呵。

张允随在西南夷任职32年，其中在云南25年，历任楚雄府、广南府、曲靖府知府，粮储道、按察使、布政使，巡抚、总督。在贵州7年，任布政使、总督。他几乎任遍了云贵中上层重要官职，政绩官声甚佳，后人对他的评价为：允随镇南疆久，泽民之尤大者，航金沙江障洱海，去后民思。

与江南的为官做臣相比，云贵高原的官员要艰辛得多，这里山高路险、旅途劳顿。民族关系复杂，瘟疫险症也较多，张允随的长子到广西做官未多久就得瘟疫而亡。在这种环境中，坚守几十年已属不易，何况还有如此佳绩，皇帝心中是清楚的，他们除了委以重任，还运用各种手段表示关爱嘉许。当时，清廷为封疆大吏配备了"赍折差"，是专送奏稿的差役信使，相当于现在的机要秘书与特快专递，不同的是每位大吏各有自己的"赍折差"。张允随的"赍折家奴"自京城返回有时会带回皇帝给他的物质或精神奖励。雍正给的是野鸡、羊、鹿、猪、麋肉和绽药，还有御书"福"字。乾隆给的更多是御制文集，如《钦定执中成宪》《日知荟说》《瑞雪诗》一幅、《乐善堂全集》以及世宗皇帝（雍正）《御制文集》全部、圣祖仁皇帝（康熙）避暑山庄《御笔法帖》全部等。此外，乾隆三年（1738年）末四年初，张允随奉旨陛见，就是皇帝让外臣到自己身边充充电。皇帝让这个常年在边地沐风栉雨的边臣随时位列朝堂，在金晃晃的金銮殿得瞻"天颜"，邀请参加宫廷宴会与歌舞会，私下召见他询问边情民意、促膝谈心，还给了许多贵重礼物，其中有饰孔雀翎羽的高帽子，尽管孔雀毛大约就来自滇省，可这是皇家制作的专利"翎冠"，翎羽晃动的是皇帝的恩宠。当张允随为国事积劳成疾，乾隆十一年（1746年），皇帝令内阁大学士向宫廷医生邵正文咨询，并按邵开出的药方给张允随带去活络丹 50 丸，蒿苙丸 100 丸。

当张允随行政出现错误时，皇帝的责备虽然于情理之中给予一定体恤，但仍然是毫不含糊，有时甚至是森严的。

也许当官久了容易产生居功自傲情绪，乾隆十一年，张允随犯了一个于他日常严谨谨慎的风格相去甚远的错误，他向朝廷保举自己的幕宾邵岷候选县丞违反了规则，本来应先将该员的履历报吏部审核，他却省略了这道定例直接保举。御史薛澂是一个行事极端的官员，他在向皇帝的报告中说张如果不知此规则而为之，是不明；知道此规则而为之，是不公。这样不明不公的人，有什么资格任封疆大吏，应该停止他的官职，让他到部说清情况。这时乾隆如果准奏，张允随的大吏生涯会就此完结。但精明的皇帝怎会允许严酷的内廷官员随意损坏一个有为的外臣，他在御批中说了公道话：张没有预先报部就保荐，是他的错误之处。但总督巡抚可以保荐幕宾是有规定的，张的做法与一些有意行私的人不可以相比，薛澂说他不公不明，如果遇到真正的徇情舞弊者，又该用什么样的言辞指责呢？此奏过于苛刻吹求了！张不必交部，我已叫该部讨论并报我。有关处理这件事的公文可以发下去。文后的一声"钦此"，一定令薛澂比张允随更重地感受到皇帝的不快。可以说，这是一次通报批评。

乾隆十三年（1748 年），张允随又犯了一个更严重的错误。这次错误涉及对清祖制的遵循。满人在入关前于丧葬有一习俗：凡父母亡故，子孙在居丧百日内不得剃头。当满族入主中原后便挟刀枪之余威立了一个不成文的规则：遇到国恤即皇帝皇后去世称驾崩、崩逝者，官员在百日内不得剃头，违者斩。清初，这条蛮横的规定与那个留发不留头一样屈死了许多人。乾隆十三年四月，孝贤皇后崩逝，百日内，山东沂营都司姜兴汉、奉天锦州府知府金文淳剃了头被上司参奏而被立正典刑，大约是丢了脑袋。估计剃头者不在少数，毕竟那是百年前的规则，于是，不同意见很快就上达天庭，说清修的法律《会典》与《律例》并无此规定，人们不知百年前的规则因此不为罪。乾隆马上向各省督、抚、提、镇、学政、钦差发上谕，批驳不同意见，但网开一面，他说，考虑到确有一些人头脑愚笨及地处边远不知情而犯罪，因此，在接旨以前已经查出的案应该处罚，其他未发觉的，不必再查了。但是对旗人不宽免。今后要将这条祖制载入《会典》与《律例》。

张允随接到上谕后向皇帝报告，云南在国恤中处分得当，自四月二十日起，即不剃头，帽易雨缨、服皆青素，一切鼓吹向导鸣锣等项概行停止。现在臣等合署及通省文武员弁，并无剃头之人。皇帝接报后十分高兴，还在处理某一案的廷议中表扬了张允随。

一个月后，滇省一个真正的旗人大吏，巡抚图尔炳阿向皇帝密奏举报，说云南在百日期间官员中剃头者多至二十余人，并一一列出名单。

这次龙颜有了点怒容，弘历斥责张允随：你的属员之内，既有这么多违例剃头之人，即使是按我通知不加查察，你又怎么报告我，"众人悉皆遵制，为此欺诳之奏，诚出朕意想之外"。试想，如果是一个政绩平庸或皇帝不喜欢的官员，这种"欺诳之奏"的后果，必是丢官或掉脑袋。乾隆话头一转："朕姑念其平日居官，于地方事务尚能留心，从宽罚银二万两交内务府，以示薄惩。"又告诫总督与巡抚两人不准因此致生嫌隙影响工作，否则我一定会明察洞悉，一个都不轻饶。

张允随的第三个错是禀报开凿金沙江工程失实。

应该说，主持开凿金沙江航道是张允随任内最耗心力之事。工程自乾隆五年（1740年）经皇帝批准开工，至十四年竣工，前后费时十年，开凿的河道自东川府小江口入金沙江以达四川叙州府一千三百余里，河道弯急、礁石丛生，以当时的技术材料是难以完成的，中途曾廷议过工程上段过于困难是否罢修，张允随力主可以修通，他向乾隆报告，经陆路从云南运往中原的铜制钱是多么不易："由广西府城至板蚌的十站旱路，牛马行走在崇山峻岭、鸟道羊肠间。牛行须二十四五日，马行须十二三日，每牛驮钱十二串，每马驮钱十八串，以牛马各半计算，共需牛一万四千余头，马九千余匹。这十站驿道地处荒僻，好不易从别处雇觅到牛、马、人夫、船只至千万之多，遇到山水陡发，农忙以及瘴气盛行之时，死亡与逃亡在所难免。"边地大员与乡人在如此严酷的环境中办理国务皇差，一定令情感丰富的弘历为之动容。

乾隆十四年二月二十三日，张允随向皇帝报告工程大功告成，用工八十八万八千五百六十八个，费银一十九万三千四百四十六两，所费银两将于六年内由节省的运费内收回。同时报上了《金沙江志》二十二卷。

乾隆得此喜报，并未朱笔一挥准奏核销，他按常规派出户部尚书舒赫德、湖广总督新柱赴现场查勘，两人又是核对单据，又是向承办官员询问，最后还在江水涨发季节至各滩将铜运商船试放试看，至此得出结论：下游自新开滩至黄草坪可以通航，上游四十余滩实系难行，因此，上游工程八万余两等于浪费。同时，皇帝又向巡抚图尔炳阿询问，图尔炳阿说出：本省承办官员以为工程浩繁，势必核减，上游官员扣银二千七八百两，下游官员留贮银一万六千余两，准备报部核减缴完后使用。也就是说，工程还未结算报销，小金库已经预留下了。

最后，张允随受到的处罚是赔付银一万一千余两，销去记录（皇帝的嘉奖）八次，降一级调用。其他有关官员分别受到革职、降用以及罚款处分。预留的小金库全部充公。

但是，张允随受到的处罚其实是官样文章，处分决定下达以前，他已经调到皇帝身旁做礼部尚书了。皇帝喜欢他，因为他一辈子的努力就是为了给皇上的国库增加更多的钱币。

在元明清数百年中，云南府城与京城息息相关，它跳动的是皇朝的脉搏、流动的是皇朝的血液。只有吴三桂的叛乱是一个例外。

昆明西山龙门石窟楹联刻着雍正皇帝的一句话："天听虽高，诚呼吸相通。"原意是说天人感应，可这皇帝与边臣，何尝不是这样。

消失的阡陌

昆明砖城是袖珍的。清末民初，昆明城东西宽5.4里，南北长6.3里，面积34平方里，人口十四五万。护城河外的东西两面阡陌连片，村舍相望；南城与东城墙外护城河边种着桑树，就连城内的翠湖浅水区还种着稻谷、慈姑、茭瓜、莲藕，养着十几户农家。城市河流洗马河、穿城江、臭水河、护城河、玉带河都是城边农民种田的水源。每年的修河挖沟也是农民市民总动员，大春栽插时，手摇水车的吱呀声鸣响在城市的各个角落。那时的昆明其实像一个村中城。

昆明蜷缩在城墙内，像一只大蝶蛹，她作茧自缚，沉睡五百年。20世纪初，现代文明思想的撞击声将其唤醒，她慢慢积蓄着力量。中华人民共和国成立后，大蝶挣碎茧壳，爬出城墙城河，公元2000年前后，她终于出落成一只美丽的大蝴蝶，双翼四举，只几年便盖住了整个省坝。

我行走昆明，蹀躞河山，当我轻轻揭开大蝶那层薄薄的羽翼，赫然发现，下面杂沓着岁月的脚印，我层层翻检审视，往昔的烟云竟然像活的一样辉映在天幕上。

我看到了那头向土主下跪的白牛，还有龙头街为劳累而死的牛下葬哭泣的尚老人。

我看到了高鼻深目的云南首任省长赛典赤·赡思丁风尘仆仆跋涉在松华箐的崇山深谷中，还有立春日的五谷庙迎春，府县官员坐着明轿、吹吹打打招摇过市，春牛傲玛前呼后拥。

我看到了那个貌似天仙，名叫金汁的姑娘舞动着长长的水袖向我走来；还有松华坝上坝村世代管闸的闸丁孙寿手提水火油灯，在风雨中巡视松华坝分水闸。

我看到旱马罩、大波村农民扛枪打龙，忽遇大暴雨，掩面奔走，还有头缠白巾身着黑衣肃然疾行的求雨回民。

我看到烈日下挥汗如雨车水的农人；看到拖儿携女举家迁移、队伍长达数里的江南移民；看到彝族老人向家神进香祷告：上山不要遇着老虎，到昆明不要遇着贼；还看到兔耳关那棵遮天蔽日、五人才能合围的大麻栎树为东川驿道上的人、马、鸡、狗撑起了一把遮阳伞……

我久久凝视着省坝岁月的烟云，眼睛湿润了。

翠湖人鸥相嬉

每到冬天,来自西伯利亚的红嘴鸥准时飞抵昆明越冬。2003年的冬天,是牛塘最后的栽插。

城市怀旧情。东、西寺塔旅游走廊群塑

马帮

更夫

卖草包鸡蛋的农妇母女，现代小娇娇跻身其间。

补碗匠。当今打工者骑着三轮，载着老婆，收购电视机、VCD，穿行其间。

参考文献

（清）黄士杰：《云南省会六河图说》，清光绪六年（云南省图书馆藏清道光抄本）。

（清）孙髯翁：《盘龙江水利图说》，云南人民出版社。

《周礼今注今译》，林尹注译，天津古籍出版社1988年版。

大理州文联编：《大理右佚书钞》，（明）李浩：《三池随笔》，（明）玉笛山人：《淮城夜语》，（明）张继白：《叶榆稗史》，云南人民出版社2001年版。

方国瑜主编：《云南史料丛刊》，云南大学出版社1998年版。

昆明市地方志编纂委员会编：《昆明市志》，人民出版社1997年版。

昆明市官渡区民间文学集成办公室：《官渡区歌谣·谚语卷》，1994年版。

昆明市水利志编纂委员会编：《昆明市水利志》，云南人民出版社1997年版。

罗养儒：《记我所知集》，云南人民出版社2018年版。

尚燕彬、张红梅：《中国古代神话与传说》，北京燕山出版社2002年版。

徐嘉瑞：《云南农村戏曲史》，云南人民出版社1958年版。

后　记

　　2002年农历二月十九日参与昆明官渡古镇的"白牛迎土主"民俗活动，我的视线被省坝曾经的农耕文化吸引了去，然后，双脚踏进村庄、身子进入农户，最后身心都沉浸在老昆明的历史中。四年不断跋涉、阅读、写作，真有食不甘味、寝不安枕之感。《消失的阡陌》叙述的就是这种实践与思考的历程。

　　人类曾经的活动，尤其是精神的创作，都是瞬间即逝不可再造的个性化劳作。因此，人的任何努力，都不可能复制历史，而只能近似——尽可能地近似。对省坝淡出的农耕文化，我虽费尽心机，也只是勾勒出一个大致的轮廓。所留遗憾，留待仁者智者的补拙。

　　以一个入籍昆明仅十余年的文人眼光，要写作如此色彩斑斓的民俗文化，少不了专家学者的启迪，尤其是笔者足迹所至的四十余村的一些村老的悉心帮助。在此列其要者鸣谢：

　　他们是：原金马镇人大主席严昌福、原龙泉镇人大主席刘建昌、原上坝村办事处书记范品祥和王珍凤，青龙村毕明，普照村龚从仁、李凤英，岗头村刘华，瓦窑村刘凤堂，龙头街尚友仁。

　　还有云南师范大学教授马超群老师、学者纳国昌先生、云南省文史馆员李瑞先生、昆明市原水利局长李人士先生、西山区原水利局长左存功先生和云南大学副教授马利章先生等。

感谢为此书的写作和出版给予支持和帮助的所有朋友。

谨以此书献给所有热爱昆明的人。

钱凤娟

2006 年 3 月 21 日